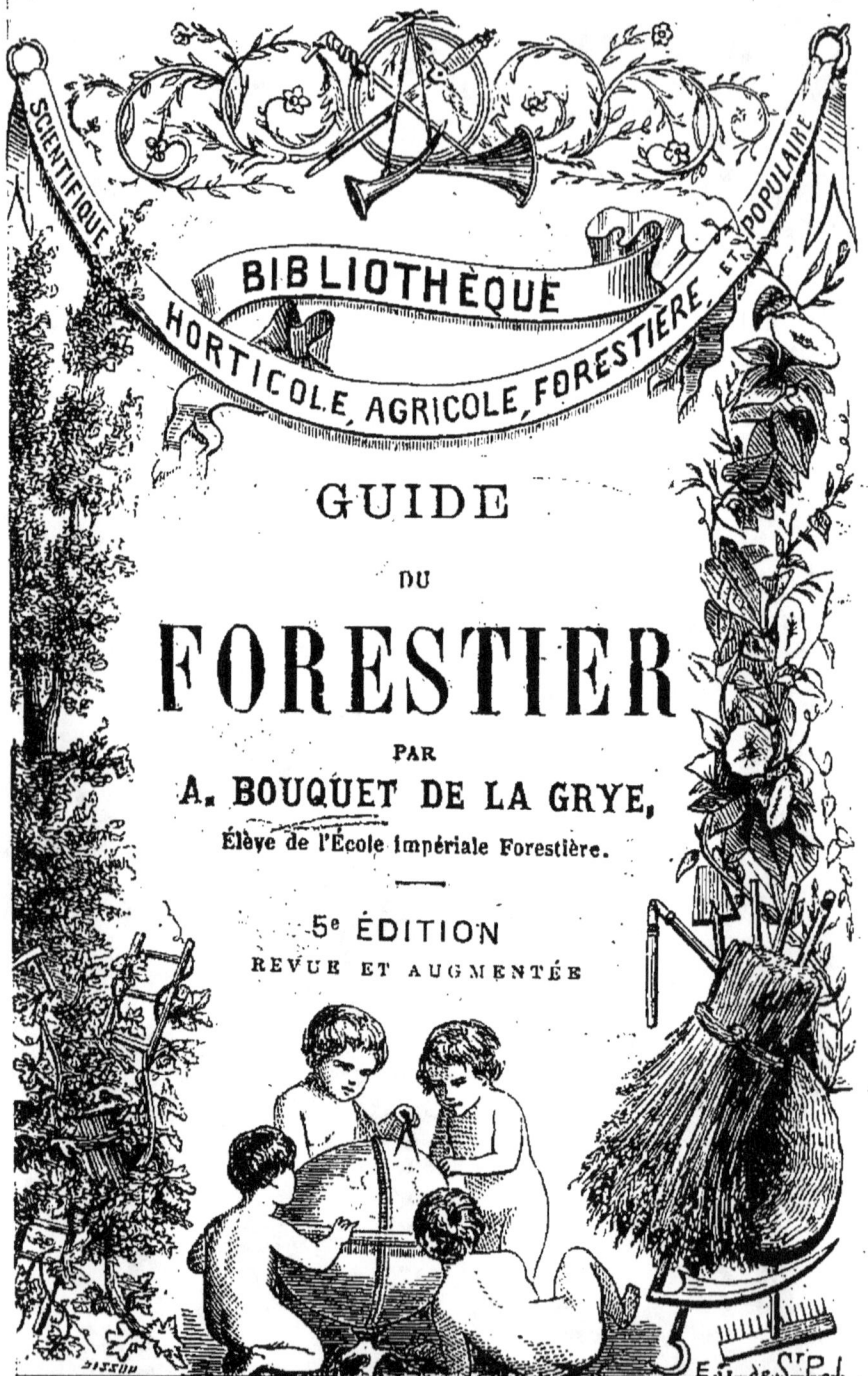

BIBLIOTHÈQUE

SCIENTIFIQUE

HORTICOLE, AGRICOLE, FORESTIÈRE ET POPULAIRE

GUIDE

DU

FORESTIER

PAR

A. BOUQUET DE LA GRYE,

Élève de l'École impériale Forestière.

5e ÉDITION

REVUE ET AUGMENTÉE

PARIS. J. ROTHSCHILD, ÉDITEUR PARIS.

43, RUE St ANDRÉ-DES-ARTS, 43.

J. ROTHSCHILD, 43, RUE SAINT-ANDRÉ-DES-ARTS, A PARIS

GUIDE PRATIQUE

DU

JARDINIER PAYSAGISTE

ALBUM DE 24 PLANS COLORIÉS

SUR LA COMPOSITION ET L'ORNEMENTATION DES JARDINS D'AGRÉMENT

A L'USAGE DES AMATEURS, PROPRIÉTAIRES ET ARCHITECTES

PAR M. R. SIEBECK

Entrepreneur de Jardins publics et Directeur des parcs imp. de Vienne,

ACCOMPAGNÉS D'UNE EXPLICATION TRÈS-DÉTAILLÉE

TRADUIT DE L'ALLEMAND

PAR J. ROTHSCHILD

Membre de la Société Géologique de France

ET PRÉCÉDÉ D'UNE INTRODUCTION GÉNÉRALE

DE M. CHARLES NAUDIN

Membre de l'Institut, aide-naturaliste au Muséum

4 vol. petit in-folio avec 24 planches coloriées, prix : 25 fr.

L'ouvrage de M. SIEBECK a été accueilli par la Presse scientifique *très-favorablement*, et nous nous bornons à reproduire quelques passages, pour donner une idée de sa valeur :

Extrait de l'*Illustration* :

« Je ne puis m'abstenir de citer le *Guide pratique du jardinier-paysagiste*, de M. Siebeck, précédé d'une introduction par M. Naudin, du Jardin des Plantes de Paris. Toutes les combinaisons, tous les arrangements, toutes les aimables supercheries qui constituent le parc pittoresque, le jardin anglais, et aussi bien sur dix hectares de terrain que dans l'espace restreint de quelques mètres carrés, se retrouvent dans les vingt-quatre planches coloriées du *Guide pratique* de M. Siebeck. Toutes les difficultés ont été prévues, toutes ont été résolues par le savant jardinier-paysagiste. C'est un livre à consulter, à la campagne, quand on projette quelques perfectionnements, ou plutôt quelques-uns de ces changements dont le principal mérite est de ne pas présenter demain l'aspect vieilli de la veille.

J. ROTHSCHILD, 43, RUE ST-ANDRÉ-DES-ARTS, A PARIS

Vient de paraitre :

TRAITÉ THÉORIQUE ET PRATIQUE

DE

CULTURE MARAICHÈRE

PAR

É. RODIGAS

Professeur à l'École d'Horticulture de l'État, à Gendbrugge-lez-Gand

Un volume in-18 orné de 70 gravures sur bois. Prix : 3 fr. 50.

Nous empruntons quelques lignes sur cet excellent ouvrage à l'article de M. Charles Naudin, membre de l'Institut, publié dans la *Revue horticole*, Numéro du 1er décembre :

« L'auteur considère la plante dans son sens le plus général et en
« déduit les principes fondamentaux de la culture. La plante vit,
« la plante assimile, donc il faut lui fournir les matériaux de son ali-
« mentation. C'est là le sujet d'un premier chapitre. Les Méthodes
» de culture viennent naturellement à la suite, et l'auteur fait voir
« comment elles se modifient suivant les lieux, les climats, les an-
« nées, les besoins des populations. Un troisième chapitre, qu'il
« faut classer parmi les plus importants du livre, traite des engrais.
« Les assolements maraîchers, l'outillage horticole, les semis, les
« plantations complètent la première partie du livre. La deuxième
« partie est consacrée aux espèces. Les Plantes suffisamment dé-
« crites y sont par ordre alphabétique L'auteur termine par un
« *Calendrier maraîcher* très-détaillé, et qui est le complément né-
« cessaire de ce qui précède. Nous ne pouvons que louer l'auteur,
« dit M. Naudin, du soin qu'il apporte à sa rédaction; son style est
« clair, concis, et souvent élégant dans sa simplicité. Il connaît on
« ne peut mieux les légumes, espèces et variétés. »

J. ROTHSCHILD, 43, RUE ST-ANDRÉ-DES-ARTS, A PARIS

LES
PLANTES FOURRAGÈRES

ALBUM
DES CULTIVATEURS ET DES GENS DU MONDE

Atlas grand in-folio représentant en 60 Planches
les Plantes de grandeur naturelle. Chaque Planche
est accompagnée d'une légende,

PAR V.-J. ZACCONE
Sous-Intendant militaire, Chevalier de la Légion-d'Honneur

Ouvrage couronné
PAR LE COMICE AGRICOLE DE L'ARRONDISSEMENT DE THIONVILLE AUX
EXPOSITIONS DE BAYONNE, AMSTERDAM, CHAUMONT, ETC., ETC.

Prix de l'Ouvrage cartonné
Avec figures noires, 25 fr. — Avec figures coloriées, 40 fr.

Extrait de l'*Illustration* :

Un sous-intendant militaire, qui est aussi un habile agronome et
un savant botaniste, M. V.-J. Zaccone, vient de publier un album
de soixante planches, avec texte, qu'il intitule *Album des cultivateurs et des gens du monde* et qui est destiné à faire exactement
connaître nos principales plantes fourragères, leur physionomie,
leurs qualités, leur culture, etc. C'est une des plus belles, des plus
intéressantes et des plus instructives publications que je connaisse.
Ce livre, cet album, appelez-le comme vous voudrez, m'a séduit
tout d'abord, parce que c'est un beau travail en même temps
qu'une œuvre éminemment utile.

J. ROTHSCHILD, 43, RUE SAINT-ANDRÉ-DES-ARTS, A PARIS

A l'usage des gens du monde, des cultivateurs, etc.

DICTIONNAIRE

DE

L'ART VÉTÉRINAIRE

**Hygiène, — Médecine, — Pharmacie, — Chirurgie,
Production, — Conservation, — Amélioration des animaux
domestiques**

PAR CH. DE BUSSY

AVEC LE CONCOURS DE PLUSIEURS VÉTÉRINAIRES

Ouvrage honoré d'une souscription de S. E. le ministre de l'agriculture

Un vol. in-18 de 360 pages

Prix : 4 fr. — Relié en toile : 5 fr.

Le titre *Art vétérinaire*, que l'on a adopté ici, parce qu'il est le plus exact et le plus logique, ne doit pas conduire les lecteurs et particulièrement ceux de la campagne à penser que ce guide s'adresse aux savants.

Cet ouvrage est, au contraire, à la portée de tout le monde, et a été rédigé sous forme de dictionnaire pour rendre plus faciles et plus promptes les recherches que nécessitent trop souvent les maladies et les accidents subits chez les animaux domestiques. Le fermier, grâce à ce traité pratique, trouvera de suite les premiers soins à donner à ses bestiaux, et pourra, dans bien des cas, prévenir des affections que le moindre retard rendrait peut-être mortelles. Ce dictionnaire-manuel est donc d'un usage pratique à tous moments, et chacun pourra y puiser avec confiance les renseignements nécessaires à l'hygiène des animaux domestiques.

A la fin de l'ouvrage se trouve une table pouvant remplacer un Manuel de l'art vétérinaire, afin que le lecteur n'ait pas seulement un dictionnaire, mais également un ouvrage pratique dont les recettes sont basées sur les principes non contestés des célèbres écoles d'Alfort et d'Allemagne.

J. ROTHSCHILD, 48, RUE SAINT-ANDRÉ-DES-ARTS, A PARIS

L'ALIÉNATION

DES

FORÊTS DE L'ÉTAT

DEVANT

L'OPINION PUBLIQUE

Recueil complet des documents officiels et des articles publiés sur cette question dans les journaux de Paris, de la province et de l'étranger.

Un fort volume in-8°. Prix . . . . 6 fr.

L'aliénation des forêts de l'État est de toutes les questions agitées pendant la session législative de 1865, celle dont l'opinion publique s'est le plus préoccupée.

La Presse tout entière, écho fidèle du sentiment public, a pris une part active à ces débats dans lesquels figurent les noms les plus autorisés de la science et du journalisme, noms parmi lesquels on peut citer ceux du Maréchal VAILLANT, de MM. DECAISNE et BECQUEREL, de l'Institut ; MICHEL CHEVALIER, DUPIN, LE PLAY, de RIANCEY, COQUILLE, HURIOT, COHEN, VITU, MAULDE, JACQUEMART, BONNEAU, AUBRY-FOUCAULT, etc., etc.

Nous avons conservé tout ce qui a été publié sur cette discussion sérieuse et nous en avons formé un recueil complet, indispensable à quiconque veut se former une conviction éclairée sur une des questions les plus importantes que notre époque ait à résoudre.

GUIDE

DU GARDE FORESTIER

C.

Chaque exemplaire doit être revêtu de la signature de l'auteur.

Sceaux. — Imprimerie de E. Dépée.

GUIDE

DU

GARDE FORESTIER

RÉSUMÉ COMPLET

Des Lois, Règlements et Instructions concernant le Service des Gardes,
Suivi de Formules de Procès-verbaux et d'un Tarif de Cubage.

PAR

A. BOUQUET DE LA GRYE

Ancien élève de l'École impériale forestière

CINQUIÈME ÉDITION

Entièrement refondue et considérablement augmentée.

PARIS

J. ROTHSCHILD, ÉDITEUR

LIBRAIRE DE LA SOCIÉTÉ BOTANIQUE DE FRANCE

43, RUE SAINT-ANDRÉ-DES-ARTS, 43

1866.

INTRODUCTION.

Lorsque j'ai commencé à recueillir les notes qui ont servi à composer ce livre, je ne songeais qu'à préparer un formulaire destiné à aider les gardes dans la rédaction des procès-verbaux; mais, après avoir rédigé un grand nombre de formules, j'ai reconnu qu'il fallait, pour les compléter, y joindre des annotations qui entraînaient des répétitions multipliées. Il me parut dès lors plus simple d'exposer d'abord les règles générales de la constatation des délits, et d'indiquer ensuite leur application à des cas déterminés. A ce premier travail j'ai naturellement été amené à ajouter un résumé succinct des lois et règlements qui concernent le service des préposés, puis des notions élémentaires sur les travaux d'amélioration, les opérations des coupes et enfin sur la culture des forêts.

Ces connaissances familières à tous les agents

de l'administration, mais presque complètement étrangères aux préposés spécialement chargés de la surveillance, m'ont paru avoir des relations trop étroites avec la bonne gestion des forêts, pour ne pas figurer dans un ouvrage spécialement écrit pour ces derniers. C'est ainsi que ce qui devait être un recueil de formules, est devenu un livre auquel j'ai pu donner le titre de *Guide du forestier*, car il traite à peu près de toutes les questions qu'un simple forestier peut avoir à résoudre dans les diverses phases de sa vie administrative.

Cette publication répondait sans doute à un besoin réel, car elle a eu un succès auquel j'étais loin de m'attendre. Dix mille exemplaires, formant les 4 éditions qui ont précédé celle-ci, sont aujourd'hui entre les mains des forestiers de l'administration et de ceux des particuliers ; ils ont répandu dans ce personnel, dont l'instruction technique avait été trop négligée jusqu'à présent, des notions exactes sur ses devoirs et ses attributions. On m'assure que les effets de cette diffusion des connaissances forestières se manifestent déjà. Plusieurs personnes appartenant, soit à l'administration des forêts de l'État, soit à celle de la maison de l'Empereur, m'affirment que les procès-verbaux sont mieux rédigés, le service plus régulier, depuis que les gardes ont entre les mains un livre élémentaire écrit pour eux et dans lequel ils trouvent l'exemple à côté du précepte.

Si je reproduis cet éloge, ce n'est pas par un sentiment de vanité personnelle, mais par reconnaissance pour les maîtres vénérés auxquels il doit être reporté, car c'est à leurs conseils et à leurs ouvrages que je dois attribuer tout ce que ce petit livre contient de bon et d'utile. — Le traité de culture des bois de MM. Lorentz et Parade m'a, en effet, fourni la meilleure part des chapitres consacrés à la sylviculture, et l'excellent commentaire de M. Meaume m'a servi de guide pour tout ce qui concerne la constatation des délits et la police des forêts.

L'édition que je publie aujourd'hui, diffère des précédentes, non-seulement par des additions nombreuses et des changements qu'ont nécessité les modifications survenues dans les lois et les règlements, mais encore par une interversion complète du classement des chapitres, classement dans lequel j'ai donné, à la sylviculture et aux travaux forestiers, le pas sur la surveillance des forêts, en reportant à la fin les dispositions purement administratives.

Ainsi transformé, le Guide du forestier ne s'a-
dresse plus aussi exclusivement aux préposés de
l'administration des forêts, il prend un caractère
plus général et peut devenir aussi le Guide des
marchands de bois, des propriétaires et de leurs
gardes qui manquent si généralement, des moyens
d'acquérir les connaissances techniques relatives
à l'exploitation, à la gestion et à la surveillance
des forêts.

GUIDE DU FORESTIER

CHAPITRE Ier

NOTIONS DE SYLVICULTURE

Modes de traitement. — FUTAIES. — Méthode naturelle. — Coupes de régénération. — Coupes d'amélioration. — Exploitabilité. — Possibilité. — Marche des exploitations. — Jardinage. — Abatage. — Vidange. — TAILLIS. — Exploitabilité. — Possibilité. — Exploitation. — Façonnage. — Vidange. — Réserves. — Nettoiements. — Furetage. — Sartage. — Gemmage.

1. Modes de traitement. — Tous les arbres qui peuplent nos forêts se reproduisent naturellement par leurs semences.

Les bois feuillus possèdent, à des degrés divers, la propriété de se reproduire par les rejets qui croissent sur les souches et sur les racines : c'est ce qu'on appelle repousser de souche et drageonner.

Les résineux (pins, sapins, mélèzes, etc.) ne

1

donnent ni rejets ni dragcons. Ces arbres se reproduisent exclusivement par leurs graines.

A ces deux modes de reproduction correspondent deux modes de traitement des forêts entièrement différents.

Le premier, le seul vraiment naturel, est le traitement en *futaie*; le second est le traitement en
taillis.

2. **Futaies.** On appelle *futaie* une forêt destinée
à se régénérer par la semence et à produire des
bois de grande dimension.

On traite les futaies par deux méthodes distinctes :

Celle du *réensemencement naturel et des éclaircies;*
celle *du jardinage*, nous ne comptons pas l'ancienne méthode dite à *tire et aire*, complètement
abandonnée maintenant.

3. **Méthode naturelle.** — La méthode du réensemencement naturel est fondée sur l'observation
des conditions nécessaires pour assurer la régénération par la semence et favoriser la végétation
des massifs, depuis leur naissance jusqu'à leur exploitation.

Pour qu'une forêt se reproduise par les semis
naturels, il faut que les arbres qui la composent

soient en âge de produire une suffisante quantité de semences fertiles.

De cette première condition, résulte l'obligation de ne pas exploiter les parties à régénérer avant l'âge où les arbres commencent à donner de bonnes graines, comme d'autre part on cherche à produire des bois sains et de bonne qualité, il faut qu'on abatte les arbres avant l'époque où ils dépérissent.

C'est entre ces deux limites que doit être nécessairement fixée la durée de la *révolution*, c'est-à-dire de l'intervalle qui s'écoule entre la naissance des jeunes peuplements et l'exploitation des bois les plus âgés.

Il ne suffit pas de savoir qu'il ne faut couper les arbres ni quand ils sont trop jeunes, ni lorsqu'ils sont trop vieux, il faut arriver à déterminer l'âge exact auquel il convient de les exploiter pour en tirer le plus grand produit. Nous dirons plus loin comment on y parvient, pour le moment nous nous bornerons à exposer les procédés de culture qu'on emploie pour obtenir la régénération des arbres par les graines qu'ils produisent.

Nous avons dit que la première condition pour obtenir un ensemencement naturel est d'avoir des arbres donnant des graines fertiles; la seconde, qui n'est pas moins importante, c'est que ces graines trouvent un sol apte à les faire germer et à faire prospérer les jeunes sujets qui en proviennent.

Le sol des forêts dans lesquelles le massif a été conservé est naturellement très-favorable à la germination des graines et à la croissance des jeunes plants. Les débris des feuilles et des brindilles accumulés pendant plusieurs révolutions y forment un terreau frais et divisé qu'on nomme *humus*, dans lequel les graines et les plants trouvent l'humidité, la température, la division et les éléments lés plus avantageux à leur développement; mais si les arbres ne donnent pas un couvert complet, ce sol frais et léger se couvre de gazon, de bruyères ou d'autres plantes qui empêchent les graines d'arriver jusqu'à la couche d'humus et qui étouffent à leur naissance les jeunes plants qui ont pu se produire. Si au contraire la forêt forme un massif bien épais, si les rayons du soleil ne peuvent arriver jusqu'à la terre, il n'y a ni gazons, ni bruyères, le sol est couvert d'une couche épaisse de feuilles mortes dans laquelle les graines germent et se développent en toute liberté; aussi le maintien du massif est-il une des conditions les plus importantes de la régénération : nous verrons plus loin que c'est encore une des conditions indispensables à la bonne végétation des peuplements.

Dans leur jeunesse, les plants destinés par la nature à croître sous le couvert des arbres qui leur ont donné naissance, redoutent d'être exposés trop promptement aux rayons du soleil, aux influences du hâle et de la gelée ; il faut donc leur ménager un abri ; d'autre part, ces jeunes plants exigent pour se développer une quantité de lumière, restreinte d'abord, mais qui doit s'accroître successivement ; car tous les végétaux tirent de l'air la plus grande partie de leur nourriture, et c'est seulement sous l'influence de la lumière que s'opère leur nutrition. Les arbres, on le sait, vivent par les feuilles au moins autant que par les racines.

Obtenir d'abord un semis complet, conserver aux jeunes plants un abri suffisant, puis enfin les dégager successivement du couvert qui les gêne, tel est le but indiqué par la nature et que le forestier atteint au moyen des coupes de *régénération*.

4. **Coupes de régénération.** — Dans une première coupe dite d'*ensemencement*, il réservera un nombre d'arbres suffisant pour garnir le sol de graines.

Quand les semences sont lourdes, les réserves devront être rapprochées, la coupe sera serrée ; elle sera espacée quand les semences sont légères et se répandent au loin, si d'ailleurs le tempérament du jeune plant n'exige pas qu'on lui conserve un abri complet. Les coupes d'ensemencement dans les bois de hêtres, de sapins se font à l'état de coupes sombres, car les jeunes plants de ces essences sont très-délicats. On fera de même les coupes d'ensemencement dans les forêts de chênes, car le gland est lourd et ne se dissémine pas.

Il importe d'ailleurs d'empêcher, au moment des semis, le sol de ces forêts de se gazonner, ce à quoi il est généralement disposé à raison du peu de couvert que donnent les chênes. Les coupes d'ensemencement des pins peuvent être claires, car les graines sont nombreuses, légères, et la reproduction facile.

En général, on conserve dans les coupes d'ensemencement un couvert d'autant plus épais que les semences sont plus lourdes, les jeunes plants plus délicats et le climat local plus rude et plus exposé à de brusques variations.

Lorsque le sol est suffisamment garni de jeunes plants, il devient nécessaire de les faire participer,

suivant les besoins spéciaux de chaque essence,
aux influences de la lumière et de l'atmosphère.
C'est au moyen des coupes *secondaires* qu'on atteint ce but.

Dans ces coupes, on enlève tous les arbres qui
dominent des recrus bien venants, assez robustes
pour se passer d'abri : on éclaircit le massif de
manière à laisser, suivant le climat et les essences,
pénétrer plus ou moins le soleil ; on conserve
au contraire les arbres qui surmontent des semis
encore trop jeunes, des parties peu ou mal repeu-
plées. Lorsque les plants sont très-sensibles aux
influences atmosphériques (hêtres, sapins), la
coupe secondaire se fait avec ménagement, et
seulement lorsque le recru a acquis une certaine
vigueur, on peut même l'effectuer en deux fois.
Quant, au contraire, les jeunes plants craignent le
couvert (chênes, pins), la coupe secondaire s'opère
aussitôt que l'ensemencement est terminé.

5. Quand enfin le jeune peuplement est deven
assez complet et assez vigoureux pour être débar-
rassé sans inconvénient du couvert qui l'a abrité et
dont le maintien nuirait à son développement ulté-
rieur, on le dégage, au moyen d'une *coupe définitive*, de tous les arbres qui le dominent. — On
avance ou on retarde cette coupe suivant que le

repeuplement a été plus prompt, que les jeunes
sujets sont plus robustes.

La coupe définitive termine la série des coupes
de régénération. La jeune forêt qui résulte de
cette succession d'exploitations doit, si elles ont
été bien dirigées, présenter un massif bien compact de brins serrés les uns contre les autres et
à peu près d'égale hauteur; c'est là ce qu'on
nomme un *fourré*.

6. Coupes d'amélioration. — A mesure qu'ils
prennent du développement en grosseur et en hauteur, tous ces brins tendent à occuper plus d'espace; le sol sur lequel ils sont fixés ne suffit plus
à les contenir tous, le besoin de lumière les pousse
à croître en hauteur, les plus vigoureux surmontent les plus faibles qui s'étiolent et périssent.
Leurs débris, réunis aux feuilles décomposées,
forment un terreau qui conserve la fraîcheur du
sol et augmente sa fertilité. Le fourré passe à
l'état de *gaulis*; pendant cette phase de la végétation, les bois blancs qui croissent plus rapidement que les bonnes essences et qui se reproduisent avec une grande facilité, arriveraient à
dominer le jeune peuplement si l'on n'avait le
soin d'arrêter leur envahissement; plus tard, on
ne pourrait le faire sans interrompre le massif.

Les brins dominés peuvent donner déjà des produits utiles ; il convient d'en profiter en régularisant les éclaircies naturelles auxquelles les peuplements sont soumis pour passer de l'état de gaulis à celui de *perchis*, et enfin de futaie.

Conserver le massif en favorisant le développement des bonnes essences et en profitant des produits des brins surabondants ou inutiles, tel est le but auquel le forestier parvient au moyen des coupes d'*amélioration*.

Dans ces coupes, on enlèvera successivement les brins dominés, les bois blancs inutiles au maintien du massif, les morts-bois. Les premières qui s'effectuent lorsque le besoin s'en fait sentir et généralement entre 10 et 20 ans, prennent le nom de *nettoiements* ; celles qui viennent ensuite prennent le nom d'*éclaircies* ; elles se succèdent à des intervalles réguliers de 10 à 20 ans, jusqu'à ce qu'on soit arrivé à l'époque où les arbres ayant atteint leur exploitabilité, il convient de procéder à une nouvelle régénération.

Dans les nettoiements, on n'enlève que les brins dépérissants, les morts bois et ceux des bois blancs qui ne sont pas indispensables au maintien du massif. Un nettoiement trop clair présente de grands dangers pour le peuplement ; les jeunes brins qui le composent étant en général grêles et élancés, n'ont pas assez de force pour se soutenir s'ils ne s'appuient pas les uns sur les autres, il faudra donc avoir grand soin de ne pas dégarnir le massif. Les éclaircies qui succèdent au nettoiement s'effectueront d'après des règles analogues, modifiées toutefois par la consistance plus robuste du peuplement.

Ce n'est pas tant l'espacement des tiges qui doit guider dans le choix des arbres à extraire, que le développement de leur tête ; c'est en regardant en l'air et non devant soi qu'on reconnaît ce qu'il faut extraire ou réserver. Quand le couvert est complet, les cimes bien développées et se soutenant mutuellement sans s'entraver, on n'enlèvera rien. On réservera les arbres même mal venants et les bois blancs dans les parties un peu claires où le sol se couvre d'herbes ; car c'est une marque que le massif est interrompu, et il faut y remédier. On extraira au contraire les brins étiolés et vicieux, et même des brins bien venants lorsque le massif sera trop serré.

Des éclaircies bien dirigées conduisent un peuplement jusqu'à l'exploitabilité en favorisant l'accroissement en hauteur et en améliorant la qualité des bois ; elles laissent un sol bien meuble, amendé par les détritus des feuilles, dégarni de gazon, et le plus propre enfin à une nouvelle régénération.

Tel est le résumé succinct des opérations culturales auxquelles est soumise, pendant tout le cours d'une révolution, une forêt traitée par la méthode naturelle.

Il nous reste, pour compléter cette étude, à faire connaître les considérations sur lesquelles l'on s'appuie pour fixer la durée de la révolution de manière à obtenir dans un temps donné la plus grande quantité des produits les plus utiles, c'est-à-dire pour déterminer l'*exploitabilité*, et à indiquer les moyens employés pour obtenir des produits réguliers et constants, c'est-à-dire pour régler la *possibilité*.

7. **Exploitabilité.** — Pour déterminer l'âge auquel il convient d'exploiter les arbres afin d'en tirer le meilleur parti, il faut avoir égard au sol, au climat, à la longévité des essences, et au prix des bois suivant leurs dimensions et leurs qualités.

Dans les bons terrains les arbres prospèrent jusqu'à un âge avancé, dans les sols médiocres leur croissance s'arrête promptement. Les chênes s'exploitent depuis 100 jusqu'à 180 ans, les sapins, épicéas, mélèzes purs ou mélangés de 90 à 150 ans, suivant qu'ils sont dans un sol plus ou moins favorable.

Les pins n'atteignent pas souvent l'âge de cent ans sans dépérir, aussi les exploite-t-on généralement entre 60 et 80 ans, à moins qu'ils ne soient destinés à faire des arbres de mâture; les particuliers trouveront souvent avantage à exploiter, avant qu'elles aient atteint un âge aussi avancé, certaines futaies fournissant des menues charpentes, des bois de mines, des poteaux télégraphiques, etc.

Ces circonstances locales, souvent passagères, déterminent alors la durée des révolutions adoptées.

8. **Possibilité.** — Régler la possibilité d'une forêt, c'est fixer à l'avance la quantité de bois qu'on y exploitera afin de n'enlever exactement chaque année que le volume dont la forêt s'accroît pendant cette année. Dans les taillis cette détermination se fait très-simplement, comme nous le verrons plus loin, en partageant la forêt en autant de coupes qu'il y a d'années dans la révolution et en exploitant chaque année une de ces coupes; pour les futaies on ne peut agir ainsi. Les coupes de régénération ne se suivent pas avec la régularité des coupes de taillis, car il est souvent

nécessaire de retarder les coupes secondaires ou définitives pour maintenir un **abri** aux jeunes plants ; d'autres fois, au contraire, on est obligé de hâter l'abatage des vieux bois pour laisser croître des fourrés que le couvert fait languir. La possibilité ne peut donc pas être basée sur la contenance, mais si l'on calcule le volume de bois que la forêt produit chaque année, et si l'exploitation, dirigée suivant les besoins de la reproduction, ne porte en définitive que sur le volume connu de l'accroissement annuel, on arrivera à n'extraire chaque année que ce que la végétation produit, et la forêt pourra indéfiniment rendre les mêmes revenus. Calculer le volume de bois dont s'accroît une forêt chaque année, régler les exploitations de manière à profiter de cette quantité de produits tout en préparant la régénération, tel est le double problème à résoudre.

Pour calculer l'accroissement annuel d'une forêt, ce qui n'est autre chose que sa possibilité, on partage d'abord la forêt en divisions d'après l'âge et l'état des peuplements, puis, lorsqu'on a bien établi ces divisions, on détermine l'ordre dans lequel il conviendra de les régénérer en commençant naturellement par les plus âgées. Pour faciliter le travail, on partage la révoluation en un certain nombre de périodes de 10 ou 20 ans. L'on affecte à chacune de ces périodes les divisions qui d'après leur âge doivent être exploitées pendant sa durée, en ayant soin de rendre la contenance des divisions afférentes à chaque période à peu près égale afin que la production soit sensiblement la même pour toutes les périodes. Quand ce travail est fait, il ne reste qu'à calculer la possibilité pour la première période comprenant les bois les plus âgés, ce qu'on fait aisément en calculant le volume de tous les arbres de l'affectation, en y ajoutant le volume de l'accroissement probable, et en divisant par le nombre d'années de la période.

9. **Marche des exploitations.** — Les opérations que nécessite la détermination de la possibilité servent en même temps à régler la marche des exploitations. On voit en effet que si pendant la 1re période supposée de dix ans on enlève chaque année dans les divisions formant la 1re affectation le dixième du volume des arbres qui s'y trouvent, à la fin de cette période il ne restera plus de vieux bois, et le sol devra être garni de jeunes plants. On passera alors aux divisions affectées à la 2e période et on les exploitera de même, de telle sorte qu'après l'expiration de cette nouvelle

période tous les vieux bois de l'affectation correspondante seront remplacés par des jeunes en continuant ainsi jusqu'à la fin de la révolution.

En même temps que l'on régénère la première affectation, les affectations suivantes sont parcourues par des coupes d'amélioration, éclaircies et nettoiements. Ces coupes régularisent les peuplements, préparent la régénération et permettent de tirer parti de tous les bois surabondants. Comme elles peuvent se suivre dans un ordre bien déterminé, on les assoit par contenances égales sans se préoccuper des différences des produits. Il nous resterait maintenant à tracer la marche des coupes tant de régénération que d'amélioration; mais nous ne pourrions, sans dépasser les limites de ce travail, entrer dans l'examen de ces questions qui sont du ressort de la science de l'aménagement plutôt que de celle de la culture des bois proprement dite.

10. **Jardinage.** — On appelle jardinage un système d'exploitation des futaies, qui consiste à enlever çà et là dans toute la forêt les arbres les plus âgés, les bois viciés, secs ou dépérissants, et même ceux bien venants que réclament les besoins du commerce.

C'est une méthode vicieuse, car elle ne donne

pás le moyen de régulariser et la consistance et la
végétation des massifs ; toutefois elle présente
certains avantages qui empêchent de la proscrire
d'une manière absolue. Les particuliers qui possèdent de petites forêts dans lesquelles le jardinage
est depuis longtemps pratiqué ne veulent pas s'as-
treindre aux sacrifices qu'ils seraient obligés de
s'imposer pour les soumettre à un traitement plus
régulier, ils aiment à trouver dans leurs bois les
arbres de dimensions variées dont ils ont besoin ;
l'observation des règles de la méthode naturelle
présente d'ailleurs des difficultés qu'ils ne savent
pas vaincre.

D'autre part, certaines forêts, celles de hêtre
et de sapins surtout, où l'on jardine le plus ordinairement, croissent en général dans des climats
assez rudes ; les jeunes plants de ces essences ne
souffrent pas trop d'un couvert même prolongé ;
il y a donc des raisons sérieuses de conserver
quelquefois une méthode de traitement qui, malgré
ses inconvénients, n'est pas sans raison d'être.

11. Le jardinage ne sera pas trop désavanta-
geux s'il est pratiqué dans certaines conditions
qui tendent à le rapprocher de la méthode naturelle, si les exploitations portent principalement
sur les arbres qui dominent des jeunes peuple-

ments déjà robustes. Si par une combinaison bien entendue des règles indiquées pour les coupes de régénération et d'amélioration, on extrait avec les arbres les plus âgés, les brins dominés, les bois blancs, on arrivera à des repeuplements partiels et par places qu'on peut conduire à l'exploitabilité, tout en conservant à chaque partie de la forêt sa composition variée de bois de tout âge.

Ce mode de traitement demande une connaissance parfaite des exigences de chaque essence ; il présente des difficultés d'autant plus grandes que la consistance du peuplement présente plus de variétés.

12. Abatage. — L'abatage, dans les futaies, doit s'effectuer après la chute des feuilles et avant l'époque où la séve se met en mouvement. — On croit en général que les bois exploités en temps de séve, ainsi que ceux qui sont coupés hors des époques de la pleine lune ne se conservent pas. Aucune expérience concluante ne légitime cette croyance vulgaire. Si l'on prescrit de faire les exploitations en automne et en hiver, c'est principalement pour atténuer les dégâts causés aux jeunes peuplements par des abatages faits au printemps et en été ; époque où les pousses sont

2

tendres et cassantes. La chute des arbres et leur transport à travers les recrus occasionnent alors bien plus de dommage que dans l'arrière-saison.

Dans toutes les coupes de régénération, on ébranchera les arbres à abattre, on dirigera leur chute de manière à éviter d'endommager le sous-bois.

13. **Vidange.** — On façonnera les branchages le plus tôt possible et on transportera les bois sur les laies, chemins et places de dépôt. On profitera des fortes gelées ou des sécheresses pour faire ces transports, beaucoup plus faciles alors que le sol est solide. On s'abstiendra de faire pénétrer les voitures dans les coupes après les grandes pluies et les dégels. — Il ne faut pas trop s'effrayer des dégâts apparents occasionnés par les exploitations ; les jeunes peuplements de bois feuillus qui paraissent dévastés après la coupe se complètent assez promptement, si on a soin de recéper les brins endommagés. Les résineux demandent à être mieux ménagés ; cependant il n'y aura pas de danger sérieux pour leur avenir si l'on a pris les précautions nécessaires pour n'y pas faire de clairières.

14. **Taillis.** On appelle *taillis* les forêts destinées à se reproduire principalement au moyen des

rejets et des drageons qui croissent sur les souches et les racines des arbres exploités.

Les taillis sont dits simples quand on les exploite à *blanc étoc*, c'est-à-dire sans aucune réserve, ou quand les arbres réservés sont destinés à ne pas rester sur pied pendant plus de deux révolutions.

On appelle taillis *composés* ou *sous-futaie* ceux dans lesquels on réserve, lors des exploitations, des arbres qui doivent être maintenus sur pied pendant deux, trois, quatre révolutions et plus.

La régénération des taillis étant fondée sur la propriété que possèdent certaines essences, de produire des rejets et des drageons, les exploitations doivent être dirigées de manière à obtenir par ce mode de reproduction une succession régulière et indéfinie des produits les plus considérables et les plus utiles.

15. Exploitabilité. — La détermination de l'âge où il convient d'exploiter les taillis, c'est-à-dire celle de la *révolution*, est une question complexe qui rentre plutôt dans le domaine de l'aménagement que dans celui de la sylviculture; nous nous bornerons à indiquer succinctement, comme nous l'avons fait pour les futaies, les considérations diverses qui doivent servir à la résoudre.

Les arbres ne se reproduisent pas indéfiniment au moyen des rejets de souche, aussi ne peut-on assurer la perpétuité des taillis qu'en remplaçant soit par des repeuplements artificiels, soit par des semis naturels produits par les arbres réservés, les souches qui viennent à dépérir. Les rejets, comme les drageons, ne sont en effet que des branches nouvelles croissant sur les souches ou les racines d'un arbre qui a une existence limitée, et dont la vitalité s'épuisera d'autant plus vite que des exploitations réitérées viendront plus souvent modifier les conditions normales de sa végétation.

La puissance reproductive des souches s'affaiblit et disparaît dès que les arbres ont atteint un âge qui varie suivant les essences, le sol et le climat; d'autre part, les rejets produits par des souches exploitées trop souvent sont dépourvus de vigueur, il est donc très-important de ne pas attendre pour exploiter les taillis qu'ils soient trop âgés pour se régénérer; il ne l'est pas moins de ne pas fatiguer les souches par des abatages répétés.

Il y a avantage à exploiter jeunes certains taillis qui croissent avec rapidité dans les premières années qui suivent la coupe, et dont la végétation se ralentit ensuite, il sera avantageux, au contraire, de retarder l'exploitation des taillis peuplés d'essences dont la végétation d'abord assez lente ne commence à s'activer qu'au bout d'un certain nombre d'années.

Enfin, la durée de la révolution dépend encore de la nature des produits que la forêt est destinée à fournir.

On coupe les taillis jeunes quand les bourrées, le menu fagotage, sont d'un débit avantageux, quand on trouve à utiliser les brins à la confection de cercles, de rouettes, d'articles de vannerie, marchandises qui, lorsqu'elles sont d'un débouché facile, donnent aux jeunes bois une valeur supérieure à celle qu'ils acquerraient en prenant plus d'accroissement.

On retardera au contraire l'exploitation des taillis qui doivent produire des bois de feu, des perches, de la menue charpente.

Les révolutions généralement adoptées sont pour les essences dures, telles que : chêne, charme, hêtre, etc., celles de 25 à 40 ans lorsque les bois sont situés dans de bons sols. On ne dépasse pas la limite de 40 ans, mais on réduit la révolution à 20 ans, et même au-dessous lorsque le sol est de qualité médiocre.

Les révolutions de 15 à 25 ans sont préférées pour les aulnes, bouleaux, trembles et arbres fruitiers, tels que : sorbiers, merisiers, pommiers, etc.

Enfin, on exploite à 8, 10 et 15 ans, les châtaigniers spécialement traités pour la confection des cercles et échalas, les saules, coudriers et les taillis dans lesquelles les morts-bois dominent.

16. **Possibilité.** — On régularise la production en partageant la forêt en coupes d'égales contenances dont la plus âgée s'exploite soit annuellement, soit à des intervalles de deux, trois, quatre années et plus.

Si la forêt est partagée en autant de coupes qu'il y a d'années dans la révolution, l'exploitation sera annuelle ; elle sera biennale, triennale, etc., si le nombre de coupes est la moitié, le tiers de celui des années de la révolution.

Si les coupes sont délimitées d'une manière fixe par des tranchées, des bornes ou des fossés, la forêt est *aménagée*.

17. **Exploitation.** — Le traitement des forêts par le mode du taillis simple et composé est tout artificiel puisque la régénération par les rejets nécessite une exploitation préalable, sans laquelle la forêt reviendrait spontanément à l'état de futaie. Les conditions anormales dans lesquelles se

trouvent les forêts ainsi traitées, exigent que les exploitations soient l'objet de soins particuliers.

La durée des souches et la vigueur des cepées dépendent en grande partie de la manière dont l'abatage est opéré.

Les bourgeons qui produisent les rejets se forment principalement sur le périmètre de la souche, entre l'écorce et le bois ; si l'écorce est détachée ils ne peuvent venir, il faut donc conserver soigneusement l'adhérence de l'écorce sur le pourtour de la souche ; pour cela, il faut que l'abatage soit fait avec des instruments bien tranchants et que l'ouvrier fasse son entaille de bas en haut, car la coupe oblique de haut en bas fait éclater le bois et déchire l'écorce. Quelque soin que prenne le bûcheron, il se produit toujours des éclats et des déchirures ; pour y remédier, il faut parer la section en retaillant la souche des bords au milieu de manière à lui donner une forme bombée.

La coupe devra être franche et nette pour que l'eau ne pénètre pas dans les cavités que présenterait une surface creuse et inégale. Le séjour de l'eau sur les souches est une cause puissante de dépérissement. Les brins les plus faibles seront coupés à la serpe et de bas en haut, en talus ;

les vieux étocs seront ravalés aussi bas que possible.

On ne doit pas craindre de couper rez-terre, si ce n'est dans les sols bas et humides.

Les souches qui paraissaient à fleur de terre au moment de l'abatage, se trouvent après quelque temps élevées de plusieurs centimètres au-dessus du sol qui se tasse et se dénude lorsqu'il est exposé aux influences du soleil, de la gelée et des vents.

Les rejets qui viennent sur les étocs coupés trop haut ne prennent pas de pied et n'ont par la suite aucune solidité; dans les sols exposés aux inondations, il faut conserver les souches plus hautes que dans les terrains secs.

Les chênes verts, ou yeuses des climats méridionaux qui croissent ordinairement sur des collines calcaires très-arides, demandent à être exploités entre deux terres; il en est de même des essences qui drageonnent facilement.

Les hêtres, au contraire, paraissent donner plus aisément des rejets, lorsque l'on exploite dans le jeune bois; cette essence repousse difficilement de souche dans certaines régions de la France, et lorsqu'on la taille en taillis, il faut avoir égard aux habitudes locales, à peine de compromettre la régénération. — La conservation des brins traînants qui entretiennent le mouvement de la végétation paraît favoriser la production des rejets ; il est certain que dans certaines contrées, le Morvan, par exemple, des souches de hêtres âgées de plusieurs siècles, conservent encore toute leur vitalité, grâce à un mode d'exploitation qui consiste à ne jamais les dépouiller complètement des rejets, et à toujours couper au-dessus du nœud de l'exploitation précédente.

Il est convenable d'ajouter que ce mode, plus propre à l'entretien des haies et des bordures de champs qu'à celui de véritables taillis, produit des souches énormes, s'élevant à chaque exploitation et qui finissent par prendre l'apparence de masses rocailleuses sur lesquelles sont implantés des rejets vigoureux quoique d'âges très-divers.

L'abatage se fait ordinairement après la chute des feuilles et avant la saison où la séve se met en mouvement. L'époque la plus favorable est la fin de l'hiver, car les souches n'ont pas à redouter alors les gelées qui les font gercer, et qui détruisent l'adhérence de l'écorce. Il y a un moyen très-efficace et très-simple de préserver les souches de cette cause de destruction, c'est de les recouvrir de feuilles mortes et de terre aussitôt après l'abatage. — Il faut éviter d'exploiter par les fortes gelées, les bûcherons profiteront des moments des grands froids pour façonner les bois abattus.

Il est important de ne pas retarder l'exploitation jusqu'à l'époque où la séve est en mouvement. Si cependant les bois sont destinés à être écorcés, il est indispensable d'attendre le moment de la séve : c'est une des conditions de ce mode d'exploitation ; mais alors on devra obliger les exploitants à abattre les bois au fur et à mesure de l'écorçage, ou mieux encore à n'écorcer que des bois abattus. Dans certaines contrées, les brins écorcés sur pied ne sont abattus qu'à l'automne qui suit l'écorçage, c'est une méthode des plus vicieuses, car malgré l'enlèvement de l'écorce sur la tige et les grosses branches, les bourgeons des rameaux se développent en feuilles dont la production absorbe sans profit toute la substance du sujet. L'évaporation qui se produit par les surfaces écorcées est très-active : peu de souches sont assez vigoureuses pour résister à ces causes d'épuisement.

18. **Façonnage.** — Les bois abattus devront être façonnés avant l'époque où les bourgeons commencent à se développer, et transportés de suite à portée des chemins de vidange et des

places de dépôt; le façonnage et le transport à travers la coupe, lorsque les rejets apparaissent, occasionnent la perte de beaucoup d'entr'eux. Ces jeunes brins sont tendres et cassants, et le passage des ouvriers, le transport des ramiers en détruisent une grande quantité. Les retards apportés au façonnage ont des conséquences plus graves qu'on ne le croit généralement, la perte ne se borne pas à une année de croissance, car les rejets ainsi détruits ne sont souvent pas remplacés, l'herbe qui envahit les coupes après l'exploitation recouvre les souches et empêche l'évolution des rejets qui n'ont pas un certain développement à la première feuille.

Dans les bois soumis au régime forestier, le façonnage des ramiers doit être terminé le 1ᵉʳ juin; cette limite ne devra jamais être dépassée, on la réduira même autant que possible dans les pays où la végétation est précoce.

19. **Vidange.** — La vidange s'effectue pendant l'automne et l'hiver de l'année de l'exploitation; dans les bois soumis au régime forestier, elle doit être terminée au 15 avril de l'année suivante. Les facilités plus grandes que les propriétaires accordent sont très-nuisibles au bon état des taillis.

Le transport des bois se fera autant que possible par les temps secs ou les fortes gelées, ce sont les moments les plus favorables pour les voituriers, ce sont aussi ceux où les bois ont le moins à souffrir du passage des voitures.

Dans les pays où les traîneaux peuvent être employés, il sera très-avantageux et très-économique de profiter des temps de neige pour enlever les bois à l'aide de ce moyen de transport.

L'établissement de bonnes voies de vidange par lesquelles les produits de toutes les coupes sont facilement transportables, est une des premières conditions de bonne gestion des forêts.

20. **Réserves.** — Les brins de l'âge du taillis qu'on réserve lors des exploitations prennent le nom de *baliveaux*, à la fin de la deuxième révolution ils prennent le nom de *modernes;* dans les taillis simples on exploite toujours les modernes réservés dans la coupe précédente. Dans les taillis *composés* on laisse sur pied un certain nombre de ces modernes qui prennent à la fin de la troisième révolution le nom d'*anciens*, et dans certaines régions celui de *cadets*. Ceux de ces arbres qui restent sur pied pendant les révolutions suivantes, s'appellent *anciens*, et enfin *vieilles écorces* lorsqu'ils ont cinq fois l'âge du taillis.

En conservant ainsi dans les taillis quelques

arbres de futaie, on a pour but d'obtenir des bois
de fortes dimensions, en même temps que des
semences destinées à remplacer les souches qui
dépérissent. — Les arbres ainsi réservés exercent
une influence marquée sur la végétation du taillis
qu'ils entravent complétement s'ils sont trop nombreux, mal espacés ou mal choisis. Aussi le choix
des réserves a-t-il sur le bon état des peuplements
une importance très-grande.

Les baliveaux doivent être choisis parmi les
pieds les plus vifs et les plus élevés. — Plus un
arbre est élancé, moins il est nuisible à ceux qu'il
domine. On devra néanmoins ne pas réserver
des brins trop grêles, car ils se courbent et se
brisent lorsqu'ils se trouvent isolés. On préférera
les essences qui donnent un couvert léger, comme
le chêne, le frêne, le bouleau, sans excepter cependant les hêtres et autres arbres à couvert épais ;
mais on évitera de réserver les trembles, les bois
blancs qui donnent des semences légères, abon-
dantes et d'une reproduction si facile que les taillis
seraient bientôt envahis par les nombreux semis
de ces essences de qualité inférieure.

Les modernes devront être marqués parmi les
baliveaux les mieux venants et les plus élancés
des essences à couvert léger. On exclura de cette

catégorie de réserves, les arbres conservés dans les exploitations précédentes qui donnent des marques de dépérissement, ceux qui s'étalent et écrasent le taillis.

Les anciens seront choisis parmi les modernes les plus beaux. On évitera en général de marquer comme anciens les charmes et les hêtres qui donnent un couvert trop compact. A l'état de baliveaux ou de modernes, ces arbres ont pu être réservés sans nuire à la croissance du taillis, mais lorsqu'ils ont acquis un grand développement, ils en arrêtent la végétation sur toute la surface qu'ils recouvrent de leurs branches.

Les réserves devront toujours être espacées de manière à ne donner en aucun point un ombrage trop épais ; on les espacera d'autant plus qu'elles seront plus touffues. Si le sol offre des pentes prononcées, la réserve sera moins abondante que dans les terrains plats. — Elle sera plus serrée si l'exposition est chaude, et si le sol léger demande à être abrité.

Certains propriétaires, dans un but mal entendu de conservation, réservent dans leurs coupes tous les arbres qui leur paraissent propres à fournir de belle futaie ; ils arrivent ainsi à transformer leurs taillis en futaies bâtardes dont la régénération est tout à fait compromise; c'est un écueil à éviter. Les taillis composés doivent toujours être traités comme taillis. Une réserve bien entendue ne doit pas empêcher la reproduction des rejets de souche.

21. **Nettoiements.** — Les grands taillis et surtout ceux qui doivent être écorcés gagnent beaucoup s'ils sont nettoyés. Dans ces nettoiements on enlève les épines, les morts-bois et les brins traînants; on ébranche les perches de chaque cépée de manière à favoriser leur croissance en hauteur; on extrait les bois blancs s'ils sont en trop grand nombre. Ces opérations s'effectuent vers les deux tiers de la révolution. On avance ou on retarde le nettoiement suivant la vigueur de la végétation et la valeur des produits qu'on en pourra obtenir.

22. **Furetage.** — On appelle ainsi un mode de traitement des taillis qui consiste à enlever sur chaque cépée les brins les plus gros, en réservant les autres pour être coupés successivement, aux exploitations suivantes. Ce système n'est guère appliqué qu'aux taillis de hêtre, dans les montagnes du Morvan et du Rouergue. Il offre cet avantage de ne pas dénuder le sol et de maintenir l'activité de la végétation dans les souches de hêtre qui perdent souvent la faculté de produire

des rejets lorsqu'elles sont taillées à blanc étoc. Pour régulariser le furetage ou partage la révolution en deux ou trois périodes pendant chacune desquelles les exploitations parcourent toute la forêt. Si par exemple la révolution est de 30 ans, on la partagera en trois périodes de 10 ans et on divisera la forêt en 10 coupes; dans chaque coupe on ne prendra que le tiers des brins, en choisissant les plus âgés de manière qu'il reste sur chaque cépée des brins de 10 et de 20 ans; à la coupe suivante, qui revient 10 ans après, les brins qui avaient 20 ans en ont 30, ceux de 10 en ont 20 et les jeunes rejets remplacent les brins de 1 à 10 ans. Par ce procédé on assure la perpétuité du taillis, mais à condition toutefois de remplacer par des plantations les souches qui meurent.

23. **Sartage.** — Le sartage est un mode d'exploitation à la fois forestière et agricole qui consiste à couper les taillis à blanc étoc, à brûler les bruyères et les branchages et à ensemencer en céréales le sol ainsi écobué. Ce système de culture n'est guère usité qu'en Ardenne. Il permet aux populations de ces contrées d'obtenir sans engrais et presque sans culture les grains dont ils se nourrissent; il active la végétation du chêne qui forme

le peuplement des taillis sartés, et permet d'en tirer d'excellentes écorces.

24. Gemmage. — On appelle gemmage l'extraction des produits résineux que fournit le pin maritime. L'industrie du gemmage a pris depuis quelques années une grande importance, c'est la source de la richesse de plusieurs départements du littoral de l'Océan.

On ne gemme guère que le pin maritime; si l'on a fait des essais sur d'autres essences, ils ne sont pas encore appliqués en grand.

Voici comment on procède à cette opération qui commence quand les pins ont 25 ans, âge auquel ils deviennent bons à gemmer. Un ouvrier muni d'une hachette légèrement courbe pratique vers le pied de chaque arbre une entaille de 12 à 15 centimètres de largeur, sur 35 à 50 centimètres de longueur. Cette entaille nommée *quarre* va jusqu'à l'aubier ; la résine qui s'écoule par cette plaie est recueillie soit dans de petits godets, soit dans de petites cavités creusées au pied de l'arbre. Chaque semaine le résinier rafraîchit la quarre, qui s'allonge successivement jusqu'à 4 et 5 mètres. Lorsque la première quarre est arrivée à cette hauteur on en fait une seconde sur l'autre face et on continue ainsi jusqu'à ce que les quarres fassent le

3

tour du tronc. Vers l'âge de 60 ans, les pins sont gemmés à mort, c'est-à-dire qu'on ravive toutes les quarres, qu'on en ouvre de nouvelles partout où il est possible de le faire. L'arbre ainsi épuisé par l'écoulement de la résine est ensuite exploité et débité en planches, en échalas, etc., la résine distillée fournit l'essence de térébenthine, les brais, le galipot et tous les produits dérivés de ces substances.

25. Pour terminer cet exposé des éléments les plus simples de la culture des forêts, il nous resterait à faire connaître les procédés d'exploitation des bois, à dire quelques mots des ravages des insectes : mais les limites de ce travail ne nous permettent pas de traiter de ces matières d'une manière même sommaire.

CHAPITRE II

TRAVAUX D'AMÉLIORATION

Repeuplements. — Préparation du sol. — Choix des graines. — Semis. — Binages. — Plantations. — Recépages. — Pépinières. — Abris. — Entretien. — Boutures. — Marcottes. — Taille des réserves. — Assainissement. — Fossés de périmètre. — Lignes de coupes.

1. Les préposés de toute catégorie doivent tout leur temps à leur service. Celui qui n'est pas employé en tournées doit l'être en travaux d'amélioration. La surveillance n'en est pas moins efficace et la forêt profite grandement des travaux, quelque peu importants qu'ils paraissent d'abord, s'ils sont continués avec persévérance. Un garde qui s'occupe d'améliorations ne peut manquer de s'attacher à leur réussite; il contracte le goût de son métier et s'attire l'estime de ses chefs. Des gratifications spéciales sont accordées par l'administration aux gardes qui ont exécuté des travaux d'amélioration dans les forêts domaniales. Les sociétés d'agriculture décernent aussi des ré-

compenses aux gardes des communes et des particuliers qui les méritent par les soins qu'ils apportent à tenir en bon état les forêts qui leur sont confiées.

Ce n'est pas tout en effet pour un préposé que d'être actif et vigilant, de conserver son tirage contre les dévastations des délinquants, il faut encore l'améliorer; c'est à quoi l'on peut parvenir par des travaux qui sont généralement d'une exécution facile. Des semis opérés avec les graines que récoltent les gardes, des plantations, des boutures, des marcottages, peuvent être faits par un homme seul, à loisir et sans aucune dépense. La création de pépinières, l'entretien des travaux d'assainissement, demandent de plus grands efforts, mais sont d'une utilité si évidente, qu'un bon forestier ne doit jamais regretter le temps qu'il y emploie.

En faisant connaître aux préposés les procédés d'exécution de ces divers travaux et les soins qu'ils doivent y apporter, nous leur apprendrons ce qu'ils doivent exiger des ouvriers et des entrepreneurs dont ils sont les principaux surveillants.

2. Repeuplements. — On repeuple les terrains dégarnis de bois, soit par des semis, soit par des plantations.

Les semis se font au printemps ou en automne ; leur succès dépend du mode de préparation du sol, du choix des graines, de leur mise en terre, des soins apportés à la conservation des jeunes plants, et enfin des circonstances climatériques qui ne peuvent être toujours combattues.

3. **Préparation du sol.** — On prépare les terrains suivant que le semis doit être fait en plein par bandes ou par potets. Dans le premier cas, le sol est entièrement cultivé à la charrue ou à la houe. On emploie la charrue dans les terrains en pente douce ou en plaine, lorsque le sol n'est pas embarrassé de roches ou de racines ; on cultive à la houe les terrains accidentés et ceux en général dans lesquels on ne peut se servir de la charrue. Il est souvent avantageux, pour débarrasser plus complétement le terrain à reboiser des mauvaises herbes, de faire, avant le semis des essences forestières, une récolte ou deux de céréales qu'on fait suivre d'une récolte de plantes sarclées, telles que pommes de terre, navets, etc. ; on sème ensuite les graines forestières après avoir donné une légère façon à la terre.

On prépare le terrain pour les semis par bandes alternes, en ouvrant, soit à la charrue, soit à la houe, des lignes parallèles espacées de

60 cent. à 1 mèt., et d'une largeur de 30 à 50 cent. Les gazons qu'on extrait des parties ainsi cultivées sont rejetés sur le bord de la partie restée inculte, de manière à former un bourrelet qui garantit les jeunes plants de l'ardeur du soleil et conserve la fraîcheur à leurs racines. Dans les pentes, ce bourrelet doit être établi sur le bord inférieur de la bande cultivée, et celle-ci doit être parallèle à l'horizon.

La préparation pour les semis par potets se fait à la houe; on enlève les gazons de place en place sur une surface de 50 à 60 cent. de côté, on les rejette sur le bord du potet et l'on donne une légère façon au terrain ainsi dénudé. Ces potets sont espacés d'un mètre environ, ils doivent être établis aussi régulièrement que le permettra la nature du terrain.

4, Choix des graines. — Les graines doivent être saines, fraîches et de bonne qualité; on s'assure de la qualité des semences en les ouvrant à l'aide de l'ongle ou du couteau; elles doivent être pleines à l'intérieur et présenter les caractères d'une graine récemment cueillie. Ces caractères varient suivant les essences; nous les ferons connaître spécialement pour les semences qui sont d'un emploi général, en indiquant les soins à porter à leur récolte et à leur conservation.

Le *gland* doit être plein, lourd, frais à l'intérieur et muni de son germe; les glands piqués, moisis, ceux qui sont déjà germés, doivent être rejetés. La récolte se fait en automne, par un temps sec s'il est possible; on évite de choisir ceux qui proviennent d'arbres dominés ou trop âgés, ou ceux qui sont tombés les premiers. Aussitôt après la cueillette, on les laisse se ressuyer dans un lieu sec et bien aéré.

Quand on sème en automne, il n'y a d'autre soin à prendre que de les étendre et de les remuer à la pelle, pour qu'ils ne fermentent pas; si l'on veut les conserver jusqu'au printemps, il faut les mettre en tas sur une aire bien sèche et les recouvrir d'une couche épaisse de paille ou de feuilles sèches; il est préférable de les garder en silos ou dans l'eau. On met les glands en silos en ouvrant, dans un sol bien à l'abri des eaux, une fosse assez profonde dont on garnit le fond d'un lit de paille de 30 cent. d'épaisseur, et les parois de pieux entrelacés de tresses de la même matière; on y place les glands par couches séparées par des lits de paille ou de feuilles sèches, et l'on recouvre le tout de planches ou de branchages sur lesquels on rejette la terre.

On peut aussi conserver les glands en les mettant dans des tonneaux qu'on remplit d'eau. Dans certains pays, les gardes emploient ce procédé pour obtenir à peu de frais une boisson rafraîchissante et assez tonique ; la légère fermentation qui s'établit ne détruit pas la faculté germinative du gland ; quelques poignées de houblon jetées dans le tonneau donnent au liquide, qu'on retire au printemps, un goût d'amertume qui n'est pas désagréable.

La *faîne*, qui est le fruit du hêtre, doit être pleine, fraîche et d'une saveur franche. L'on en peut tirer une huile de très bon-goût. On la récolte en automne ; il ne faut pas attendre qu'elle tombe naturellement, mais hâter sa chute en gaulant les arbres. Après avoir laissé ressuyer les graines recueillies, il suffit de les entasser dans une chambre aérée et bien sèche, et de les recouvrir d'une couche de paille.

Les graines des épicéas et des pins sylvestres se récoltent en automne et en hiver ; celles du sapin en septembre. On cueille les cônes à la main, ou les entasse dans un grenier aéré et on les remue de temps en temps. Les graines du sapin tombent avec les écailles, on les sépare par un criblage. Les écailles des cônes des épicéas et des pins sylvestres ne s'ouvrent que sous l'influence de la chaleur. L'extraction en grand s'opère artificiellement dans des appareils spéciaux. Pour les quantités peu considérables, il suffira d'exposer les cônes au soleil et de les remuer après quelques heures ; la graine s'échappe alors avec facilité.

Les semences ainsi recueillies sont garnies d'une membrane légère qui en facilite la dispersion ; il est utile de les en débarrasser, afin qu'elles soient d'un moindre volume et que le vent ne les enlève pas aussi aisément. Cette opération s'exécute en les battant au fléau après les avoir renfermées dans un sac, ou même en les agitant fortement dans un barillet où l'on place quelques cailloux.

Ces graines doivent être fermes, bien remplies ; leur saveur franche et résineuse. La graine de l'épicéa est un peu plus grosse et plus allongée que celle du pin sylvestre, elle est d'une couleur moins foncée. Comme elle est beaucoup moins chère, les marchands la mélangent souvent avec cette dernière, après l'avoir colorée en brun foncé. Pour reconnaître cette fraude, il suffira de prendre quelques graines et de les semer dans un vase rempli d'un terreau léger qu'on arrosera souvent avec de l'eau tiédie. La germination s'opérera promptement et permettra de distinguer les pins sylvestres, qui naissent avec cinq à six feuilles, des épicéas qui ont presque toujours neuf feuilles séminales.

5. **Semis.** — On sème les graines lourdes, telles que glands, châtaignes, etc., dans des trous qu'on ouvre à la houe ou au plantoir. Ces semences doivent être recouvertes de 2 à 3 centimètres dans les terrains forts, de 5 à 6 dans les terres légères; on en place deux au moins dans le même trou. Les faînes demandent à être enterrées moins profondément; il suffit qu'elles soient recouvertes de 1 à 3 centimètres.

Les graines résineuses veulent être semées presque à fleur de terre; il suffit qu'elles soient à l'abri du soleil et du vent. On obtient ce résultat en les recouvrant, à l'aide d'un rateau, d'une couche très-légère de terre végétale. Les semis artificiels de sapins et d'épicéas réussissent rarement sur des sols découverts; on doit de préférence employer le procédé des bandes alternes ou des potets. Si le sol est complétement découvert, il faudra abriter le semis avec des branchages qu'on enlèvera après que les jeunes plants seront bien pris. On a reboisé en pins

sylvestres des terrains garnis de bruyères en ré-
pandant la graine à la volée lorsque la terre est
recouverte des dernières neiges du printemps.
La fonte de la neige entraîne la semence vers
le sol, l'y fixe, et le jeune plant trouve à l'abri
des bruyères les conditions nécesssaires à sa végétation. Ce procédé économique ne peut être
employé que dans des terrains garnis de bruyères
courtes. Si les bruyères sont longues et épaisses
il faudra les brûler et semer deux ou trois ans
après l'écobuage.

6. **Binages.** — Les jeunes plants, surtout ceux
de chêne et de châtaignier, demandent à être dé-
barrassés des herbes qui entravent leur croissance;
ceux de hêtre et de sapin croissent mieux sous
l'abri des plantes parasites, pourvu qu'ils ne soient
pas étouffés. Il faudra donc parcourir les semis en
les nettoyant des mauvaises herbes, repiquer dans
les places vides les plants trop nombreux ailleurs et
surtout les garantir avec soin des atteintes du bétail.

J'ai préservé des semis considérables en faisant
répandre par les gardes quelques poignées de plâtre que j'avais fait passer pour de l'arsenic; la
crainte de voir les bestiaux empoisonnés donnait
aux bergers une vigilance qu'on ne pouvait obtenir autrement.

7. Plantations. — Les plantations se font en automne ou au printemps. Celles de bois feuillus peuvent être indifféremment faites dans les deux saisons; en pays de plaine, il est préférable de planter les résineux en automne; en montagne, on les plantera au printemps.

Le succès d'une plantation dépend beaucoup du choix des plants et des soins qu'on apporte à les extraire et à les mettre en terre; l'extraction doit être faite de manière à ne pas endommager les racines qui doivent rester fraîches et garnies de chevelu; on ne doit pas employer des plants qui ont crû sous un couvert épais, ils sont rabougris et languissants.

Quand on ne peut se procurer des plants de pépinière, il faut choisir dans les coupes d'ensemencement ou sous les arbres réservés dans les taillis, les brins de semence les mieux venants; l'extraction de ces plants doit se faire par un temps pluvieux; si le sol était desséché, on briserait toutes les racines. Les jeunes plants de chêne doivent être arrachés à la bêche.

L'extraction des plants d'essences résineuses demande plus de soin encore que celles des feuillus, leur reprise est plus difficile, et pour avoir un succès assuré il convient de les planter en mottes ou par touffes, c'est alors dans les pépinières qu'il faut se procurer les jeunes sujets. Nous indiquerons plus loin la manière d'exécuter les plantations de cette nature.

Les plants doivent être garantis du froid et du soleil et ne peuvent être longtemps conservés hors de terre. Si, pour une raison ou l'autre, on est obligé de suspendre une plantation dont les sujets sont arrachés, il faut les mettre en jauge.

Les trous ou potets destinés à la plantation doivent être assez larges et profonds pour que les racines du plant s'y étalent complétement; si elles sont trop longues ou de forme irrégulière, on peut les raccourcir avec une serpe bien tranchante, en ayant soin d'y laisser assez de chevelu pour assurer la reprise. Avant de placer le sujet, on rejette au fond du potet la terre végétale qu'on a extraite, on entoure les racines avec la main et l'on tasse légèrement de manière à ce que la tige se tienne bien droite, on achève de remplir le trou et l'on raffermit la terre en pressant avec le pied.

Beaucoup de plantations se sont faites en glissant simplement de jeunes plants dans l'ouverture pratiquée à la bêche dans des gazons compacts. Il est inutile de dire que la plupart de ces repeuplements ont manqué; il faut, pour que le jeune plant reprenne, qu'il trouve une terre meuble et que les herbes ne gênent pas sa croissance.

8. La mise en terre doit être faite soigneusement; les jeunes brins ne reprennent qu'autant que les racines sont complétement entourées de terre ameublie, là motte de gazon qui recouvrait le potet doit être rejetée sur son bord méridional pour préserver le plant de la forte chaleur.

Plus les sujets sont âgés, plus il faut porter de soin à les planter. On ne réussit à faire reprendre les résineux qui ont atteint l'âge de 6 à 8 ans qu'en les transplantant avec leur motte.

Pour assurer la réussite de plantations de chêne ou de châtaignier, il n'est pas de meilleur travail qu'une culture à la houe; on débarrasse ainsi les plants des herbes qui les étouffent, et leurs racines trouvant la terre ameublie, sont dans les meilleures conditions pour se développer.

Cette façon peut être donnée d'une manière peu dispendieuse quand on fait la plantation sur un sol préalablement cultivé pour être ensemencé de pommes de terre; les tubercules sont alors placés dans l'intervalle des plants qui profitent des façons qu'on donne au terrain.

L'espacement à donner aux plants varie suivant

le but qu'on se propose ; celui qu'on adopte le plus généralement est un mètre dans tous les sens, il faut alors 10,000 trous par hectare ; il est utile d'aligner régulièrement les plantations, on y pratique plus facilement les cultures nécessaires et l'on est moins exposé à écraser les jeunes plants.

Lorsqu'on emploie des plants de haute tige, c'est-à-dire de un mètre et au-dessus, les trous doivent être larges et profonds ; il est utile de mettre autour des racines la meilleure terre végétale, c'est-à-dire celle qu'on trouve à la surface ; en y mélangeant du terreau de feuilles, on assure la reprise. Il convient toujours de battre légèrement la terre autour de la tige. Dans les terrains très-mouilleux, il faut seulement enlever la superficie du sol, le remuer légèrement et placer le plant en recouvrant les racines de bonne terre végétale, qu'on butte assez haut.

Les plants de haute tige d'essences feuillues doivent être retaillés proprement. Cette opération se fait en coupant à la serpe ou au sécateur les branches principales, de manière à leur laisser seulement quelques boutons.

9. Les plantations de résineux par touffes s'exécutent au moyen de plants extraits des pépinières. On enlève à la bêche les jeunes brins par mottes

de là grandeur d'une brique; on transporte ces plaques dans un panier ou une brouette, on les divise à la main de manière à avoir des mottes contenant de trois à six brins, on les place dans les trous préparés à l'avance, on garnit les interstices de terre et l'on arrose, s'il est possible.

10. Recépages. — Le recépage consiste à couper avec une serpe bien tranchante chaque plant à deux ou trois centimètres du collet de la racine.

On ne recèpe que les plants de bois feuillus; les essences résineuses ne supportent pas cette opération, C'est après deux années de plantation et lorsque la reprise des brins est bien assurée que le recépage produit les meilleurs résultats.

L'époque la plus favorable pour recéper est celle qui précède la mise en mouvement de la séve.

11. Pépinières. — La création d'une pépinière est le plus sûr moyen d'obtenir des plants de bonne qualité, d'une extraction facile et d'une reprise presque assurée. Toute forêt bien soignée doit avoir sa pépinière dont l'entretien est confié au garde du triage.

Pour établir une pépinière, il faut choisir un emplacement abrité, en plaine ou en pente douce; l'exposition du nord doit être préférée pour les pépinières de résineux; si l'on peut disposer de

quelque petit cours d'eau pour l'arrosement, ce
sera un précieux avantage qu'il ne faut pas négliger.

Le sol doit être défoncé à la bêche ou à la
charrue et complétement nettoyé des mauvaises
herbes; on peut profiter de cette première culture
pour ensemencer des céréales ou des pommes de
terre. Cette dernière récolte est préférable, en ce
sens qu'elle nécessite plus de façon et que la terre
est complétement ameublie par l'arrachage des
tubercules; l'ameublissement qu'on obtient par la
culture ne suffit pas pour rendre tous les sols
propres à l'établissement d'une pépinière forestières, il faut encore transformer le terrain par
des composts afin qu'il devienne assez léger et
maniable pour qu'on puisse en extraire les plants
sans aucun effort. Le terrain des plates-bandes
d'une pépinière doit être préparé comme celui des
couches d'un jardin potager; seulement, au lieu de
fumier, on emploie le terreau des feuilles mortes
et le gazon décomposé. — C'est pour avoir négligé
cette préparation que la plupart des pépinières
des gardes ressemblent bien plus à des semis
ordinaires qu'à des terrains spécialement cultivés
pour produire des plants.—On entoure l'emplacement de la pépinière d'une haie ou d'un fossé, on

4

divise le terrain en plates-bandes par un chemin central auquel viendront aboutir perpendicu-
lairement des sentiers suffisants pour le passage
d'un homme ; parallèlement aux sentiers on ouvre dans chaque plate-bande des rigoles de 20
à 25 centimètres de largeur et d'une profondeur de
25 à **30**, en laissant entre les rigoles un intervalle de 20 à 30 centimètres sur lequel on rejette
la terre extraite.

Si l'on veut employer le système des plantations
par touffes, recommandé pour les résineux, les
sillons devront être rapprochés et larges seulement
de 5 à 6 centimètres, on remplira les sillons ainsi
pratiqués d'un bon terreau de feuilles mortes et
de gazons décomposés qu'on aura dû préparer à
l'avance, on tassera légèrement la terre et l'on
sèmera en recouvrant très-peu les graines ; le
semis doit être très-épais. On extrait plus tard les
plants surabondants et on les repique dans les
espaces demeurés vides.

Les pépinières destinées à l'élève des résineux
seront autant que possible établies dans la terre
de bruyère. Ce terrain léger et facilement péné-
trable aux racines très-menues des jeunes plants
est le seul qui offre des garanties certaines de
succès.

S'il n'y a pas de terre de bruyère dans la localité, on la remplacera par un compost de feuilles mortes bien décomposées et de terreau léger.

12. **Des abris.** — Quelques soins que l'on mette à bien choisir la semence, à la répandre dans un sol convenablement ameubli, on aura peu de chances de voir réussir le semis si l'on ne l'abrite pas contre les vents secs et l'ardeur du soleil. Les abris qu'on emploie varient suivant l'espèce de graines et aussi suivant le degré de développement du semis.

Pour les essences délicates (sapin, épicéas, mélèze, hêtre), on recouvre les plates-bandes d'un paillis de mousse coupée ou d'herbages qu'on maintient par des branchages.

Plus tard, quand le semis est levé et déjà un peu fort, on le dégage de cette couverture; mais, comme il est encore trop faible pour résister aux coups de soleil, on l'ombrage au moyen de claies légères faites avec des genets, des joncs ou des menues branches de sapin. Si le maniement de ces abris paraît trop compliqué on peut y substituer des branches de genets qu'on plante en travers des plates-bandes, par lignes espacées d'environ 1 mètre, de manière à ombrager légèrement tout le terrain ensemencé. — Les abris indispensables pour quelques essences sont utiles pour toutes, aussi toute pépinière bien tenue doit-elle avoir son approvisionnement de mousse sèche, de balais et de branchages.

13. Entretien. — Les semis doivent être, dans les premières années, soigneusement sarclés à la main et lorsque le sol est frais.

Il convient d'avoir dans la même pépinière des plants de différents âges; on obtiendra ce résultat en ne semant qu'une portion chaque année. L'extraction des plants s'opère à la bêche ou à la main, on regarnit de terreau les sillons d'où l'on a extrait les plants et l'on y fait un nouveau semis. — Quelques brins de haute tige doivent être réservés dans une plate-bande spéciale.

14. Boutures. — On regarnit les places vides qui se trouvent dans des fonds très-mouilleux au moyen de boutures de saules, de peupliers ou d'aulnes; on choisit de préférence les boutures provenant des grands saules et des peupliers étrangers : celles de marceau et de tremble ne réussissent pas. Pour faire une bouture on coupe bien franchement et en biseau un jet de deux ou trois ans dont on enlève toutes les ramilles, on y conserve seulement trois ou quatre bourgeons et on le réduit à une longueur de 40 centimètres environ; on le plante dans le sol, en ouvrant au préalable le trou avec un plantoir.

15. Marcottes. — Pour regarnir les vides qui existent sur les reins ou les lisières des forêts, on peut avantageusement employer le marcottage. On marcotte en couchant dans le sol, mais sans les séparer de la souche mère, des brins qu'on maintient au moyen de crochets en bois. Ces brins s'enracinent et peuvent au bout de 3 ou 4 ans former des individus isolés. Si les brins qu'on veut marcotter sont trop forts pour être ainsi ployés sans se briser, on peut les entailler à moitié; on les courbe lentement et on les fixe au sol par des fourches solidement enfoncées, l'extrémité des branches ainsi courbées doit sortir de terre et être redressée avec des mottes de gazon. Il faut avoir soin de ne conserver sur la souche mère que les brins soumis au marcottage, car ceux qu'on garderait dans leur situation naturelle absorberaient la plus grande partie de la séve qui continuerait à s'y porter au lieu de se diriger sur les marcottes.

16. Taille des réserves. — Les cahiers des charges prescrivent quelquefois aux adjudicataires d'ébrancher les réserves, il importe que les préposés puissent diriger cette opération; il n'importe pas moins qu'ils sachent l'exécuter eux-mêmes, de manière à pouvoir dans leurs tournées rectifier ou diriger la croissance des arbres qui prennent une mauvaise forme. Nous indiquerons donc quelques règles de la taille des arbres forestiers en prévenant toutefois que les limites de cet ouvrage ne permettent pas d'entrer dans tous les développements que nécessite cette étude.

On pousse un arbre à croître en hauteur, en le débarrassant des branches basses, mais il faut toujours lui conserver une tête suffisamment garnie. On force un arbre à s'étaler en supprimant sa flèche. On arrête l'accroissement d'une branche en pinçant l'extrémité des rameaux ou en les coupant.

Les cicatrices produites par la section des grosses branches se ferment difficilement et occasionnent des plaies qui diminuent la valeur des tiges : aussi doit-on éviter ces opérations. On se bornera à raccourcir les branches qu'on veut supprimer en y laissant toujours quelques rameaux pour y entretenir la vie. — Si on est obligé d'élaguer rez-tronc pour enlever de vieux chicots ou des branches mortes, il faudra, quelques jours après l'abatage, enduire la section avec du goudron de gaz ou du mastic à greffer. La taille des bois sera toujours faite avec un instrument bien tranchant

et de bas en haut pour ne pas déchirer l'écorce,
les branches jeunes peuvent être coupées rez-
tronc ; les branches gourmandes qui se produisent sur le tronc des chênes réservés dans les
taillis doivent être coupées dans les 3 ou 4 années
qui suivent l'exploitation ; les baliveaux qui tendent à se courber par suite du poids de leur tête
seront relevés en les débarrassant d'une partie de
leurs branches ; les arbres résineux ne doivent être
taillés que dans des cas exceptionnels.

17. **Assainissement.** — Les préposés sont souvent chargés de diriger les travaux d'ouverture
de fossés d'assainissement : il n'est pas hors de
propos de donner quelques indications sur la manière dont ils doivent être faits. — Le but qu'on se
propose étant de faciliter l'écoulement des eaux
dont le séjour occassionne une humidité nuisible,
les fossés doivent être dirigés de manière à dé-
boucher dans des ruisseaux, rivières ou étangs,
où elles trouvent une issue naturelle; si l'on ne
peut atteindre ce résultat, on les déverse dans les
grands fossés de périmètre, où elles s'évaporent
plus rapidement que dans l'intérieur du bois,
dans tous les cas il faut éviter d'inonder les fonds
riverains. On peut le plus souvent tracer les fossés
sans faire de nivellement, il suffit d'examiner les

points où l'eau séjourne le plus longtemps et la
direction qu'elle prend pour s'écouler pour connaître les dimensions et le tracé des fossés à
ouvrir.

18. Les fossés doivent être tracés au cordeau,
les parois bien régulières ; leurs dimensions sont
variables et se modifient suivant la nature du terrain et la quantité d'eau à faire écouler. Les terres
extraites ne doivent pas être relevées sur les
bords, ce qui produirait un bourrelet qui s'oppose
à l'assèchement des parties voisines ; elles doivent
être régalées sur les parties les plus basses du
sol.

L'ouverture d'une rigole suffit souvent pour as-
sainir certaines parties mouilleuses garnies de
joncs et d'herbes marécageuses ; pour assécher les
mares plus profondes, il est nécessaire d'ouvrir
dans le point où s'écoule naturellement le trop
plein, une tranchée de la profondeur de la mare.

Dans les terrains inclinés, les fossés ne seront
pas dirigés dans le sens de la pente, mais oblique-
ment et en zigzags, de manière à éviter les ra-
vinements et à recueillir le plus d'eau possible.

Dans les parties très-marécageuses où l'eau n'a
aucun écoulement, on ouvrira une série de fossés
parallèles ; la terre qui en proviendra sera rejetée

sur les bords de manière à former une banquette
élevée au-dessus du niveau de l'eau. Les plantations d'aulnes, de saules et de peupliers réussissent très-bien sur des sols ainsi préparés ; il faut
seulement employer des brins un peu forts ou des
boutures.

Les sources qui existent dans l'intérieur ou
sur les rives des forêts, doivent être entretenues
avec soin ; si elles sont dans l'intérieur des massifs, on réservera lors des exploitations quelques
arbres pour les abriter, on en plantera au besoin,
on facilitera l'écoulement de l'eau en nettoyant
le fossé de décharge. Si ces eaux peuvent être
utilisées pour l'irrigation on en obtiendra des résultats surprenants.

19. **Fossés de périmètre.** — Les fossés de
clôture devront être tracés en ligne droite, d'angle en angle, leurs parois seront bien régulières et
la terre devra être relevée du côté du bois ; on
laissera un petit marchepied de 15 à 20 centimètres entre le bord et le talus formé par les terres
ainsi relevées afin qu'elles ne retombent pas dans
le fossé, on ménagera de temps en temps une ouverture dans ce talus afin que les eaux des parties
voisines puissent s'écouler dans le fossé de périmètre. Les dimensions des fossés de périmètre

sont ordinairement de 2 mètres d'ouverture, 1 mètre de profondeur au fond, et 20 centimètres de
largeur.

20. **Lignes de coupes.** — Les préposés sont
chargés de l'entretien des lignes de coupes et d'a-
ménagement; ils tiennent ces laies et tranchées
libres en élaguant les branches qui les obstruent.
Cet élagage se fait à la serpe ou plus facilement
avec un sabre d'abatage, les bois qui en proviennent appartiennent aux gardes.

Lorsqu'il y a lieu de faire relever les lignes de
coupes, travail qui est souvent imposé à l'entrepreneur du façonnage des coupes affouagères, ces
lignes seront jalonnées très-exactement, on tra-
cera au cordeau les deux côtés parallèles et à
l'aide d'une bêche enfoncée d'un demi-fer dans la
direction du cordeau, les terres seront relevées
sur l'axe de manière à former une espèce de banquette. Les lignes ainsi tracées ne se perdent
jamais, tandis que celles qu'on indique seulement
par des sauts de chèvre sont souvent difficiles à
retrouver.

21. Les préposés doivent empêcher la création
des sentiers dans les jeunes coupes ou dans les
semis; ils mettront en défends ceux qui sont récemment formés.

Lorsque la traite des bois sera terminée, ils interdiront aux voitures les chemins de vidange des coupes usées en relevant les barrières s'il en existe : à défaut de barrières, ils indiqueront par un écriteau que le passage est interdit aux bêtes de somme.

Les travaux que nous venons d'indiquer sont loin de comprendre tous ceux que les gardes peuvent exécuter ou faire exécuter ; nous avons dû nous restreindre notâmment en ce qui concerne les semis et les plantations, aux renseignements relatifs aux essences les plus répandues. Pour plus de détails, nous renverrons aux ouvrages spéciaux, et notamment à la culture des bois de MM. Lorentz et Parade, et pour l'élagage à l'excellent traité de M. le comte des Cars.

CHAPITRE III

OPÉRATIONS DES COUPES

Arpentages. — Martelages. — Balivages. — Estimations. — Récolements.

1. **Arpentages.** — Nous avons vu dans le chapitre Ier que les coupes de taillis et celles d'amélioration dans les futaies s'assoient par contenance. Pour en fixer l'étendue lorsqu'elles ne sont pas établies sur le terrain par l'aménagement, il faut chaque année procéder à l'arpentage de la coupe qui vient en tour d'exploitation.

Dans les bois soumis au régime forestier, ces arpentages sont faits par les chefs de cantonnement. Dans les bois des particuliers ils sont faits par des géomètres arpenteurs choisis par les propriétaires; les préposés sont leurs auxiliaires dans ces opérations.

Dès qu'un garde sait qu'on va procéder à l'arpentage des coupes de son triage, il doit rechercher les piquets de la dernière coupe, ainsi que les

parois et corniers qui se trouvent sur la ligne sé-
parative ; il plantera des jalons contre les piquets
et les arbres de limite. Si la tranchée est trop
longue pour qu'une des extrémités puisse être
aperçue de l'autre, il placera des jalons intermé-
diaires, de manière à ce qu'ils se trouvent sur la
ligne droite qui joint les deux piquets entr'eux.

2°. Un garde doit connaître la position qu'occu-
pera la coupe à asseoir ; il préparera le travail de
l'arpenteur en dégageant autant que possible le
périmètre de cette coupe ; il élaguera les brins
traînants, débarrassera les bornes, s'il en existe,
des herbes et ronces qui les cachent ; si la ligne
est obstruée par des bois de la coupe en exploitation, il obligera les adjudicataires à les faire immédiatement enlever.

Lorsque l'agent chargé de l'arpentage aura indiqué le jour et l'heure de son arrivée, les gardes
qui sont désignés pour l'assister s'entendront pour
être munis des instruments nécessaires ; il est d'u-
sage que le garde du triage soit chargé de porter
une hache s'il en est besoin ; les gardes voisins se
muniront alors de bonnes serpes. Si l'on opère
dans des taillis un peu forts ou dans les futaies, il
sera bon d'avoir deux ou plusieurs haches. Un sabre d'abatage ou briquet est très-commode pour

parer la ligne, enlever les brindilles et les feuillages qui masquent les jalons ; tous ces instruments
doivent être bien tranchants et solidement em-
manchés.

Les jalons seront, autant que possible, choisis
parmi les brins les plus droits ; les deux extrémités seront taillées en pointe.

Les piquets destinés à marquer les extrémités
des lignes doivent avoir au moins 0,15 à 20 centimètres de circonférence, leur longueur est propor-
tionnée à la profondeur du sol, la tête est taillée
carrément pour porter l'empreinte du marteau de
l'arpenteur, ils sont enfoncés dans le sol avec la
tête de la hache ; ces piquets doivent autant que
possible être en chêne, châtaignier ou autres bois
durs : ceux de bois blancs, de charme et de hêtre
se pourrissent avant l'époque du récolement.

3. Quand l'arpentage est terminé, le garde du
triage doit ceindre les parois et les corniers d'un
lien, de manière à pouvoir toujours les reconnaître ; il doit aussi s'assurer de la présence des piquets qu'il remplace s'ils viennent à être brisés
ou enlevés. Quand la coupe est divisée en plusieurs lots, il est bon d'indiquer le numéro de chacun d'eux par des entailles faites sur les arbres de
limite.

Les lignes d'arpentage dans les bois taillis doivent autant que possible être conservées même après le récolement, car il est toujours utile de pouvoir distinguer au juste l'emplacement de chaque coupe.

Les gardes assureront la conservation de ces lignes en élaguant surtout dans les années qui suivent l'exploitation, les brins qui les obstruent; ils remplaceront les piquets soit par des petits fossés, soit par d'autres signes, suivant la nature du sol.

Dans les bois aménagés où les lignes de coupes sont formées par des tranchées et des laies sommières, les gardes sont chargés de l'entretien de ces lignes; les herbes et les produits de l'élagage leur appartiennent. (Décision ministérielle du 10 novembre 1835.)

4. **Martelages. Balivages.** — Les balivages ou martelages, car dans la pratique ces deux expressions s'emploient pour désigner une seule et même opération, sont faits par les agents forestiers avec l'assistance des préposés; ceux-ci sont spécialement chargés de la marque des arbres à réserver ou à abandonner.

Il y a deux espèces de martelages; ceux en réserve, dans lesquels les arbres qui doivent être conservés reçoivent l'empreinte du marteau, ceux en délivrance où l'on appose au contraire cette empreinte sur les arbres abandonnés.

Dans certaines coupes où les arbres ne sont pas assez forts pour supporter l'empreinte du marteau, la marque se fait au moyen de griffes ou même par la désignation des dimensions ou essences des arbres.

Ces coupes sont dites en réserve ou en délivrance, suivant que le griffage ou la désignation des arbres porte sur ceux à réserver ou à abandonner.

5. Les martelages se font par virées; les gardes, au nombre de trois ou quatre et rarement cinq, marchent ensemble et autant que possible de front à 7 ou 8 mètres d'intervalle, choisissant, sous la direction des agents qui les suivent, les arbres à marquer, et frappant du marteau ou griffant ceux qui leur sont désignés.

Pour faciliter ce travail, les virées doivent en général être préparées à l'avance. A cet effet, le garde du triage devra partager les coupes à marteler en un certain nombre de bandes à peu près parallèles, au moyen de tracés qui s'indiquent soit par des brisées, soit par des blanchis de distance en distance.

Dans les taillis très-fourrés, il est indispensable que ces lignes soient ouvertes de manière à faciliter le passage des agents; dans les grands taillis ou dans les futaies, il suffit de blanchir quelques brins tous les 7 à 8 mètres pour indiquer la direction des virées : celles-ci doivent être d'autant plus étroites que le taillis est plus fourré et qu'il y a plus d'arbres à marquer. Dans les taillis de vingt-cinq ans moyennement garnis, elles peuvent avoir de 30 à 40 mètres de largeur.

Si le sol est en plaine ou en pente-douce, les virées doivent être toujours dans le sens de la plus grande longueur de la coupe, afin d'éviter de multiplier les mouvements de conversion qui occasionnent une perte de temps; dans les terrains fort inclinés, elles doivent être dirigées en travers de la pente.

6. Le martelage s'opérant toujours sous la surveillance des agents, nous n'avons à donner aucune indication sur la direction de ces opérations, relativement à l'application des aménagements ou des règles de la culture des bois; nous nous occuperons seulement de la partie matérielle et pratiqué pour donner quelques conseils sur les précautions que les préposés doivent prendre.

Les marteaux doivent être souvent examinés afin que la monture soit toujours en bon état et le tranchant aiguisé; un marteau qui n'est pas en main ou qui ne coupe pas, fait perdre beaucoup de temps et ne donne pas de bonnes empreintes.

La marque se fera toujours du côté de la virée suivante.

Les blanchis, quel que soit le mode de martelage, doivent être assez larges et attaquer toujours le bois sur lequel l'empreinte doit être apposée; une empreinte sur l'écorce peut s'enlever ou se détruire aisément.

Les gardes doivent avoir le soin de ne pas laisser le morceau d'écorce enlevé sur le blanchis, adhérant encore à l'arbre; en temps de séve, cet éclat est susceptible de se ressouder sur la marque, et les adjudicataires ont profité quelquefois de cette circonstance pour modifier le martelage à leur avantage.

Dans les martelages en réserve, l'empreinte doit être apposée à la patte; les baliveaux portent une seule empreinte, les modernes en ont deux, les anciens une seule. Relativement aux modernes, il faut avoir soin que les deux blanchis ne se confondent pas en un seul; ils doivent être faits sur le même côté de l'arbre, mais séparés.

Dans les coupes en délivrance, l'empreinte du marteau s'applique sur le corps et la racine des arbres abandonnés ; les blanchis doivent être largement faits, l'empreinte fortement apposée.

Il faut en opérant regarder souvent ses voisins pour marcher avec ensemble et espacer convenablement les arbres ; avant de les marteler, il faut en examiner le corps et la tête. Un garde qui marque comme réserve un arbre creux ou mort en cime, s'attire de justes reproches.

L'essence et la qualité de l'arbre doivent être criées d'une manière nette et accentuée, suivant les indications qui sont données au commencement du martelage par les agents opérateurs. Il faut encore avoir soin d'appeler en tournant la tête vers les agents, et de bien prononcer les noms des essences ; ceux de hêtre, frêne, chêne, sont assez faciles à confondre quand ils ne sont pas bien articulés. Les gardes doivent éviter d'appeler ensemble, la confusion des sons occasionne souvent des erreurs dans le pointage.

7. **Estimations.** — Les estimations se font en même temps que le martelage dans les coupes marquées en délivrance, et dans beaucoup de

coupes en réserve ; dans les autres elles se font immédiatement après.

Les gardes suivant les virées du martelage, appellent les arbres abandonnés, en indiquant l'essence et la dimension. Les indications à donner varient, d'ailleurs, suivant la nature des exploitations; dans les coupes de futaies, où les arbres ont des destinations différentes, d'après leur grosseur et leur hauteur, on appelle la circonférence mesurée à hauteur d'homme, la hauteur du tronc jusqu'au point où il cesse d'être propre à donner des bois de service et de travail, et le volume en stères du houppier : cette dernière indication se fait à vue d'œil.

Dans les coupes de taillis sous futaie, on indique seulement la grosseur et la hauteur du tronc, le volume des branches est estimé par les agents suivant des moyennes qu'ils obtiennent à part. Les arbres abandonnés dans les coupes marquées en réserve sont désignés par un large blanchis au corps pour éviter qu'ils ne soient estimés deux fois. Ces blanchis doivent être apparents et toujours marqués du côté de la virée suivante afin que les gardes estimateurs puissent, en revenant, s'assurer qu'ils n'ont oublié aucun arbre.

L'estimation du taillis se fait par appréciation vue d'œil, ou par places d'essai.

8. Pour se former le coup d'œil, les gardes doi vent, pendant la durée des exploitations, estime le volume des houppiers de quelques arbres abattre, et vérifier ensuite leurs appréciation après le façonnage de ces bois; ils doivent auss mesurer la hauteur des arbres abattus pour s rendre compte de l'exactitude de leur évaluation avant l'abatage ; ils doivent tenir un compte exact des produits réels de chaque coupe.

Dans les coupes adjugées, il leur sera facile de connaître ce produit, soit d'après le registre des facteurs, soit d'après le dénombrement qui est ordinairement fait par l'adjudicataire. Ils distin-gueront les produits en bois de feu, quartiers ou rondins, bois à charbon, fagots, bourrées, etc.

Dans les coupes affouagères, le dénombrement auquel il est procédé avant le partage des bois entre les affouagistes, permet de connaître très-exactement le produit en matière. Un garde doit pouvoir, à la fin de chaque exploitation, indiquer d'une manière précise le nombre de stères de bois de feu ou de charbon, de cents de fagots ou bour-rées, de perches, etc., qu'elle a produit.

Il doit aussi connaître les prix du façonnage du

stère de bois de feu ou de charbon, du cent de
fagots, bourrées, perches, etc., celui de l'abatage
des arbres et aussi le prix de vente sur feuille
des divers produits, s'ils sont livrés en forêt aux
acquéreurs.

Tous ces renseignements sont indispensables
aux agents pour pouvoir vérifier les estimations
des années précédentes, et baser leurs évaluations
pour les coupes à estimer. En les recueillant, les
gardes apprennent à se rendre compte du produit
des exploitations et se forment aux estimations
que la pratique apprend mieux que le meilleur
livre.

9. Dans quelques circonstances, les préposés
sont obligés de faire eux-mêmes l'estimation de
certains bois, notamment des châblis et volis
qu'ils reconnaissent dans leurs tournées ; il est
utile qu'ils sachent de quelle manière on procède ; il est, au reste, indispensable à un bon forestier de connaître les éléments des opérations
qu'il voit journellement pratiquer. Nous indiquerons donc les diverses méthodes employées pour
le cubage des bois, en accompagnant ces notions
de quelques exemples destinés à en faciliter l'application.

10. Le volume d'un arbre équarri s'obtient en

multipliant le chiffre qui exprime la longueur par le produit des chiffres qui expriment la dimension des côtés de l'équarrissage.

L'équarrissage se mesure sur le milieu de la longueur.

La mesure se prend de centimètre en centimètre. On néglige les fractions.

Les longueurs se mesurent en décimètres. Les fractions de décimètres sont négligées.

Il est de règle que dans les cubages faits pour l'estimation des bois en forêt, on ne considère que des pièces dont les côtés d'équarrissage sont égaux, car c'est à cette forme qu'on ramène tous les bois, sauf à les débiter plus tard en pièces à faces inégales.

Soit, par exemple, un arbre de 10^m, 05 de longueur dont le côté d'équarrissage soit de 0^m 457^m au milieu de la longueur, pour obtenir le volume, on multipliera d'abord par lui-même le côté d'équarrissage qui est de 0^m 45, en négligeant les millimètres, ce produit 0,45 × 0,45 = 0,2025 sera ensuite multiplié par la longueur, 10^m, car on néglige encore les 5 centimètres excédant, on aura alors 0,2025 × 10^m = 2^m 025.

Le volume d'un arbre abattu, mais non équarri, s'obtient de plusieurs manières différentes, suivant les habitudes du commerce dans le pays. Ces différents systèmes sont le cubage 1º au volume réel ou comme bois rond; 2º au 5º déduit; 3º au 6º déduit; 4º au 1/4 sans déduction.

Le cubage comme bois rond est peu employé dans la pratique commerciale; il devrait cependant être exclusivement adopté par les forestiers, car il donne seul le véritable volume; mais il a été systématiquement repoussé par les marchands de bois qui lui préfèrent les méthodes de cubage qui font connaitre non le volume réel du bois vendu, mais le volume des pièces qu'on en pourra tirer.

C'est ainsi qu'on a été conduit à adopter le mode de cubage au 5º déduit, procédé au moyen duquel on obtient le volume de la pièce qu'on tirera d'un arbre en grume, quand on l'aura équarri à vive arête.

Pour cuber un arbre au 5º déduit, on prend le cinquième de la circonférence mesurée sur le milieu de la longueur, on multiplie ce cinquième par lui-même et le produit multiplié par la longueur donne le cube cherché. La circonférence se mesure au milieu de la longueur du corps de l'arbre, la moitié de la découpe est comptée dans la longueur qui se compte de décimètres en décimètres comme nous l'avons expliqué précédemment.

S'il se trouve au point où doit être prise la mesure du tour, des nœuds ou des défectuosités qui altèrent les véritables dimensions, le mesurage sera fait un peu à côté.

Ainsi, soit un arbre de 9^m de longueur, dont la circonférence moyenne est de 2^m 20, on prendra le 5e de 2^m 20, soit 0,44, on le multiplie par 0,44, ce qui donne 0^m 1936, on multiplie ce produit par 9, et le nombre obtenu représente le volume au 5e déduit. Ce nombre 1,742 est à un centième près égal à la moitié du volume calculé comme bois rond.

Le cubage au 5e déduit donne un volume inférieur à celui qu'on obtient après l'équarrissage; il serait très-avantageux pour l'acquéreur si le prix du mètre cube n'était augmenté en proportion de cet avantage; il est facile de voir, d'après la comparaison des résultats de ce mode de cubage et de celui comme bois rond, que, si le mètre cube mesuré comme bois rond vaut 30 francs, il devra valoir près de 60 francs au 5e déduit.

Pour cuber au 6e déduit, l'on prend le 6e de la circonférence moyenne, on déduit ce 6e de la circonférence, on prend le 1/4 du reste, on le multiplie par lui-même, et le produit multiplié par la longueur donne le cube cherché; ainsi, reprenant l'exemple ci-dessus, le 6e de 2^m 20, chiffre de la circonférence moyenne, est de 0,36, on le retranche de 2,20, le reste est de 1,84, et on prend le quart qui est de 0,46, on multiplie ce nombre par lui-même, ce qui donne 0,2116, on multiplie ce produit par la hauteur 9, et le résultat est le cube cherché 1ᵐ 904.

Enfin, pour cuber au 1/4 sans déduction, on prend le quart de la circonférence moyenne, on multiplie ce nombre par lui-même, et le produit multiplié par la hauteur donne le cube cherché. Pour en appliquer ce système au cubage d'un arbre de 2ᵐ 20 de circonférence moyenne sur 9 de hauteur, nous prendrons le 1/4 de 2,20 qui est de 0,54; ce nombre, multiplié par lui-même, donne 0,2916 qui multiplié par 9, chiffre de la hauteur, donnera pour résultat 2ᵐ 624.

11. On évite les calculs qu'entraînent ces différents cubages par l'emploi de tarifs ou comptes faits, dont il existe un grand nombre. Chacun de ces tarifs est précédé d'une petite instruction qui indique la manière de l'employer.

Dans l'impossibilité où nous sommes de joindre à ce volume une table de cubage complète pouvant servir pour estimer à la fois les bois ronds et les bois équarris, les arbres abattus et ceux encore sur pied, nous ne pouvons mieux faire que de renvoyer nos lecteurs aux tarifs spéciaux usités dans les contrées qu'ils habitent. Nous insérons toutefois à la fin de cet ouvrage un petit tarif, dressé de manière à pouvoir servir pour calculer le volume des arbres à exploiter dans les coupes de taillis sous futaie et de futaies de bois feuillus.

Son emploi est des plus simples; étant données la hauteur et la circonférence à 1^m du sol, on cherchera à la colonne n° 1 le chiffre le plus rapproché de celui de la circonférence mesurée; dans la colonne n° 2, on cherchera le chiffre de la hauteur, le nombre correspondant dans la colonne 3, exprimera le volume en grume du tronc.

Si les arbres à estimer sont seulement propres au chauffage, les nombres compris dans la colonne n° 4 indiqueront en stères le volume de bois de feu qu'ils produiront après le façonnage.

Le produit des branchages et houppiers est indiqué dans les colonnes 5 et 6.

Les longueurs sont comptées par mètres et les grosseurs par 0,25 centimètres. Ce tarif n'est bon que pour les estimations des bois sur pied dans les forêts d'essences feuillues. Il ne pourrait servir pour préparer la vente d'une coupe de résineux ou de bois exploités. Lorsque les préposés auront à faire des calculs de cette espèce, ils devront avoir soin de se munir des tarifs spéciaux usités dans le pays.

12. La circonférence se mesure à hauteur d'homme à la chaîne métrique. Mais les gardes n'appellent pas les mesures par décimètres suivant les divisions de leurs chaînes, car le tarif est calculé de 25 en 25 centimètres, et s'ils criaient les mesures de la chaîne, les estimateurs qui tiennent les calepins seraient obligés, pour faire rentrer ces mesures dans les cadres du tarif, de faire de tête un petit calcul qu'il n'est pas aisé de suivre au milieu d'une opération. Les circonférences sont appelées par classes de 0.25 en 0.25 centimètres, en comprenant dans chacune de ces classes les mesures qui s'en rapprochent le plus. Ainsi, par exemple, si un arbre a 0.80 cent. de tour, il sera appelé comme mesurant 0.75 cent., car 0.80 est plus rapproché de 0.75 que de 1m. Si l'arbre mesurait 0.90 on l'appellerait comme ayant 1m. Il s'établit ainsi une compensation qui diminue les erreurs.

Les hauteurs s'apprécient à vue. Pour se former le coup d'œil, les gardes peu expérimentés feront bien de se servir d'une gaule de 4 ou 5m qu'ils appliqueront contre le tronc de l'arbre, ce qui leur permettra d'en évaluer la hauteur exactement.

13. **Récolements.** — Le récolement est l'opé-

ration qui a pour but de vérifier si les adjudicataires ou entrepreneurs des coupes ont satisfait à toutes les obligations qui leur sont imposées et s'ils n'ont exploité que les arbres compris dans l'adjudication.

C'est au récolement que les déficits de réserves sont reconnus par le moyen d'un comptage général. C'est aussi au récolement qu'on relève les vices d'exploitation et en général toutes les contraventions commises par les adjudicataires ou leurs ouvriers, qui n'ont pas été constatées pendant la durée des exploitations.

Ces opérations ne peuvent être faites que par les agents.

Les préposés sont leurs auxiliaires et procèdent sous leur direction au comptage des arbres de réserve ou des souches exploitées.

14. Pour préparer le travail des récolements, les adjudicataires sont obligés, par le cahier des charges, de faire ceindre d'un lien apparent tous les arbres réservés.

Les préposés, prévenus à l'avance du jour où doit se faire le récolement de chaque coupe, doivent veiller à ce que cette obligation soit exécutée.

Ils doivent en outre rechercher les piquets et arbres de limites de la coupe et en jalonner le périmètre afin que des arbres des coupes voisines ne soient pas compris parmi ceux que l'on compte.

Dans les coupes de jardinage, la souche qui porte l'empreinte du marteau de l'État doit être représentée par l'adjudicataire; pour éviter des recherches très-longues de la part des agents opérateurs, il convient que l'emplacement de ces souches soit indiqué par un jalon. Certains cahiers des clauses spéciales imposent aux adjudicataires l'obligation de faire placer ces jalons; dans ce cas, les gardes n'auront qu'à veiller à l'exécution de cette clause; dans le cas contraire, ils doivent faire eux-mêmes ce travail avec l'assistance de l'adjudicataire ou du facteur.

15. Les récolements comme les martelages se font par virées; les gardes, au nombre de trois, quatre ou cinq, marchent en ligne, appelant par leur essence et leur qualité de baliveaux, modernes ou anciens, tous les arbres portant l'empreinte du marteau ou le signe correspondant. Chaque arbre crié est immédiatement griffé, et le lien qui l'entoure coupé.

Il est bon de marquer les modernes de deux coups de griffe, les baliveaux et anciens d'un seul, afin que dans les vérifications qui peuvent être faites on reconnaisse comment les arbres réservés ont été qualifiés; le griffage doit toujours être fait du côté de la virée suivante.

16. Avant d'appeler chaque réserve, le garde doit regarder la marque; c'est l'empreinte du marteau et non l'âge d'un arbre qui règle la qualification à lui donner au récolement. Ainsi, dans le balivage on a pu marquer un ancien comme moderne et le frapper de deux empreintes, c'est comme moderne qu'il doit être appelé; on appellera aussi comme modernes les brins de l'âge, s'ils ont été marqués de deux empreintes. Les réserves brisées ou abattues par les vents, les accidents d'exploitations,.etc., doivent être distinguées par les mots *brisé, châblis*, etc.

Les arbres qui sont réservés par l'adjudicataire sans être marqués du marteau de l'État sont distingués par les mots *non marqués*.

17. On doit vérifier avec soin si l'empreinte du marteau existe réellement sur les blanchis. Dans beaucoup de contrées les bûcherons ont l'habitude de ne jamais laisser sur pied un arbre non marqué, sans lui donner ce qu'ils appellent le baptême, c'est-à-dire sans le blanchir à la patte; lorsque la sève de deux ans a recouvert ces flaches, il est difficile, à moins d'un examen attentif, de les distinguer des véritables blanchis du martelage;

aussi arrive-t-il quelquefois qu'on trouve au récolement beaucoup plus de baliveaux qu'il n'en a été marqué.

Cet inconvénient ne se produirait pas si, pendant la durée des exploitations, les gardes faisaient immédiatement couper tout arbre non marqué, réservé par l'adjudicataire ou ses ouvriers, auquel on aurait apposé un blanchis.

La criée doit être nette et distincte. Il est plus difficile dans les récolements que dans les martelages d'éviter les criées simultanées, d'abord parce que chaque criée n'est pas précédée du choc du marteau, et ensuite à cause de la rapidité plus grande de l'opération; en se regardant souvent, les gardes sauront prendre l'habitude d'appeler à leur tour et sans confusion.

18. Les récolements de souches, dans les coupes en délivrance, deviennent fort pénibles si l'on n'a pas pris le soin à l'avance de marquer l'emplacement qu'occupait chaque arbre exploité; si au contraire les emplacements sont jalonnés, les gardes n'auront qu'à ramasser et à compter les jalons en ayant soin d'apposer l'empreinte de leur marteau à côté de celle du marteau de l'État. Cette marque sert à vérifier le comptage et à éviter la confusion dans les exploitations subséquentes.

CHAPITRE IV

CONSTATATION DES DÉLITS

Procès-verbaux. — Ecriture. — Signature. — Clôture. — Affirmation. — Enregistrement. — Transmission. — Rédaction des procès-verbaux. — Date. — Age des bois. — Flagrant délit. — Complicité. — Désignation des délinquants. — Récidive. — Saisies. — Séquestre. — Visites domiciliaires. — Réquisitions à la force publique. — Délinquants inconnus. — Foi due aux procès-verbaux. — Témoignages.

1. La constatation des délits est la partie la plus difficile du service des préposés forestiers. C'est aussi la plus importante, car la conservation des forêts dépend beaucoup de l'activité qu'on met à découvrir et à signaler les auteurs des dévastations de toute nature qui peuvent s'y commettre. La surveillance des gardes doit être de tous les instants. Ils ont à lutter de ruse avec des délinquants habitués à profiter de toute négligence, il faut donc être toujours en éveil, étudier les habitudes des maraudeurs, apprendre à les reconnaître sous les déguisements et les noms divers qu'ils prennent, les surveiller sans se laisser épier

6.

et déjouer leurs ruses par une vigilance à laquelle rien ne doit échapper.

Il ne suffit pas que les gardes reconnaissent tous les délits commis dans leurs triages; il faut encore qu'ils les constatent par des actes réguliers qui prennent le nom de procès-verbaux.

2. **Procès-verbaux.** — Les procès-verbaux dressés par les gardes sont des actes authentiques auxquels est attachée une présomption légale de vérité.

Ils doivent être rédigés sur les formules imprimées fournies par l'administration et transmises aux préposés par les chefs de cantonnement. (Voir ch. XI, § 6.) Les gardes suivront pour l'emploi de ces formules l'ordre des numéros inscrits par l'agent forestier.

3. **Écriture.** — Les procès-verbaux seront, autant que possible, écrits en entier de la main du garde rédacteur; si toutefois il se trouve hors d'état d'écrire lui-même son procès-verbal, il peut le faire écrire par un tiers. (Voir § 6.)

L'écriture doit être soignée et aussi correcte que possible.

Il ne sera laissé aucun intervalle en blanc dans le corps de l'acte; tous les renvois, ratures et surcharges seront approuvés et paraphés par le rédacteur. — Les dates seront inscrites en toutes lettres et non en chiffres ; il en sera de même des nombres et mesures ; les noms propres seront distingués par des caractères plus gros que le corps du procès-verbal.

4. **Signature.** — Dans tous les cas, la signature du préposé ou des préposés qui ont constaté le délit doit être apposée sur les actes à la rédaction desquels ils ont concouru ; un procès-verbal non signé est radicalement nul.

Un procès-verbal dressé par plusieurs préposés et signé seulement par l'un d'entr'eux, est considéré comme dressé par ce signataire seul, les autres sont censés n'avoir pas concouru à sa rédaction.

5. **Clôture.** — Les procès-verbaux seront rédigés et clos le jour même de la reconnaissance du délit. (Ord., art. 181.)

Toutefois, si les préposés reconnaissent un délit dont ils ne peuvent indiquer les auteurs, s'ils sont dans la nécessité de faire des recherches qui exigent un certain temps pour amener la découverte des délinquants, ils constateront les faits qu'ils auront reconnus, et renverront à une époque ultérieure la clôture de leur procès-verbal en indiquant les motifs de ce renvoi. (Voyez *Exemple n*o 24.)

Le jour de la clôture est la véritable date du procès-verbal, aussi, doit-il être mentionné d'une manière formelle.

Si le procès-verbal est clos le jour même de la reconnaissance du délit, la date de la clôture sera suffisamment indiquée par la formule : *clos à..,..,* *les jours, mois et an que dessus.* (Voyez *Exemple n° 5.*)

Si le procès-verbal n'est pas clos le jour même de la constatation du délit, on indiquera en toutes lettres la date de la clôture. (Voyez *Exemple n° 1.*)

Les procès-verbaux seront transcrits en entier sur le livret, — le numéro de la feuille dudit livret sur laquelle le procès-verbal est porté sera inscrit en marge de cet acte dans la case à ce destinée.

6. **Affirmation.** —·Les gardes affirmeront leurs procès-verbaux au plus tard le lendemain de la clôture desdits actes, par devant le juge de paix du canton ou l'un de ses suppléants, ou par devant le maire ou l'adjoint, soit de la commune de leur résidence, soit de celle où le délit a été commis et constaté, le tout sous peine de nullité. (C. for., 165.)

Le rédacteur d'un procès-verbal, en affirmant cet acte, en certifie l'exactitude sous la foi du serment.

Si le procès-verbal n'a pas été écrit en entier de

la main du garde, l'officier public qui recevra
l'affirmation devra lui en donner préalablement
lecture et faire mention de cette formalité, le tout
à peine de nullité. (C. for., 165.).

Cette lecture a pour but de mettre les préposés
qui ne savent pas rédiger eux-mêmes leurs procès-verbaux, à l'abri des surprises que pourrait
entraîner leur défaut d'instruction ou la mauvaise
foi du rédacteur; elle leur permet aussi de rectifier les indications erronées qui auraient pu leur
échapper.

Lorsqu'un procès-verbal est dressé par un seul
préposé et entièrement écrit de sa main, l'acte
d'affirmation contiendra seulement la mention de
la déclaration du garde rédacteur comme il est
indiqué à l'*Exemple n*o 1 (Affirmation.)

Si le procès-verbal est dressé par deux ou plusieurs préposés, l'officier public devant lequel cet
acte est affirmé en fera la lecture préalable et
mentionnera cette formalité comme il est indiqué
à l'*Exemple n*o 2 (Affirmation.)

L'acte d'affirmation est daté et signé tant par
l'officier public que par les gardes.

7. Les ratures, additions, renvois et rectifications opérés dans le corps du procès-verbal avant
l'affirmation, doivent, à peine de nullité, être pa-

raphés par l'officier public qui reçoit la déclaration des préposés.

Après l'affirmation, il ne doit être fait aucun changement au procès-verbal.

Les rectifications ou additions ultérieures, jugées nécessaires, ne peuvent être faites qu'au moyen d'un nouveau procès-verbal destiné à compléter le premier.

8. Dans le cas où les officiers de police judiciaire auraient négligé ou refusé de recevoir l'affirmation des procès-verbaux dans le délai prescrit par la loi, les gardes rédigeront procès-verbal du refus et adresseront sur-le-champ ce procès-verbal au chef de cantonnement. (Ord., art. 182.)

9. **Enregistrement.** — Les procès-verbaux seront, sous peine de nullité, enregistrés dans les quatre jours qui suivront celui de l'affirmation (C. for., art. 170.)

Il résulte de cette disposition que l'affirmation doit toujours précéder l'enregistrement du procès-verbal, et que cet enregistrement peut être fait pour dernier délai, le quatrième jour après l'affirmation; ainsi un procès-verbal affirmé le 20 pourra être enregistré le 24, mais il serait nul si l'enregistrement était daté du 25.

Les préposés peuvent faire enregistrer leurs

procès-verbaux au bureau du receveur de leur résidence ou au bureau le plus rapproché du lieu où ils se trouvent, même accidentellement. La loi leur laisse toute latitude à cet égard.

10. **Transmission.** — Lorsque le bureau de l'enregistrement est éloigné de la résidence des gardes, ceux-ci adressent quelquefois par la poste leurs procès-verbaux au receveur. Ce dernier les transmet après enregistrement, à l'agent forestier chef de cantonnement.

Ce mode de transmission offre de grands inconvénients; une fausse direction, un retard de la poste peut entrainer la nullité du procès-verbal. Les préposés n'emploieront la voie de la poste qu'autant qu'ils y auront été formellement autorisés par le chef de cantonnement, et que le receveur y aura consenti; sinon ils porteront eux-mêmes leurs actes à l'enregistrement et les expédieront immédiatement après à l'agent forestier leur supérieur.

11. Les préposés mentionneront sur leur livret l'enregistrement des procès-verbaux qu'ils ont dressés, et l'envoi de ces actes au chef de cantonnement. Cette mention s'opère de la manière suivante :

(*Date*)..... *Fait enregistrer au bureau de*..... (nombre) *procès-verbaux, N°s..... à..... et transmis lesdits* *actes à M. le garde général à.....*

12. Les gardes qui par leur faute ont occasionné la nullité d'un procès-verbal pour défaut d'enregistrement dans les délais légaux, sont passibles d'une amende de 10 fr. (*Loi du 22 frimaire an VII*); ils peuvent être de plus actionnés en responsabilité pour les condamnations encourues par les délinquants.

13. **Rédaction des procès-verbaux.** — Nous indiquerons dans les chapitres suivants les renseignements spéciaux que doivent renfermer les procès-verbaux, selon la nature des délits qu'ils constatent; mais nous devons d'abord faire connaître d'une manière générale les indications que ces actes doivent toujours contenir.

Ces indications sont relatives :

1° Au temps et au lieu des délits et contraventions;

2° A la désignation des préposés qui les ont constatés;

3° Aux circonstances particulières à chaque constatation;

4° A la désignation des délinquants;

5° A la nature du délit et aux suites de la constatation.

Indications relatives au temps et au lieu :

14. Date. — La première mention à inscrire sur le procès-verbal est celle de la date de la constatation du délit.

Nous avons vu au § 5 que cette date peut différer de celle de la rédaction et de la clôture du procès-verbal. Il n'est en effet pas absolument prescrit aux préposés de dresser leurs procès-verbaux le jour même de la découverte d'un délit, ils peuvent surseoir à clore ces actes jusqu'à ce qu'ils connaissent les délinquants; mais ils doivent indiquer en tête de leurs procès-verbaux le jour et l'heure où le délit a été connu. L'heure doit être indiquée d'une manière aussi approchée que possible.

Il importe surtout que cette indication soit exactement donnée quand il s'agit d'un délit commis à une heure rapprochée du lever ou du coucher de soleil; comme les peines encourues par les délinquants sont doublées quand le délit a été commis la nuit, c'est-à-dire entre le coucher et le lever du soleil, il faut que le procès-verbal fasse mention de cette circonstance aggravante.

Le lieu du délit s'indique par le nom de la forêt où il a été constaté.

On fera connaître si elle appartient à l'État, aux

communes, aux établissements publics ou aux particuliers.

On donnera le nom sous lequel le canton où le délit a été constaté est le plus généralement connu, en désignant pour les forêts aménagées le numéro de la série et celui de la coupe, le territoire communal sur lequel se trouve ce canton.

15. **Age des bois.** — Il sera fait mention de l'âge des bois où le délit a été commis. — Dans les forêts traitées en taillis, l'âge se compte par le nombre d'années qui se sont écoulées depuis la dernière exploitation. Dans les forêts traitées en futaie, on prendra l'âge du peuplement le plus jeune et non celui des vieux bois qui le dominent.

Désignation des préposés.

16. **Noms et qualités.** Après les mots *nous soussignés*, imprimés sur la formule, le rédacteur inscrira les noms et prénoms de tous les préposés qui ont concouru à la constatation du délit, en commençant par celui du grade le plus élevé; il indiquera la résidence de chacun d'eux.

Circonstances particulières des délits.

Le procès-verbal relatera, aussi exactement que possible, les circonstances dans lesquelles le délit

a été reconnu. Ainsi, il fera connaître si les délinquants ont été surpris en flagrant délit.

17. **Flagrant délit.** — On appelle *flagrant* le
délit qui se commet ou vient de ce commettre. Un
délinquant occupé à abattre un arbre ou à charger
un arbre abattu est en flagrant délit; il sera aussi
considéré comme en flagrant délit s'il est rencontré dans la forêt porteur des bois qu'il y a
coupés et des instruments dont il s'est servi.

18. **Complicité.** — Si le délit a été commis par
plusieurs individus, le procès-verbal devra faire
mention des circonstances qui constituent la complicité.

La complicité s'établit non-seulement par la
coopération des prévenus à un même délit, mais
encore par l'aide qu'ils se prêtent, soit pour le
commettre, soit pour échapper à ses conséquences.
Des individus étrangers les uns aux autres qui
coupent des arbres, font pacager des bestiaux, etc.,
dans un même canton, seront considérés comme
complices s'ils se prêtent assistance (Voir *Exemple n⁰* 1), s'ils s'avertissent réciproquement de l'ap-
proche des gardes; les procès-verbaux devront
donc relater tous les faits qui prouvent de la part
des délinquants une commune entente, une action
concertée; de l'exactitude de ces indications dé-

pend l'application de la solidarité, c'est-à-dire de
la responsabilité réciproque de tous les délinquants. — Si la complicité est suffisamment prouvée, chacun d'eux est solidairement responsable
des condamnations encourues par tous les autres.
Si, au contraire, rien n'établit une entente commune, chacun n'est passible que des condamnations qui lui sont personnelles.

Désignation des délinquants.

19. **Noms, prénoms et domicile.** — Les prévenus doivent être désignés par leurs noms,
prénoms, profession et demeure. — Si l'auteur du
délit est une femme mariée, un enfant mineur,
un ouvrier ou un domestique, les noms, prénoms,
professions et demeures des maris, pères, mères
ou maîtres seront indiqués. Comme les pères,
mères, tuteurs, maris, maîtres et commettants
sont responsables civilement des condamnations
prononcées contre leurs enfants mineurs et pu-
pilles demeurant avec eux, ouvriers, voituriers et
autres subordonnés, il importe que les procès-
verbaux contiennent les renseignements propres
à assurer l'application de cette responsabilité. (C.
for., art. 206.)

Il est utile de faire connaître au moins approximativement l'âge des délinquants. Cette indication peut servir à apprécier s'ils ont agi avec discernement dans le cas où ils ont moins de seize ans.

20. Récidive. — Le rédacteur d'un procès-verbal fera toujours connaître si les prévenus sont en état de récidive, c'est-à-dire si dans les douze mois précédents il a été rendu contre eux un jugement de condamnation pour contravention ou délit forestier. La circonstance de la récidive double la peine encourue. (C. for., 200.)

Le procès-verbal devra mentionner la date du dernier jugement rendu contre les délinquants.

Il n'est pas toujours possible aux préposés d'indiquer exactement cette date qui peut ne pas leur être connue, mais ils ont toujours la facilité de s'assurer, au moyen de l'examen de leur livret, s'ils ont dressé dans les douze mois précédents des procès-verbaux contre ces mêmes délinquants. Ils inscriront la date et le numéro du dernier procès-verbal. (Voir *Exemple n° 4.*)

21. Nature particulière du délit et suites de la constatation. — Les procès-verbaux contiendront, suivant la nature du délit, tous les renseignements qui le caractérisent. Nous indiquerons ces renseignements d'une manière spéciale dans les chapitres suivants, où nous examinerons chaque délit en particulier. Nous nous bornerons donc ici à mentionner, d'après l'instruction placée en tête du livret des gardes, celles de ces indications qui ont un caractère commun de généralité.

Pour les enlèvements et abatages de bois, les gardes feront connaître l'âge, la grosseur et la quantité des bois objets du délit.

Les instruments, voitures et attelages employés pour le commettre.

Pour les extractions de produits quelconques, ils indiqueront la nature des productions extraites, coupées ou enlevées, et leur quantité.

Pour les délits de pâturage, le nombre, l'espèce et le signalement des animaux trouvés dans les bois, l'âge de ces bois.

S'il s'agit de délits de chasse, l'espèce d'armes, de piéges, de chiens employés, et l'espèce de gibier pris ou chassé.

Dans tous les cas, le procès-verbal mentionnera les déclarations et aveux des prévenus.

Le rédacteur du procès-verbal fera enfin connaître les suites données à la constatation des délits en indiquant s'il a été procédé suivant

les règles tracées dans les paragraphes qui suivent, à la saisie et à la mise en séquestre des
attelages, bestiaux, bois et instruments du délit.

22. Saisies. — Il est prescrit aux préposés de
saisir les scies, haches, serpes, cognées et autres instruments de même nature, dont les délinquants ou leurs complices sont trouvés munis.
(C. for., art. 198.)

Les gardes ne sont toutefois pas obligés d'opérer
dans tous les cas la saisie effective des instruments dont les délinquants sont armés ; ils exige-
ront la remise de ces instruments lorsqu'ils seront
en état de faire respecter leur autorité, mais
ils éviteront de se compromettre dans des luttes
corporelles.

Si le désarmement présente des difficultés, ils
se borneront à déclarer la saisie et indiqueront
la nature et le nombre des instruments, en constatant que les délinquants ont refusé de leur en
faire la remise.(Voir *Exemple n⁰ 3.*)

Les armes, outils et instruments saisis seront
déposés aux greffes des tribunaux. Ce dépôt est
effectué par les chefs de cantonnement, à qui
les gardes transmettent les objets capturés sur
les délinquants.

Afin d'éviter les erreurs et les réclamations qui

pourraient s'élever si, en cas d'acquittement des prévenus, la restitution des objets saisis venait à être ordonnée, et aussi pour que les greffiers puissent accepter le dépôt en reconnaissant la validité de la capture, les préposés auront soin d'indiquer, par une étiquette attachée à chaque objet, le numéro du procès-verbal qui en a constaté la saisie.

Toute saisie d'instruments, armes et engins quelconques, même abandonnés par des délinquants inconnus, doit être constatée par un procès-verbal en forme.

Les préposés forestiers sont autorisés à saisir les bestiaux trouvés en délit et à les mettre en séquestre. (C. for., art. 165.)

Les voitures, instruments et attelages seront saisis et mis en séquestre toutes les fois que les propriétaires ne seront pas d'une solvabilité notoire.

Les animaux dont les propriétaires sont inconnus; les bois et productions forestières enlevés par les délinquants seront toujours saisis et mis en séquestre.

23. **Séquestre.** — On dit qu'un objet est mis en séquestre lorsqu'il est confié à la garde d'une personne qui s'oblige volontairement à le représenter à toute réquisition légale.

La saisie effective des bestiaux ne présente d'autres difficultés que la conduite en un lieu sûr de ces animaux. La saisie réelle des bois de délit s'effectue plus rarement, à raison des difficultés du transport. — Les préposés ignorent en général qu'ils peuvent faire transporter, aux frais de l'administration, les objets qu'ils saisissent, jusqu'au domicile du séquestre; s'ils employaient plus souvent ce moyen, les délinquants ne profiteraient pas, comme ils le font journellement, des produits de leurs vols, et la répression se trouverait assurée d'une manière bien plus efficace. Les frais de ce transport sont acquittés comme nous l'indiquerons ci-dessous pour ceux de séquestre.

La mission de séquestre est toute facultative et ne peut être imposée.

Les préposés apporteront une grande circonspection dans le choix des personnes qu'ils établiront *séquestre* et devront s'attacher à ce qu'elles soient solvables. Il importe en effet que l'administration puisse exercer son recours contre le séquestre s'il laisse enlever ou dépérir les objets qui lui sont confiés.

Lorsque les préposés auront saisi des bestiaux et qu'ils auront trouvé une personne sûre qui

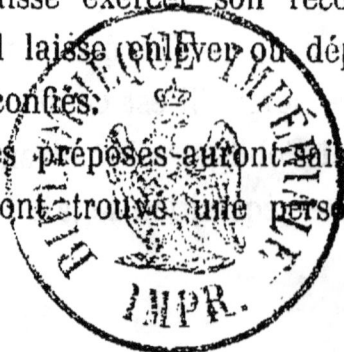

7

consente à accepter la mission de séquestre, ils devront dresser leur procès-verbal qui contiendra, après les renseignements relatifs à la constatation du délit :

1º La désignation détaillée des animaux en indiquant l'espèce, le nombre, le sexe, la couleur, les marques particulières, le harnachement, s'il y a lieu;

2º L'indication de la personne qui en est propriétaire si elle est connue, ou la mention qu'on n'a pu la connaître;

3º Les noms, profession et demeure de l'individu à la garde duquel les bestiaux auront été confiés.

Ce procès-verbal sera fait sans déplacer. Mention sera faite de l'heure de sa clôture, le gardien signera le procès-verbal, et s'il ne sait signer il en sera fait mention.

Le garde fera, séance tenante, deux copies du procès-verbal, il les signera; l'une d'elles sera remise au séquestre; la seconde, revêtue de la signature de ce dernier ou de la mention qu'il ne sait signer, sera remise dans les vingt-quatre heures au greffe de la justice de paix.

Les procès-verbaux de saisie de bestiaux doivent être transmis sans délai au chef de cantonnement, qui prend les mesures nécessaires pour faire procéder à la vente.

La mise en séquestre des bois saisis s'opère comme pour les bestiaux, le signalement des animaux est seulement remplacé par l'indication exacte des essences, dimension et quantité des bois.

24. **Payement des frais.** — Les frais de transport et de séquestre sont acquittés au moyen d'un mandat que le conservateur délivre sur la demande des personnes qui ont transporté ou gardé les objets saisis. Cette demande doit être appuyée d'un mémoire taxé par le juge de paix. Si le montant de ce mémoire est de plus de 10 fr., il devra être rédigé sur papier timbré.

25. **Visites domiciliaires.** — Les gardes sont autorisés à suivre les objets enlevés par les délinquants jusque dans les lieux où ils auront été transportés, et à les mettre en séquestre. Ils ne pourront néanmoins s'introduire dans les maisons, bâtiments, cours adjacentes et enclos, si ce n'est en présence soit du juge de paix ou de son suppléant, soit du maire ou de son adjoint, soit du commissaire de police. (C. for., 161.)

Le droit conféré par la loi, aux préposés de l'administration forestière, de suivre et de re-

chercher les objets enlevés, ne s'étend pas au-
delà du territoire des arrondissements où ils peuvent légalement exercer leurs fonctions, c'est-à-
dire de ceux où ils sont accrédités par la prestation de serment et l'enregistrement de leur
commission : partout ailleurs ils sont sans qualité.

La présence d'un des fonctionnaires indiqués
dans l'art. 161 est indispensable pour donner
aux préposés le droit de s'introduire dans les
bâtiments, cours et enclos.

Ce droit ne peut être exercé que pendant le
jour, c'est-à-dire de six heures du matin à six
heures du soir depuis le 1er octobre jusqu'au
31 mars, et de quatre heures du matin à neuf
heures du soir depuis le 1er avril jusqu'au 30 septembre.

Cependant, les gardes peuvent s'introduire soit
le jour, soit la nuit dans les fours à chaux et à
plâtre, briqueteries et tuileries, loges, baraques
et hangars, construits à moins d'un kilomètre,
et dans les scieries établies à 2 kilomètres des
bois et forêts, pourvu qu'ils se présentent au
nombre de deux au moins.

Un garde seul peut visiter les établissements
mentionnés ci-dessus, s'il est assisté de deux
témoins domiciliés dans la commune. (C. for. 157.)

Ce droit exceptionnel de visite ne s'étend pas aux fermes et maisons d'habitation, non plus qu'aux scieries qui font partie d'un village ou hameau.

Les fonctionnaires requis pour assister les préposés dans les visites qu'ils veulent faire ne peuvent refuser leur concours, ils sont tenus de signer le procès-verbal de la perquisition faite en leur présence, sauf au garde, en cas de refus de leur part, à en faire mention au procès-verbal. (C.for., 162.)

La réquisition peut être verbale, elle ne sera écrite que sur la demande expresse du magistrat. — L'assistance des fonctionnaires désignés dans l'art. 161 n'a pour objet que de légaliser l'introduction des gardes dans le domicile des citoyens, ces fonctionnaires ne concourent en rien à la perquisition et à la constatation des délits; leur rôle se borne à requérir au nom de la loi l'ouverture des portes, à faire ouvrir, en vertu de leur autorité, celles que les habitants refusent d'ouvrir de plein gré.

Les gardes peuvent procéder à des perquisitions en présence du chef de maison et sans l'assistance des magistrats, si celui-ci n'y met pas obstacle, mais le procès-verbal de visite devra mentionner son consentement.

Ils ne doivent jamais procéder sans l'assistance des magistrats, si le chef de maison est absent.

Nous avons cru devoir entrer dans de grands détails au sujet du droit de visite, à raison de la haute importance que peut avoir pour les préposés l'oubli des prescriptions de la loi.

La violation, même légale, du domicile des citoyens, est un acte sérieux, et que des motifs graves peuvent seuls justifier.

Certains préposés n'hésitent pas à opérer des visites domiciliaires, pour la recherche de délits de peu d'importance, et sans autre indication que la découverte des souches laissées sur pied. Alors leurs perquisitions s'étendent sur tout un village, au grand mécontentement des personnes dont le domicile est envahi et des magistrats que leur devoir oblige à assister à des recherches toujours pénibles et souvent sans résultats. Nous ne saurions recommander l'emploi d'un pareil mode de constatation. Les visites domiciliaires ne doivent être faites qu'autant qu'il s'agit de constater des délits d'une certaine gravité, elles ne doivent porter que sur les maisons dont les propriétaires sont soupçonnés; elles ne doivent surtout jamais affecter un caractère de tracasserie qui froisse les populations et les in-

dispose contre les employés de l'administration.

26. Refus de concours. — Dans le cas où les
officiers de police judiciaire désignés dans l'art 161
du Code forestier refuseraient, après avoir été
légalement requis, d'accompagner les gardes dans
leurs visites et perquisitions, les gardes rédigeront procès-verbal du refus et adresseront sur-
le-champ ce procès-verbal à l'agent forestier
qui en rendra compte au procureur impérial
(Ord., 182.) — Ce procès-verbal devra être rédigé de la manière la plus concise et faire connaître simplement le refus opposé par le fonctionnaire légalement requis.

27. Réquisition. — Les préposés de l'administration des forêts ont le droit de requérir
directement la force publique· pour la répression
des délits et contraventions en matière forestière,
ainsi que pour la recherche et la saisie des bois
coupés en délit, vendus ou achetés en fraude
(C. for., art. 164.)

Leur réquisition doit être adressée au com-
mandant de la force publique du lieu. Elle peut
être verbale ou écrite. — La gendarmerie ne
prête son concours que sur une réquisition écrite

dont nous indiquons la formule au n° 25 des exemples.

28. Arrestations. — Les gardes arrêteront et conduiront devant le juge de paix ou devant le maire, tout inconnu qu'ils auront surpris en flagrant délit d'infraction aux lois forestières. (C. for., art. 163.)

Ils arrêteront de même tout individu coupable d'un crime ou d'un délit quelconque pris en flagrant délit ou dénoncé par la clameur publique, si ce crime ou délit entraine l'emprisonnement ou une peine plus grave. (Code d'inst. crim., art. 16.)

Ils constitueront prisonnier tout fraudeur et colporteur de tabac, et le conduiront sur-le-champ devant l'officier de police judiciaire le plus rapproché du lieu de l'arrestation. (Loi du 28 avril 1816.)

Le droit d'arrestation conféré aux préposés forestiers a pour objet soit de faciliter la désignation des délinquants inconnus, soit de mettre sous la main de la justice les criminels ou les fraudeurs. Les personnes arrêtées sont amenées devant le magistrat qui s'assure de leur identité, et prend à leur égard telles mesures qu'il juge convenable; les préposés rédigent ensuite leur procès-verbal s'il s'agit de délits forestiers ou de contraventions aux lois douanières.

29. Délinquants inconnus. — Les délits dont les auteurs sont inconnus doivent être constatés par des procès-verbaux réguliers.

Quoique écrite dans le livret des gardes, cette prescription n'est pas suivie à la lettre dans la pratique. On conçoit en effet que la rédaction des nombreux procès-verbaux que nécessiterait la constatation régulière de tous les délits minimes dont les auteurs restent inconnus, occasionnerait aux préposés un travail considérable et sans utilité. En général, ils se contentent d'apposer sur les souches l'empreinte de leur marteau et de faire mention sur leurs registres de la reconnaissance du délit. Ce mode d'opérer nous semble suffisant pour couvrir, dans la plupart des cas, la responsabilité des gardes. Mais s'il se commet dans leur triage des délits importants, les préposés devront les constater par des procès-verbaux en règle, et justifier des diligences faites pour en reconnaître les auteurs.

30. Foi due aux procès-verbaux. — Les procès-verbaux revêtus de toutes les formalités prescrites par les art. 165 et 170 et qui sont dressés et signés par deux préposés, font preuve jusqu'à inscription de faux des faits matériels relatifs aux délits et contraventions qu'ils constatent (C. for.,

176). Ceux qui sont dressés et signés par un seul préposé feront de même preuve jusqu'à inscription de faux, mais seulement lorsque la contravention n'entraînera pas une condamnation de plus de 100 francs. (C. for., 177.)

Si les condamnations encourues s'élèvent à plus de 100 francs, les procès-verbaux peuvent être corroborés et combattus par toutes les preuves légales. (C. for., 178.)

Les procès-verbaux dressés par les gardes sont des actes authentiques auxquels est attachée une présomption légale de vérité, présomption tellement complète, si la constatation du délit a été faite par deux préposés ou même par un seul, lorsque les condamnations encourues sont inférieures à 100 fr., que les prévenus n'ont même pas le droit de contester les énonciations de ces actes. Lorsqu'au contraire, un procès-verbal qui entraîne des condamnations supérieures à 100 fr. est dressé par un seul préposé, le prévenu peut être admis à combattre, par les preuves légales, les assertions du garde.

On conçoit aisément que la loi n'ait pas voulu donner à un préposé seul le droit de constater dans tous les cas, et sans que ses assertions puissent même être discutées, des délits qui peuvent être suivis de condamnations graves, tandis qu'elle a admis comme authentiquement établis les faits avancés par deux préposés et même ceux qui sont constatés par un seul lorsque les condamnations encourues sont inférieures à 100 fr.

Les préposés doivent se rendre dignes de la confiance que la loi accorde à leurs actes en les rédigeant avec un soin scrupuleux. Un procès-verbal ne doit jamais rien contenir qui ne soit de la plus exacte vérité, les indications hasardées en seront complétement bannies; les rédacteurs doivent relater les faits qu'ils ont vus, les opérations auxquelles ils ont concouru et rien de plus.

C'est, au reste, à raison seulement des faits matériels constatés que les procès-verbaux font foi jusqu'à inscription de faux; quand un préposé certifie qu'il a trouvé et reconnu un délinquant, qu'il a mesuré la grosseur d'un arbre, son assertion est admise comme légalement vraie; mais s'il fait des appréciations, s'il évalue la grosseur d'un arbre qu'il n'a pas mesuré, s'il affirme que des bois trouvés chez le délinquant proviennent des souches reconnues en forêt sans le prouver par un retocage réellement effectué, ou par des indications précises tirées de signes matériels de cette identité, ce sont là de simples appréciations qui peuvent être contredites. Les préposés, en effet, ont pu se tromper dans leurs appréciations, tandis que l'erreur n'est pas admissible quand il s'agit de faits qui tombent sous les sens. Ce sont ces derniers seulement dont les prévenus ne sont pas admis à contester l'exactitude.

Pour que les préposés soient en état de reconnaître si les délits qu'ils constatent entraîneront une condamnation supérieure à 100 fr., et si, par conséquent, leurs procès-verbaux font foi jusqu'à inscription de faux, il faudrait qu'ils eussent sur la législation forestière des connaissances que ce recueil n'est pas destiné à leur donner.

Les détails dans lesquels nous sommes entrés au sujet de la foi due aux procès-verbaux doivent suffire pour faire comprendre qu'il est utile que les gardes réclament, quand ils le peuvent, le concours de leurs collègues, pour constater les délits de quelque importance. Mais lorsque cette assistance est impossible, le préposé qui aura reconnu le délit dressera son procès-verbal, sauf à en appuyer plus tard les assertions par les témoignages qu'il pourra produire.

31. Témoignages. — Le rédacteur d'un procès-verbal est souvent cité comme témoin pour éclaircir certains faits que cet acte ne prouve pas d'une manière suffisante. Le préposé ainsi appelé devant le tribunal, donnera les explications qui lui seront demandées, il évitera les détails insignifiants pour s'attacher aux circonstances principales des délits ; il se montrera enfin plus désireux de faire connaître la vérité au magistrat qui l'interroge, que de soutenir les assertions contenues dans son procès-verbal. Un garde dont la bonne foi et la véracité sont connues du tribunal, est toujours sûr de voir son témoignage accueilli avec confiance.

32. La surveillance des forêts et la constatation des délits qui s'y commettent sont, comme nous l'avons dit en tête de ce chapitre, les parties les plus importantes et les plus difficiles du service des préposés. La surveillance demande une activité soutenue, une grande fermeté. La constatation exige de la pénétration et beaucoup de prudence.

C'est sans cris, sans emportement qu'un bon garde sait s'acquitter de ses fonctions ; il doit se montrer sévère, mais jamais violent vis-à-vis des délinquants. — Il évitera les altercations toujours inutiles et souvent dangereuses, il sera ferme sans cesser d'être poli. Rien n'est plus propre à inspirer le respect et la crainte qu'un homme qui ne menace jamais et qui sait accomplir son devoir en restant calme et froid.

CHAPITRE V

POLICE DES FORÊTS

Coupe et enlèvement de bois. — Arbres de 2 décimètres et au-dessus. — Usage de la scie. — Souchetage. — Identité. — Coupe et enlèvement de bois de moins de 2 décimètres. — Coupe de plants. — Arrachis de plants. — — Vols de bois. — Port de scie, etc. — Mutilation, écorcement d'arbres. — Enlèvement de châblis et bois de délits. — Extraction et enlèvement de produits autres que les bois. — Introduction de voitures et bêtes de somme dans les forêts. — Feux à distance prohibée. — Incendies. — Refus de secours. — Elagage. — Constructions à distance prohibée. — Exceptions. — Scieries, Surveillance. — Pâturage. — Droits de parcours. — Garde séparée. — Marques. — Clochettes. — Commerce de bestiaux. — Nombre de bestiaux. — Défrichement. — Prohibitions. — Exceptions. — Coupe à blanc étoc. — Défrichement des bois communaux. — Dégradations. — Usurpations. — Rébellion, Injures, Menaces. — Tabacs. — Roulage.

1. De tous les délits qui peuvent être commis dans les forêts, ceux qui sont désignés sous le nom général de *délits de coupe et enlèvement de bois*, sont les plus fréquents. Ce sont aussi ceux dont la constatation présente le plus de difficultés.

Nous allons faire connaitre ici les renseignements spéciaux que doivent contenir les procès-verbaux dressés à raison d'infractions de cette nature, en examinant, d'après les textes de la loi, les circonstances caractéristiques de ces infractions, afin de faire comprendre pourquoi les procès-verbaux doivent les indiquer.

Il est bien entendu que cet examen ne portera que sur celles de ces circonstances qui sont spéciales aux délits dont il s'agit, et non sur celles plus générales qui peuvent se présenter dans la constatation de tous les délits. Les détails dans lesquels nous sommes entrés dans le chapitre précédent nous dispenseront de répéter pour chaque nature d'infraction ce que nous avons dit relativement aux indications à donner sur le lieu et l'heure des délits, la désignation des délinquants, les particularités de chaque contravention et les formalités qui suivent la constatation.

2. Coupe et enlèvement de bois. — Le Code forestier distingue, quant à l'application de la peine, deux catégories de délits de coupe et enlèvement de bois, suivant que ces bois ont 2 décimètres et plus de circonférence, ou qu'ils sont d'une dimension inférieure à 2 décimètres.

. Pour les bois de 2 décimètres et au-dessus, la peine se détermine d'après l'essence et la circonférence des arbres coupés ou enlevés. (C. for., 192.)

Pour les bois de moins de deux décimètres, la

peine est fixée suivant leur quantité, évaluée d'après le mode d'enlèvement. (C. for., 198.)

Il faut donc que les procès-verbaux fassent exactement connaître, dans le premier cas, l'essence et la grosseur de tous les arbres abattus en délit, et que, dans le second, ils en indiquent exactement la quantité.

Pour faciliter l'intelligence de ces distinctions, nous examinerons un cas assez simple : celui d'un délinquant rencontré au moment où il commet le délit d'abatage d'un arbre de plus de 2 décimètres, et nous déduirons de l'examen du procès-verbal dressé en ces circonstances les règles qui doivent guider dans les cas plus compliqués.

3. Arbres de 2 décimètres et au-dessus. — Après avoir fait connaître le jour, le lieu et l'heure où il a reconnu le délit, et désigné les délinquants, le rédacteur du procès-verbal indiquera le nombre, l'essence et la grosseur des arbres dont l'abatage est effectué ou commencé.

La désignation des essences ne doit présenter aucune difficulté; les gardes connaissant toutes les espèces principales des arbres qui se trouvent dans leurs triages.

La grosseur des arbres se mesure à la chaîne et s'exprime en décimètres.

Le procès-verbal doit indiquer d'une manière précise que le préposé a procédé au mesurage; ainsi il ne suffit pas que le rédacteur exprime qu'il a vu couper un arbre mesurant 5 décimètres de tour, il faut qu'il dise qu'il a mesuré cet arbre, et qu'il lui a trouvé une circonférence de 5 décimètres.

4. La circonférence se mesure à 1 mètre du sol si les arbres sont encore sur pied ou s'ils sont gisants; elle se mesure sur la souche si les bois sont enlevés et façonnés.

Si la souche elle-même est enlevée et si l'on trouve l'arbre équarri, le tour sera calculé dans la proportion d'un cinquième en sus de la dimension totale des quatre faces de l'arbre équarri. (C. for., 193.)

Si enfin la souche et le corps de l'arbre sont enlevés, la dimension sera donnée par celle des écorces et copeaux trouvés sur le lieu du délit, par les traces de l'extraction, et enfin par les renseignements que le rédacteur du procès-verbal aura pu se procurer, soit auprès des délinquants eux-mêmes, soit auprès des personnes qui auront vu exploiter, enlever ou façonner l'arbre. (C. for., 193.)

5. La valeur des arbres doit être indiquée. On la déterminera par le prix des bois de même na-

8

ture sur le lieu du délit. Le procès-verbal fera aussi connaître si l'abatage ou l'enlèvement a occasionné du dommage, il en indiquera le montant. Ce dommage s'évalue d'après l'importance que les bois abattus pouvaient avoir pour le maintien du massif, il dépend aussi de l'âge et de la vigueur de ces bois. — L'enlèvement de bois morts ou dépérissants peut n'occasionner aucun dommage; celui de brins de semis, d'arbres d'avenir ou de porte-graines destinés à compléter le couvert de cantons à repeupler, cause au contraire un dommage considérable. — Le garde fera donc connaître si les bois abattus étaient vifs ou secs.

Son procès-verbal indiquera les instruments employés par les délinquants.

6. **Usage de la scie.** — Cette désignation est surtout importante si ces derniers ont fait usage de la scie, car l'emploi de cet instrument entraîne une amende double. (C. for., 201.)

Le rédacteur du procès-verbal fera connaître si la saisie des instruments de délit a été effectuée ou s'ils ont été laissés entre les mains des délinquants. Il indiquera enfin s'il a apposé sur les bois abattus ou enlevés l'empreinte de son marteau, et si ces bois ont été abandonnés par les délinquants ou s'ils ont refusé de s'en dessaisir. (Voyez *Exemple n° 1.*)

Dans le cas fort simple où le délinquant est trouvé en flagrant délit d'abatage, tous les éléments de la constatation se trouvent réunis et les préposés n'ont qu'à relater les faits dont ils ont été témoins. Mais si, comme il arrive fréquemment, les gardes n'ont pas vu opérer l'abatage, ils ne peuvent établir la culpabilité des personnes qu'ils trouvent en possession des bois enlevés qu'en prouvant l'identité de ces bois avec ceux pris en forêt ; cette identité ne peut s'établir qu'à l'aide du souchetage ou d'indications tellement précises qu'elles puissent remplacer cette opération.

7. **Souchetage.** — Le souchetage, retocage ou rapatronage, consiste à rapprocher de la souche les bois qu'on suppose en provenir, afin de vérifier s'ils s'y adaptent. Cette opération est rarement praticable d'une manière complète, à raison des difficultés du transport. On y supplée au moyen du rapatronage partiel des copeaux ou écorces dont la coupure, la nuance et les veines font aisément reconnaître l'origine.

Lorsqu'un préposé reconnaîtra que des arbres ont été abattus et enlevés en délit, il mesurera exactement les souches, en annotera le nombre, l'essence et les dimensions, il indiquera si l'abatage a été opéré à l'aide de haches ou de scies, si la découpe présente quelques signes particuliers, comme raies et dentelures produites par les brèches des instruments employés par les délinquants; l'état plus ou moins prononcé de fraîcheur de la découpe, sa coloration feront connaître l'époque probable du délit. Muni de ces renseignements, qui seront tous mentionnés au procès-verbal, le garde suivra les traces que les délinquants auront laissées sur leur passage. Il se renseignera sur la direction qu'ils auront prise, et quand il aura retrouvé les bois, soit au moyen de perquisitions faites avec les formalités indiquées au chapitre précédent, si le produit du délit a été transporté dans des lieux habités, soit par ses recherches dans l'intérieur de la forêt ou dans les champs voisins où ces bois auraient été déposés, il comparera les renseignements recueillis sur le nombre, l'essence et les dimensions des souches avec les indications analogues prises sur les bois qu'il suppose provenir de ces mêmes souches.

8. **Identité.** — Si l'identité paraît établie, il procédera au retocage complet, s'il est possible, partiel dans le cas contraire. — Il frappera de son marteau les extrémités des pièces de bois retrouvées, pour que la découpe n'en soit pas modifiée. Il recherchera parmi les instruments possédés par

les détenteurs du bois, s'il s'en trouve dont le tranchant s'adapte aux marques laissées sur les souches. Les indications de nature à prouver l'identité des bois devront être données d'une manière précise, afin que les juges trouvent dans le procès-verbal tous les éléments d'une certitude complète. Le garde désignera les détenteurs des bois ainsi enlevés en délit ; il saisira ces bois et les mettra en séquestre, suivant les règles tracées au chapitre précédent (Voir *Exemple n⁰ 2*). Le procès-verbal qu'il rédigera devra, comme dans le cas précédent, indiquer la valeur des arbres enlevés et le dommage causé par leur extraction.

9. **Coupe et enlèvement de bois de moins de 2 décimètres.** — Lorsque le délit porte sur des bois de moins de 2 décimètres de circonférence, la peine se détermine non plus d'après les dimensions, mais bien d'après la quantité des bois exploités ou enlevés. Cette quantité s'évalue en fagots, charges d'homme, de bête de somme ou de voiture. (C. for., 194.)

Cette évaluation ne présente aucune difficulté quand les préposés ont vu commettre le délit, ou quand les moyens de transport sont connus. Si, par exemple, le délinquant est rencontré chargé d'un faix de bois ou s'il résulte des traces laissées

par les roues que l'enlèvement a été opéré par
une voiture, le mode d'évaluation des bois est tout
indiqué ; ce sera dans le premier cas une charge
d'homme, quel que soit d'ailleurs le poids ou le
volume des bois ainsi enlevés ; ce sera, dans le
deuxième, une charge de voiture, quand bien
même la voiture n'aurait transporté qu'un fagot ;
mais si les bois de délit sont trouvés sur place ou
en la possession des délinquants, sans aucune indication relativement au mode de transport qui
sera ou a été employé pour les enlever, la quantité en sera évaluée en charge d'homme, si les
bois, objets du délit, ne sont pas en quantité suffisante pour former une charge de bête de somme,
en charges de bête de somme si ces bois ne peuvent former un chargement de voiture, enfin
en charrettes ou charges de voiture, si les bois
exploités sont en trop grande quantité pour
être transportés à dos d'homme ou de bête de
somme.

Il y a cependant à distinguer le cas où les bois
enlevés seraient liés en fagots. A moins de circonstances particulières démontrant que le transport en a été opéré à l'aide de voitures ou de bêtes
de somme, il y a présomption que les délinquants
ont transporté ou transporteront les fagots à dos

d'homme : le nombre de ces fagots devra donc être indiqué.

Le procès-verbal fera connaître, comme nous l'avons indiqué dans les paragraphes précédents, l'essence et l'âge des bois abattus, leur valeur, le dommage. — Il relatera, hors le cas de flagrant délit, les preuves de l'identité, et s'il y a lieu, la saisie et la mise en séquestre.

Lorsque l'évaluation des bois de moins de 2 décimètres est faite par voiture, le procès-verbal devra faire connaitre le nombre d'animaux dont l'attelage se compose. (Voir *Exemple n*° 6.)

10. **Coupe de plants.** — Si les brins coupés sont de jeunes arbres plantés ou semés de main d'homme, l'évaluation n'en sera plus faite d'après la règle établie pour les délits commis dans les recrus naturels. La peine, dans ce cas particulier, se détermine par le nombre de brins coupés. (C. for., 194.) Le procès-verbal devra donc indiquer exactement l'essence et le nombre des brins ainsi exploités, il mentionnera d'une manière précise que ces brins proviennent d'un semis artificiel ou d'une plantation dont la date sera relatée.

11. **Arrachis de plants.** — L'arrachis de plants dans les forêts est puni de peines plus sévères

que la coupe de ces mêmes bois, l'amende peut
varier de 10 à 300 fr. et il peut en outre être prononcé un emprisonnement de cinq jours. Si le
délit a été commis dans un semis ou plantation
exécuté de main d'homme, il sera prononcé, outre l'amende, un emprisonnement de quinze jours
à un mois. (C. for., 195.) Les procès-verbaux doivent, pour faire apprécier l'importance du délit,
indiquer le nombre et l'essence des brins arrachés, les instruments à l'aide desquels l'extraction
a été faite, la valeur des brins, le dommage, renseignements communs à tous ces délits et qui doivent être donnés dans tous les cas. Si les plants
ont été arrachés dans des semis artificiels et plantations, le procès-verbal l'indiquera.

12. **Vols de bois.** — On appelle plus particulièrement vol de bois l'enlèvement frauduleux
des bois exploités et façonnés. — Ce délit ne rentre
pas dans la classe des délits forestiers proprement
dits; il est prévu et puni par le Code pénal. Les
procès-verbaux qui sont destinés à constater des
infractions de cette nature doivent indiquer la
vente d'où les bois ont été enlevés, les auteurs de
l'enlèvement, ou du moins les présomptions de
culpabilité des individus soupçonnés, les moyens
employés pour détourner ces bois, les personnes

qui ont coopéré au délit soit en recélant les bois volés, soit en en facilitant la vente.

Ce sont souvent les ouvriers ou facteurs qui se rendent coupables de ces abus de confiance commis au préjudice des adjudicataires. Les préposés doivent exercer sur eux une surveillance assidue, et s'ils sont sur la voie de quelque détournement, ils préviendront soit les facteurs, soit les adjudicataires, et se concerteront avec eux pour découvrir les coupables.

13. **Port de haches, scies, etc.** — L'art. 146 du Code forestier punit d'une amende de 10 fr. quiconque est trouvé dans les forêts hors des routes et chemins ordinaires, muni de serpes, haches, scies et autres instruments de même nature. La confiscation desdits instruments est une conséquence de la condamnation des contrevenants.

Cette disposition a pour objet de prévenir les délits en écartant des forêts les maraudeurs qui s'y introduisent avec des instruments d'exploitation.

Il suffit qu'un individu soit rencontré dans les forêts hors des routes et chemins ordinaires et porteur d'instruments propres à couper le bois, pour qu'il soit en contravention. Par routes et chemins ordinaires, on entend les routes impériales, départementales, les chemins vicinaux et communaux. Les lignes et laies sommières établies pour le seul service des forêts, ne sont pas des chemins ordinaires, et nul ne peut les traverser avec des instruments d'abatage.

14. Les ouvriers des ventes qui, par leur profession, sont obligés de s'introduire dans les forêts, sont naturellement exceptés des prohibitions de l'article 146. Si les individus trouvés en état de contravention aux dispositions de cet article se prétendent employés aux travaux des coupes, les préposés devront s'assurer de l'exactitude de leur assertion et verbaliser si elle est reconnue fausse. — Les procès-verbaux dressés à raison de contraventions de cette nature feront connaitre le nombre et l'espèce d'instruments dont les prévenus ont été trouvés munis, et le lieu précis où ils ont été rencontrés, en spécifiant quand c'est sur une laie sommière, un sentier ou une ligne, que cette voie n'est pas publique, mais bien ouverte pour le service exclusif de la forêt.

La saisie des instruments devra être opérée et constatée sur le procès-verbal.

15. **Mutilation, écorcement d'arbres.** — Ceux qui, dans les bois et forêts, auront éhoupé, écorcé ou mutilé des arbres, ou qui en auront coupé les

principales branches, seront punis comme s'ils les
avaient abattus par le pied. (C. for., art. 196.)

Les procès-verbaux rédigés pour des délits de
cette espèce doivent contenir les mêmes renseignements que ceux dressés à raison de délits de
coupe et enlèvement de bois. — Ainsi ils indiqueront l'essence et la grosseur des arbres mutilés,
écorcés ou ébranchés, leur valeur et le dommage
qui leur a été causé. (Voir *Exemple n° 4.*)

S'il s'agit d'ébranchements, le rédacteur du procès-verbal devra en outre faire connaître la grosseur des branches coupées en mentionnant que
ce sont des branches *principales.* On considère
comme branches principales celles dont l'abatage
est de nature à occasionner à l'arbre un dommage
appréciable. L'enlèvement de menues brindilles
constitue le délit de coupe de bois de moins de
2 décimètres et doit être constaté en suivant les
règles tracées au § 9.

16. Enlèvement de châblis et bois de délit.
— L'enlèvement des bois rompus par le vent ou
autres accidents, celui des bois de délit, est puni
des mêmes peines que le même délit commis sur
des bois sur pied. (C. for., 197.) Les procès-verbaux devront donc contenir toutes les indications
que nous avons déjà mentionnées. — Il est évi-

dent que l'enlèvement des châblis, de même que celui des bois abattus par d'autres délinquants, n'occasionne aucun dommage, il n'y aura donc pas lieu d'assigner le montant du dommage causé; mais la valeur des bois enlevés devra être indiquée. L'enlèvement des bois de lignes constitue le délit prévu par l'art. 197.

L'enlèvement des châblis, volis, bois de lignes et autres bois abattus, constitue le délit qualifié de vol de bois, si ces bois ont été mis en adjudication et vendus.

17. Extraction et enlèvement de produits autres que les bois. — Toute extraction, tout enlèvement de produits quelconques des forêts, opéré sans l'autorisation préalable du conservateur, constitue le délit puni par l'art. 144 du Code forestier, d'une amende de 10 à 30 fr. par voiture et par bête attelée; de 5 à 15 fr. par charge de bête de somme, et de 2 à 6 fr. par charge d'homme. Il pourra en outre être prononcé un emprisonnement de trois jours au plus. Les termes : produits quelconques, comprennent non-seulement les productions végétales comme feuilles, graines, herbes, genets, mais encore les matériaux tels que terres, pierres, sable, tourbe, etc., etc., qui peuvent être extraits du sol forestier.

Le fait seul de l'extraction ou du ramassage de
ces productions constitue le délit, quand même
l'enlèvement ne serait pas encore effectué.

Les procès-verbaux que les gardes auront à
dresser pour infractions de cette espèce, devront
indiquer la nature des produits extraits, ramassés
ou enlevés, leur quantité ; la quantité se détermine
d'après les règles exposées au § 9. On évaluera en
charges d'homme les produits qui ne sont pas en
quantité suffisante pour former une charge de
bête de somme, en charges de bête de somme
ceux qui ne suffiraient pas à former un chargement de voiture, et enfin en charretées ceux qui
sont trop lourds ou trop volumineux pour être
transportés d'une autre manière. — Lorsque le
mode d'enlèvement est indiqué par les circonstances, le rédacteur du procès-verbal se bornera à
mentionner le moyen de transport employé ; si,
par exemple, les préposés rencontrent les délinquants chargés des objets frauduleusement extraits ou transportant les mêmes produits à l'aide
de bêtes de somme ou de voiture, la seule mention du moyen de transport suffit pour déterminer
la peine. — Mais si, au contraire, les productions
extraites sont trouvées sur le lieu même du délit
ou au domicile des prévenus, sans que rien ne

fasse connaître le moyen qu'ils employeraient ou qu'ils ont employé pour les enlever, l'évaluation devra être faite d'après les règles tracées plus haut.

18. Le procès-verbal indiquera la valeur des objets enlevés, les instruments à l'aide desquels l'extraction a été faite et le dommage qui en est la conséquence. Le dommage s'apprécie suivant les cas; il est nul lorsque les produits enlevés n'ont pas d'importance au point de vue forestier, et que d'ailleurs leur extraction s'opère sans dégâts pour le sol (Voir *Exemple n*° 5), ainsi l'enlèvement des herbes, mousses, ronces, peut n'occasionner aucun dommage.

Les extractions de matériaux, feuilles mortes, semences causent souvent un dommage important, dont il sera tenu compte en indiquant au procès-verbal la dépense à faire pour rétablir les lieux dans l'état où ils étaient avant le délit. (Voir *Exemple n*° 7.)

Si l'enlèvement est opéré à l'aide de voitures, le rédacteur du procès-verbal indiquera le nombre et l'espèce des bêtes attelées.

La saisie et la mise en séquestre des objets du délit, des bêtes de somme, voitures et attelages sera opérée si les prévenus n'offrent pas de garantie de solvabilité. (Voir *Exemple n°* 6.) On se dispensera de procéder à la saisie dans le cas contraire. (Voir *Exemple n°* 7.) Lorsque les préposés n'auront pas rencontré les prévenus en flagrant délit et qu'il leur aura fallu procéder à des perquisitions pour retrouver les productions enlevées, ils devront mentionner avec soin les preuves tirées des traces de l'enlèvement, des témoignages recueillis et celles déduites de la comparaison des objets du délit avec les productions similaires de la forêt, pour en établir l'identité.— On ne peut, pour des produits de cette nature, procéder au rapatronage comme pour des arbres enlevés, mais le plus ou moins de fraîcheur, la couleur, l'apparence extérieure, sont des indices précieux qui, réunis à d'autres indications, permettront d'établir l'origine frauduleuse des herbages, graines et matériaux trouvés chez les délinquants.

19. Introduction de voitures et bêtes de somme dans les forêts. — Ceux dont les voitures, bestiaux, animaux de charge et de monture seront trouvés dans les forêts hors des chemins ordinaires seront condamnés, savoir : par chaque voiture à une amende de 10 francs pour les bois de dix ans et au-dessus, et de 20 francs pour les bois au-dessous de cet âge, par chaque tête de bestiaux non attelés aux amendes fixées pour délit de pâturage, le tout sans préjudice des dommages intérêts. (C. for., 147.)

L'infraction prévue par l'article précité se constate de la même manière que les délits de pâturage, lorsque les bestiaux, bêtes de somme ou de monture sont trouvés non attelés dans les forêts. Nous renvoyons donc au § 31 pour toutes les indications que devront renfermer les procès-verbaux dressés dans ce cas.

20. L'introduction des voitures dans l'intérieur des massifs et sur les voies de vidange et chemins non publics établis pour le service des forêts constitue le délit désigné sous la dénomination de *faux chemin.*

Les procès-verbaux destinés à constater des infractions de cette espèce indiqueront d'une manière très-précise le lieu où le délit a été commis, en faisant connaître si les voitures ont pénétré dans l'intérieur des massifs ou si elles ont seulement suivi des chemins pratiqués mais non publics.

Nous avons précédemment expliqué ce que l'on doit entendre par chemins ordinaires. (Voir § 13.) Ce sont les seules voies dont la fréquentation est libre pour tout le monde; les laies sommières,

chemins de vidange et de desserte, sont spécialement affectés au service des forêts, et aucune voiture ne doit y passer, à l'exception de celles employées au service des ventes. Nous traiterons, au
chapitre suivant, des obligations auxquelles les
adjudicataires sont assujettis pour se servir de ces
voies de transport et des peines qu'ils encourent
lorsqu'ils s'en écartent. L'infraction dont nous
avons à nous occuper actuellement est celle qui
est commise par des personnes tout à fait étrangères aux exploitations.

Le rédacteur du procès-verbal fera connaître,
quand les voitures auront pratiqué des chemins
nouveaux, le montant du dommage causé en éva-
luant le nombre de brins, cépées et arbres brisés
ou foulés. Il indiquera la longueur du parcours.
—L'âge des bois traversés est un des éléments de
la peine, puisque l'amende est double lorsqu'ils
sont au-dessous de dix ans : le procès-verbal devra
faire connaître ce renseignement. Nous avons
tracé au chap. IV, § 15, les règles à suivre pour
la détermination de l'âge des peuplements. Nous
renvoyons à ces indications.

21. Feux à distance prohibée.—Il est défendu
de porter ou allumer du feu dans l'intérieur et à la
distance de 200 mètres des bois et forêts, sous peine

d'une amende de 20 à 100 francs. (C. for., 148.)

Le fait seul d'avoir porté ou allumé du feu dans l'intérieur ou à moins de 200 mètres des forêts, constitue le délit prévu par l'art. 148, quand bien même il n'en serait résulté aucun accident.

La distance se mesure en ligne droite, du point où le feu a été allumé à la limite la plus rapprochée de la forêt.

Les procès-verbaux qui constatent ces délits en désigneront les auteurs; ils feront connaître en mesures métriques la distance à la forêt des foyers les plus rapprochés de sa limite, et si les bois destinés à alimenter le feu proviennent des forêts, ils contiendront les renseignements relatifs aux délits d'enlèvement de bois. (Voir *Exemple* n° 9.)

Les écobuages sur les terres situées à moins de 200 mètres des forêts, ne peuvent être pratiqués sans autorisation préalable.

C'est au préfet qu'il appartient d'accorder ces autorisations. — Les conditions imposées aux cultivateurs sont indiquées dans l'arrêté qui est communiqué au garde du triage.

Ce dernier doit être prévenu du jour où les fourneaux seront allumés; il fera prendre les précautions convenables pour surveiller la combustion et éviter les accidents.

22. Incendies. — Lorsque des feux allumés dans l'intérieur ou à une distance quelconque des bois auront occasionné un incendie, le garde du triage prendra de suite les mesures nécessaires pour en arrêter les progrès; — il réclamera le concours des riverains, organisera le plus promptement possible les secours en formant des escouades de travailleurs. — Les incendies dans les taillis peuvent être souvent arrêtés aux moyen de longues perches avec lesquelles on bat les cépées pour empêcher la propagation du feu. Dans les bois résineux, il est quelquefois nécessaire d'ouvrir des tranchées destinées à séparer la partie incendiée des cantons voisins. — On profitera des chemins ouverts pour cerner le feu dans un canton déterminé; tous les secours seront alors dirigés de manière à préserver les autres parties de la forêt. — Les femmes et les enfants seront employés à éteindre les matières enflammées qui, projetées au loin sur les gazons desséchés, propageraient l'incendie sur les parties préservées.

Tout en portant tous leurs efforts à arrêter le sinistre, les préposés ne négligeront pas d'en rechercher l'origine. Ils examineront le point de départ de l'incendie; ils s'assureront si le foyer primitif n'a pas été allumé par malveillance;

il y a présomption que l'incendie est le résultat de la malveillance s'il est allumé dans les cantons peu fréquentés, s'il y a plusieurs foyers primitifs, si les résidus carbonisés de ces foyers offrent des traces d'arrangements faits de main d'homme.

Les gardes prendront auprès des personnes qui ont parcouru la forêt le jour du sinistre, les renseignements nécessaires pour connaître aussi exactement que possible le point et l'heure où le feu a été allumé, les individus qui ont été vus dans les environs, les circonstances qui peuvent faire diriger les soupçons sur certains d'entr'eux. — Le garde du triage dans lequel un incendie a éclaté doit en informer sans délai son chef de cantonnement. Si le sinistre prend des proportions considérables, il lui enverra un exprès : la présence des agents, toujours très-utile pour les mesures urgentes et pour la constatation de l'incendie, devient indispensable lorsque le feu a occasionné de grands dégâts. — Dans ce cas, c'est le chef de cantonnement qui rédige le procès-verbal. Si, au contraire, l'incendie a été éteint avant d'avoir causé de grands dommages, le garde local se bornera à faire connaître le sinistre à son chef, et il rédigera lui-même le procès-verbal. Cet acte devra contenir tous les renseignements relatifs à la constatation en elle-même, et à la désignation des coupables s'il y a lieu; il fera de plus connaître l'étendue des parties incendiées et le montant du dommage.

23. Refus de secours. — Les personnes qui, sans motifs légitimes, refusent ou négligent de porter secours en cas d'incendie dans les forêts, sont passibles d'une amende de 6 à 10 fr. (C. pén., art. 475). Si ces mêmes personnes ont droits d'usage dans lesdites forêts, elles peuvent être privées de ces droits pendant un an au moins et cinq au plus. (C. for., 149.)

Les procès-verbaux que les gardes sont dans le cas de rédiger contre ceux qui, en étant requis, refuseraient de porter secours en cas d'incendie, devront indiquer d'une manière expresse que la réquisition a été faite, car il faut cette circonstance pour motiver l'application de la peine. — Ces actes indiqueront en outre la qualité d'usagers, si les prévenus jouissent de quelques droits de cette nature dans la forêt incendiée. (Voyez *Exemple n° 10.*)

24. Élagages. — Dans le droit civil, tout propriétaire a le droit de contraindre son voisin à élaguer les branches qui s'avancent sur son terrain. En matière forestière, ce droit est restreint à l'élagage des arbres qui avaient moins de 30 ans en 1827. (C. for., 150.) — Au surplus, le riverain n'a jamais le droit de faire de son chef élaguer les arbres qui s'avancent sur son terrain.

Cette opération, quelle que soit la situation des arbres relativement aux propriétés riveraines, ne peut être faite sans l'autorisation du conservateur.

Tout élagage pratiqué sans cette autorisation rentre dans la classe des délits ordinaires et doit être constaté comme ceux-ci.

25. Constructions à distance prohibée. — Les dispositions prohibitives contenues dans les articles 151, 152, 153, 154 et 155 du Code forestier peuvent se résumer ainsi :

Il ne peut être établi sans autorisation :

1o Aucun four à chaux ou à plâtre, aucune briqueterie, tuilerie, maison sur perche, loge, baraque ou hangar dans l'enceinte et à moins d'un kilomètre de distance des bois et forêts ;

2o Aucune maison ou ferme, à moins de 500 mètres des forêts domaniales ou des bois communaux contenant plus de 250 hectares ;

3o Aucune usine à scier le bois dans l'enceinte et à moins de 2 kilomètres des forêts ;

4o Aucun atelier à façonner le bois, aucun magasin ou chantier destiné au commerce des bois dans les maisons situées à moins de .500 mètres.

Exceptions : Les maisons d'habitation, usines, ateliers ou magasins, qui font partie de villages ou hameaux, formant une population agglomérée, ne sont pas soumis aux prohibitions qui précèdent; ces constructions peuvent être élevées sans autorisations.

Les procès-verbaux rédigés pour les contraventions comprises aux numéros 1, 2 et 3, doivent, autant que possible, être dressés par deux gardes; ils indiqueront la nature de la construction, sa destination et la distance où elle se trouve de la forêt la plus voisine. (*Exemple n° 11.*)

Cette distance se mesure en ligne droite, à partir de la limite du bois la plus rapprochée de la construction.

S'il s'agit d'une ferme ou maison d'habitation, établie à moins de 500 mètres d'un bois communal, le procès-verbal devra faire connaître si ce bois a une contenance supérieure à 250 hectares, circonstance nécessaire pour qu'il y ait contravention.

Au reste, les préposés feront bien de prévenir, dès le commencement des constructions, les propriétaires qui ne seraient pas munis d'autorisation, de faire suspendre les travaux. Ils en référeront immédiatement au chef de cantonnement qui prescrira les mesures à prendre.

En ces matières, comme en toutes celles où il s'agit de délits permanents d'une certaine gravité, il convient que les gardes attendent l'impulsion de leurs chefs avant de dresser leurs procès-verbaux. Il n'y a aucun inconvénient à retarder la constatation, quand le corps du délit ne peut être ni enlevé, ni dissimulé, et il y a de grands avantages à ne recourir aux voies de répression qu'autant qu'il est possible d'en agir autrement.

26. Les propriétaires ou locataires de maisons situées à moins de 500 mètres des bois domaniaux et des bois communaux d'une contenance supérieure à 250 hectares, ne peuvent y établir aucun atelier, chantier ou magasin propres à façonner, débiter ou faire le commerce des bois, à moins que cette maison ne fasse partie de villages ou hameaux formant une population agglomérée.

Les autorisations que délivre le préfet doivent précéder l'établissement des chantiers ou ateliers. Elles sont personnelles et doivent être renouvelées en cas de changement de propriétaire ou de locataire.

Les procès-verbaux rédigés pour ces contraventions feront connaître si la personne qui a établi

l'atelier ou le magasin est propriétaire ou locataire de la maison, et la distance de cette maison
au bois le plus rapproché.

27. Il n'est le plus souvent pas nécessaire de
donner exactement le chiffre de cette distance, il
est évident que si la maison est à 50, 100, 200 mètres de la forêt, il ne peut y avoir d'erreur; il
suffira donc d'indiquer dans ce cas la distance
approximative; mais si la maison se trouve près
des limites du rayon de prohibition, entre 400 et
500 mètres par exemple, une indication approximative n'est plus suffisante, il devient même nécessaire de procéder à un véritable chaînage si la
mesure prise d'abord au pas laisse quelque doute.

Cette observation s'applique à toutes les circonstances où il y a lieu de déterminer des distances
légales en matière forestière.

Les procès-verbaux devront encore faire connaître la nature de l'atelier ou du commerce établi, la quantité des marchandises façonnées ou
disposées pour le travail et la valeur de ces marchandises.

Pour recueillir ces renseignements, il est indispensable de visiter l'établissement, et, comme
nous l'avons vu précédemment, les employés
forestiers ne peuvent s'introduire dans les mai-

sons servant à l'habitation sans l'assistance d'un
des fonctionnaires désignés en l'art. 161, C. for.,
ils procéderont donc comme pour les visites domiciliaires ordinaires et déclareront la saisie
des bois servant au commerce ou à la fabrication
illicite. (Voy. *Exemple* n⁰ 12.)

28. **Scieries.** — Les usines à scier le bois,
lorsqu'elles ne font pas partie de villages ou
hameaux et qu'elles sont situées à moins de 2 kilomètres des forêts, sont soumises à certaines
mesures de surveillance rendues nécessaires par
la grande facilité avec laquelle les bois de
délit peuvent y être dénaturés. Nous avons vu,
chap. IV, § 25, que ces établissements peuvent
être visités par les gardes sans l'assistance des
fonctionnaires dénommés en l'art. 161, pourvu
que le préposé soit assisté d'un de ses collègues
ou de deux témoins domiciliés dans la commune;
ils sont de plus assujettis à ne débiter aucun
bois qui ne soit au préalable reconnu et marqué
par les employés forestiers. (C. for., 158, Ord. 180.)

29. Les formalités relatives à cette reconnaissance sont les suivantes :

Le propriétaire remet à l'agent local une déclaration détaillée des arbres, billes ou troncs
qu'il veut faire transporter dans la scierie ou

dans les bâtiments et enclos qui en dépendent ; cette déclaration indique la provenance des bois. leur nombre et le lieu du dépôt.

L'agent transmet cette déclaration au garde du triage duquel dépend la scierie. Celui-ci procède immédiatement à la reconnaissance des bois, dont la quantité et les dimensions doivent être conformes à la déclaration faite. Cette réconnaissance a pour but de s'assurer que les bois ne proviennent pas de délits ; elle doit être faite dans les cinq jours de la déclaration ; passé ce délai, le propriétaire de la scierie peut enlever et faire débiter ses bois. Le garde doit apposer l'empreinte de son marteau sur chaque bille.

Si dans les visites qu'ils sont tenus de faire dans les scieries soumises à leur surveillance, les préposés reconnaissent que des billes non marquées du marteau particulier du garde local ont été introduites dans les cours, chantiers ou bâtiments de l'établissement, ils doivent constater cette contravention par un procès-verbal qui indiquera le nombre et les dimensions des billes non marquées, et le lieu où elles étaient déposées. (Voyez *Exemple no* 13.)

30. **Pâturage.** — Les délits de pâturage peuvent être commis, soit par des usagers qui ne

se conforment pas aux règles de police sur l'exercice de leurs droits, soit par des individus qui
n'ont aucun droit d'introduire des bestiaux dans
les bois. Nous examinerons d'abord les délits
dont ces derniers peuvent se rendre coupables;
les contraventions aux règlements commises par
les usagers ou les habitants des communes propriétaires de bois, feront l'objet d'un paragraphe
séparé.

31. Le fait seul de l'introduction dans l'enceinte des bois, de porcs, chèvres, moutons,
bœufs, chevaux ou autres bêtes de somme,
constitue le délit de pâturage, quand même il
n'y aurait aucun abroutissement.

L'amende encourue par le propriétaire se règle
d'après le nombre d'animaux, leur espèce et
l'âge des bois où ils ont été trouvés; elle est
fixée à 1 franc pour un cochon, 2 fr. pour une
bête à laine, 3 fr. pour un cheval ou autre bête
de somme, 4 fr. pour une chèvre. 5 fr. pour
un bœuf, une vache ou un veau; cette amende
est double si le bois est âgé de moins de dix
ans.

Il peut y avoir lieu à des dommages-intérêts
si le procès-verbal constate qu'il y ait eu un préjudice causé. (C. for., 199.)

Le pâturage des bestiaux dans les vides, elai-
rières, chemins de vidange et en général dans
tous les terrains qui font partie des bois soumis
au régime forestier constitue le délit prévu par
l'art. 199.

Les procès-verbaux rédigés pour des délits
de cette nature indiqueront les noms, prénoms
et demeures des propriétaires des bestiaux, ceux
des pâtres, l'heure et le lieu du délit, le nombre
et l'espèce des animaux trouvés dans l'enceinte
des bois ; le signalement des chevaux, bœufs
ou autres bestiaux, devra être donné si ce renseignement est nécessaire pour faire reconnaître
le propriétaire des animaux.

32. Les gardes distingueront le pâturage exercé
sous la direction et la surveillance des bergers,
de celui auquel se livrent les bestiaux échap-
pés ; le premier est dit *à garde faite* ou *à baton
planté*, il accuse chez le pâtre l'intention de commettre un délit ; le pâturage par *échappée* peut
au contraire être occasionné par des circonstances accidentelles, malgré la volonté du pâtre
ou du propriétaire des bestiaux.

33. Les bestiaux trouvés sans gardien dans les
bois doivent être saisis et mis en séquestre ; ils
devront l'être encore quand même le proprié-

taire en serait connu, s'il n'est pas d'une solvabilité notoire.

L'âge des bois du canton où a été commis le délit de pâturage sera indiqué. (*Voir* pour la détermination de cet âge le § 15, chap. IV.)

Enfin, le procès-verbal fera connaître s'il y a eu dommage causé soit par l'abroutissement, soit par le passage des bestiaux. (Voir *Exemples* n°s 14 et 15.)

34. Droits de parcours. — Les habitants des communes propriétaires de bois, les usagers dans les forêts de l'État ou des commumes, ont le droit d'envoyer leurs bestiaux au parcours en se conformant aux règlements sur l'exercice de ce droit.

Le pâturage ou le panage ne peuvent être exercés que dans les cantons qui auront été déclarés défensables par l'administration forestière. (C. for., art. 67.)

Les chemins par lesquels les bestiaux devront passer pour aller au pâturage ou au panage et en revenir, seront désignés par les agents forestiers.

La déclaration des cantons défensables et la désignation des chemins sont faites au moyen d'un procès-verbal de reconnaissance approuvé par le Conservateur et signifié au Maire de la commune ou aux usagers jouissant du droit de parcours en vertu d'un titre distinct.

35. Lorsque les porcs et bestiaux des usagers seront trouvés hors des cantons désignés ou hors des chemins indiqués pour s'y rendre, il y aura lieu contre le pâtre à une amende de 3 à 30 fr.; en cas de récidive, le pâtre pourra être condamné à un emprisonnement de cinq à quinze jours. (C. for., 76.)

Pour assurer l'exécution de ces dispositions, les préposés doivent d'abord prendre une connaissance parfaite des limites des cantons défensables et des chemins désignés pour le passage des bestiaux; ils annoteront à cet effet sur leur registre les indications du procès-verbal de défensabilité qu'ils signifient au Maire de la commune usagère ou aux usagers.

S'ils rencontrent les troupeaux admis au parcours, hors des limites ou des chemins désignés, ils dresseront un procès-verbal qui fera connaître le nom du pâtre, celui du canton où les bestiaux ont été trouvés en délit, en mentionnant qu'il n'a pas été déclaré défensable, et le nombre d'animaux dont se compose le troupeau trouvé dans les cantons en défends; le procès-verbal devra aussi mentionner, s'il y a lieu, la circonstance de la récidive, l'âge des bois et le dommage causé.(Voir *Exemple n°* 16.)

36. Le troupeau de chaque commune ou section de commune devra être conduit par un ou plusieurs pâtres communs choisis par l'autorité municipale ; en conséquence, les habitants des communes usagères ne pourront ni conduire eux-même, ni faire conduire leurs bestiaux à garde séparée, à peine d'une amende de 2 fr. par tête de bétail.

37. Les porcs et bestiaux de chaque commune ou section de commune usagère formeront un troupeau particulier et sans mélange de bestiaux d'une autre commune ou section de commune usagère, sous peine d'une amende de 5 à 10 fr. contre le pâtre et d'un emprisonnement de cinq à dix jours en cas de récidive. (C. for., art. 72.)

Des cantons distincts doivent être désignés pour chaque commune ou section de commune jouissant du droit de parcours en vertu de titres spéciaux ; les troupeaux doivent rester dans les limites qui leur sont assignées ; les préposés veilleront à la stricte observation de ces prescriptions et constateront toute contravention par des procès-verbaux qui feront connaître les noms des pâtres dont les troupeaux ont été indûment réunis, celui de la commune ou section qui les emploie et le canton où ils ont été rencontrés; si ce canton n'est pas déclaré défensable, le procès-verbal devra contenir les mêmes renseignements que pour le délit de pâturage hors des cantons ouverts au parcours.

38. Garde séparée. — Les habitants des communes usagères ne peuvent conduire eux-mêmes leurs bestiaux au parcours, c'est toujours sous la garde du pâtre nommé par la commune que ces animaux doivent être introduits dans les bois,

Si les bestiaux pâturant à garde séparée sont trouvés dans les cantons défensables, l'amende se règle d'après le nombre des animaux; il n'y a pas de dommage causé; il suffira que les procès-verbaux indiquent le nom du propriétaire du troupeau et celui du pâtre, en mentionnant que ce dernier n'a pas été nommé par la commune, et qu'il n'a par conséquent pas qualité pour conduire les animaux au parcours.

Le nombre et l'espèce des bestiaux ainsi gardés seront mentionnés.

Si les cantons dans lesquels le troupeau gardé par le propriétaire ou un pâtre non désigné par la commune ne sont pas défensables, le procès-verbal que les gardes rédigeront devra contenir

les mêmes renseignements que pour un délit
de pâturage commis par des individus qui n'ont
aucun droit d'introduire des bestiaux dans les
bois.

39. **Marques.** — Les porcs et bestiaux seront
marqués d'une marque spéciale ; cette marque
devra être différente pour chaque commune ou
section de commune usagère. (C. for., 73.)

Cette obligation n'est pas imposée pour les
porcs et bestiaux des habitants qui exercent le
droit de parcours dans les bois possédés en propre par la commune.

40. **Clochettes.** — Les usagers mettront des
clochettes au cou de tous les animaux admis au
parcours.

Toutefois ils ne sont pas tenus de mettre des
clochettes au cou des porcs admis au panage.
(C. for., 75.)

Les contraventions à ces prescriptions sont pu-
nies, pour la première, d'une amende de 3 fr.
pour un animal non marqué, pour la deuxième,
de 2 fr. par bête trouvée sans clochette dans les
forêts.

Les procès-verbaux auxquels pourraient donner
lieu les infractions à ces deux articles devront
indiquer, après le nom du pâtre, celui de la com-

mune dont il surveille les troupeaux, le nombre des animaux non marqués ou dépourvus de clochettes, et le nom de leur propriétaire.

41. **Commerce de bestiaux.** — Les usagers ne peuvent jouir de leurs droits de pâturage et de panage que pour les bestiaux à leur propre usage et non pour ceux dont ils font commerce. (C. for., 70.) — Les préposés devront veiller à ce que les animaux qui sont l'objet d'un commerce ne soient pas conduits au pâturage ou à la glandée. On ne considère pas comme acte de commerce l'élève des bestiaux, quoiqu'ils soient destinés à être vendus. Les propriétaires ou fermiers peuvent donc envoyer au pâturage dans les bois les animaux nés ou élevés dans la ferme, mais ils ne doivent pas y envoyer ceux qu'ils achètent pour les revendre.

42. **Chèvres et moutons.** — Le pâturage des chèvres ou moutons est interdit d'une manière générale. (C. for., 78.) A moins d'un décret impérial qui l'autorise, le pacage des moutons doit être réprimé comme délit, les procès-verbaux qui le constatent doivent contenir les mêmes renseignements que pour les faits de pâturage illicite.

L'introduction des chèvres dans les bois est prohibée d'une manière absolue.

43. Nombre de bestiaux. — Le nombre des bestiaux admis au pâturage ou des porcs admis au panage est indiqué par le procès-verbal de défensabilité; ce nombre ne peut être dépassé, à peine pour l'excédant, de l'application des dispositions de l'art. 199. (C. for., 77.)

Les préposés connaissent, d'après le procès-verbal de défensabilité, qu'ils ont signifié, le nombre d'animaux dont l'introduction dans les cantons défensables est autorisée, ils peuvent donc vérifier dans leurs tournées si les troupeaux conduits au parcours ne sont pas plus considérables qu'ils ne doivent l'être.

Lorsque les troupeaux appartiennent à des communes simplement usagères et non propriétaires des bois où s'exerce le parcours, cette vérification sera facile, il suffira d'examiner si tous les animaux sont marqués; car la marque faite sous la surveillance des agents ou préposés forestiers ne doit comprendre au plus que le nombre d'animaux fixé par le procès-verbal de défensabilité; le nombre des bestiaux ou porcs excédant celui que détermine cet acte sera mentionné au procès-verbal, et les propriétaires en seront désignés.

S'il avait été marqué un plus grand nombre d'animaux qu'il ne doit en être admis au parcours,

l'indication du nom des propriétaires de ceux qui
sont en excédant ne peut être faite qu'à l'aide des
renseignements fournis par l'état de répartition
dressé par la commune, puisque tous étant marqués, l'on ne saurait distinguer dans le troupeau
ceux qui doivent être considérés comme illicitement introduits dans les bois.

Dans ce cas, le procès-verbal indiquera le nombre d'animaux dont se compose le troupeau, la
différence entre ce nombre et celui du procès-verbal de défensabilité, et le nom des propriétaires
des animaux trouvés en excédant, renseignement
qu'on obtiendra en vérifiant si chaque possesseur
de bestiaux n'a pas envoyé au parcours plus d'a-
nimaux qu'il ne lui était permis de le faire. (Voyez
Exemple n° 17.)

C'est au reste une erreur de la part des agents
ou préposés qui procèdent à la marque des bestiaux des usagers, de croire qu'ils peuvent marquer, dans la prévision qu'ils n'iront pas tous
simultanément au pâturage, un nombre d'animaux plus grand que celui fixé par le procès-verbal de défensabilité.

L'obligation de faire marquer les animaux admis
au parcours n'étant pas imposée aux habitants
des communes propriétaires de bois, on ne pourra

désigner le nom des possesseurs des bestiaux trouvés en excédant, si le troupeau est plus nombreux
qu'il ne devrait l'être, les préposés agiront alors
comme dans le cas où il en aurait été marqué un
trop grand nombre. (Voyez *Exemple no* 17.)

44. Défrichements. — L'article 219 du Code
forestier prohibe tout défrichement opéré sans autorisation préalable. L'autorisation est accordée
par le ministre; toutefois, il n'est pas besoin d'autorisation pour défricher :

1o Les terrains semés ou plantés en bois depuis moins de vingt ans, à moins que ces terrains
n'aient été plantés ou semés en exécution d'un
jugement pour remplacer des bois défrichés;

2o Les bois de moins de dix hectares, s'ils ne
font pas partie de massifs dont la contenance
excède dix hectares et s'ils ne sont pas situés sur
le sommet ou la pente d'une montagne;

3o Les parcs ou jardins clos et attenant aux
habitations. (C. for., art 224.)

45. Pour être en mesure de constater les délits
de défrichement, les préposés forestiers doivent
prendre une connaissance complète des bois de
particuliers situés dans leur circonscription, les
parcourir de temps à autre pour s'assurer qu'il ne
s'y effectue aucun défrichement illicite; s'ils re-

connaissent dans leurs visites que des défrichements sont pratiqués sans autorisation dans des
bois ne rentrant pas dans les exceptions indiquées
ci-dessus, ils dresseront un procès-verbal indiquant
les noms, prénoms et domiciles du propriétaire,
la contenance du terrain défriché et quand le bois
a moins de dix hectares, s'il ne forme pas avec
des bois voisins un massif de dix hectares ; le
procès-verbal devra indiquer si le bois est situé
sur le sommet ou le penchant d'une montagne ;
si le défrichement est consommé, le procès-verbal
fera connaître la date approximative des derniers
travaux.

Les indications relatives aux noms, prénoms et
domiciles des propriétaires, peuvent être prises
au besoin sur les matrices cadastrales ; la contenance des terrains défrichés s'exprime en hectares,
ares et centiares.

46. L'évaluation d'une surface exige des connaissances le plus souvent étrangères aux préposés ; aussi ceux-ci devront-ils, s'ils ne peuvent
mesurer eux-mêmes la contenance des terrains
défrichés, consulter les plans cadastraux et prendre dans ce document les éléments de leur procès-verbal.

Si le bois défriché forme une ou plusieurs parcelles entières, ils indiqueront les contenances cadastrales de ces parcelles, leurs numéros et la section dont elles font partie. Si les terrains défrichés sont des portions de parcelles ils donneront les mêmes renseignements en indiquant si le défrichement a porté sur le tiers, le quart ou la moitié, ou toute autre fraction de la parcelle désignée. Dans tous les cas où ils n'auront pas procédé eux-mêmes au mesurage ils mentionneront que leur évaluation est faite d'après le cadastre ou approximativement, suivant les circonstances.

47. Coupe à blanc étoc. — Ce n'est pas seulement le défrichement, c'est-à-dire l'arrachis des arbres et la mise en culture du sol qui constitue le délit prévu par l'art. 219 ; toute exploitation ayant pour but de transformer un bois en terres, pâturages ou cultures quelconques, est considérée comme un défrichement. Ainsi le fait de coupe à blanc étoc des bois résineux peut, dans certains cas, être regardé comme un délit, s'il est accompagné de circonstances qui indiquent l'intention manifeste de transformer le bois en pâturage. Le défrichement peut au contraire n'être pas un délit. Ainsi par exemple, le propriétaire qui fait ouvrir un chemin de vidange à travers sa forêt, quoiqu'il fasse réellement défricher une portion du sol

boisé, ne commet aucun délit, et le même propriétaire ne pourrait cependant faire défricher
une parcelle quelconque de la même forêt, pour
en faire une prairie ou une terre arable.

48. La coupe à blanc étoc des bois résineux est
considérée comme un défrichement, si elle est
pratiquée sur des étendues considérables et de
manière à rendre le repeuplement naturel impossible, ou si les troupeaux sont introduits dans les
parties récemment exploitées; en général, il y a
délit de défrichement toutes les fois que des
exploitations abusives accusent de la part du propriétaire l'intention manifeste d'empêcher la régénération du bois.

On a considéré aussi comme défrichement le
fait d'avoir arraché les souches et cultivé un terrain dépendant d'une forêt, quoique ce terrain fût
complétement déboisé.

Enfin, le défrichement d'un terrain forestier,
quoique pratiqué avec l'intention manifeste de reboiser, a été regardé comme un délit. Les opérations de culture qui modifient même provisoire-
ment l'état du sol forestier, comme le sartage,
les écobuages, ne peuvent être entreprises dans les
bois qu'avec l'autorisation de l'administration.

49. Défrichement des bois communaux. —

Les communes ou établissements publics, propriétaires de bois, ne peuvent les faire défricher sans autorisation. (C. for., art. 91.) — Tout défrichement dans les bois de cette catégorie, qu'ils soient ou non soumis au régime forestier, doit être constaté. Toutefois il y a lieu de distinguer les défrichements opérés par les ordres de la commune ou des administrateurs des établissements publics, de ceux qui sont pratiqués sur des terrains communaux boisés, par des délinquants agissant pour leur propre compte. Ces délinquants défrichant un terrain qui ne leur appartient pas ne peuvent être poursuivis comme le seraient les propriétaires réels ; ils ne commettent pas à proprement parler le délit de défrichement, mais bien celui de coupe ou extraction de bois, de souches ou de gazon. C'est donc seulement sous ce point de vue que les gardes devront rédiger leurs procès-verbaux. Si les terrains boisés sont défrichés par les ordres des administrations locales et pour le compte des communes, sections de communes ou établissements publics, les procès-verbaux dressés par les gardes devront désigner les noms des personnes qui ont pris part aux travaux par leur coopération immédiate et de celles qui les ont ordonnés et autorisés.

50. Les préposés doivent aussi assurer l'exécution des jugements qui ordonnent le reboisement des terrains illicitement défrichés; si les propriétaires ne s'acquittent pas ou s'acquittent mal des obligations qui leur ont été imposées, ils en informeront le chef du cantonnement.

51. **Dégradations.** — Les préposés doivent veiller à la conservation des bornes, fossés, murs, barrières et poteaux de leurs triages et constater par des procès-verbaux tous les dégâts qui peuvent y être commis.

52. **Usurpations.** — L'usurpation par les riverains de parcelles dépendant des forêts ne constitue un délit forestier qu'autant qu'elle est accompagnée d'extraction d'arbres, souches ou autres produits, d'enlèvement de gazons, herbes, genêts, etc.; dans ce cas, les préposés n'auront qu'à se reporter aux indications relatives aux délits particuliers auxquels elle a donné lieu.

Si le riverain s'est borné à cultiver une portion du sol forestier complétement dégarnie de bois et s'il n'a enlevé ni herbes, ni gazons, ils rédigeront un procès-verbal indiquant la situation et l'étendue du terrain ainsi usurpé, et toutes les circonstances qui établissent qu'il y a eu usurpation.

53. **Rébellion, injures, menaces.** — Si les

préposés sont injuriés ou menacés dans l'exercice ou à l'occasion de l'exercice de leurs fonctions, s'ils sont l'objet de violences de la part des délinquants, si ceux-ci méconnaissent leur autorité; il devra être dressé un procès-verbal distinct, relatant les injures ou menaces proférées, la nature et la gravité des actes de violence exercés, et toutes les circonstances dans lesquelles se sont passés les faits dénoncés.

Ce procès-verbal, soumis aux formalités ordinaires, sera transmis au chef de cantonnement qui saisira le ministère public de la plainte.

54. Tabacs. — Les préposés forestiers sont tenus de rechercher les plantations frauduleuses de tabacs qui se font dans les forêts et d'en informer le directeur des contributions indirectes; ils participent à la répartition du montant de l'amende si les délinquants sont indiqués par eux, et, dans le cas contraire, il est accordé une gratification aux gardes qui ont signalé les semis ou plantations. (Circul. n° 60, 119.)

Ils doivent aussi leur assistance aux préposés de la régie et des douanes pour la répression de la fraude en matière de tabac.

Le droit de partage est assuré aux préposés dans toutes les saisies et confiscations auxquelles ils pourront contribuer, et il sera sévi contre ceux qui, par négligence ou une coopération coupable, s'écarteraient des obligations qui leur sont imposées. (Circ. 227.)

Les procès-verbaux rapportés par les préposés forestiers pour constater les contraventions en matière de douane doivent être rédigés dans les mêmes formes que ceux qu'ils dressent pour leur service ordinaire, ils doivent adresser ces actes au chef de cantonnement aussitôt après l'affirmation et l'enregistrement.

Il est accordé à tous individus qui arrêtent et concourent à l'arrestation des colporteurs ou vendeurs de tabac de fraude une prime de 15 fr. par personne arrêtée ; mais cette prime n'est acquittée qu'autant que les contrevenants ont été constitués prisonniers.

Outre cette prime, il est alloué aux préposés étrangers à la régie des contributions indirectes, une gratification extraordinaire de 12 francs par chaque colporteur saisi hors du rayon des douanes, et ayant au moins 30 kilogrammes de tabac, et de 3 fr. par chaque chien chargé de tabac, qu'ils auront détruit dans les départements de l'Aisne, des Ardennes, de la Moselle, du Nord, du Pas-de-Calais, du Bas-Rhin et des Vosges. Les tabacs saisis doivent être transportés dans l'entrepôt au chef-lieu de l'arrondissement dans lequel la saisie a été effectuée, où il sont expertisés pour le prix en être réparti entre les verbalisants.

La moitié des amendes payées par les contrevenants est allouée aux employés qui ont opéré la saisie. (Circ. 355, 644.)

55. **Roulage.** — L'article 14 de la loi du 30 mai 1851 confère aux préposés forestiers le droit de constater les contraventions aux règlements sur la police du roulage.

Un arrêté du 10 août 1852 détermine les règles de cette police. Ce document, trop étendu pour être même analysé dans cet ouvrage, ne présente aucun intérêt pour le service forestier. La police du roulage est, d'ailleurs, un accessoire trop secondaire du service des préposés des forêts, pour qu'il soit utile d'entrer ici dans un examen détaillé de la législation en cette matière.

CHAPITRE VI

SURVEILLANCE DES EXPLOITATIONS

Permis d'exploiter. — Marteau de l'adjudicataire. — Coupe de réserves. — Bris de réserves. — Outre-passe. — Vices d'exploitation. — Travail de nuit. — Ecorcement sur pied. — Loges fourneaux et ateliers. — Feux. — Faux chemins. — Délais d'exploitation et de vidange. — Dépôt illicite. — Délits à l'ouïe de la cognée. — Coupes affouagères. — Emploi de bois de construction et de chauffage. — Bois mort.

1. Les adjudicataires ou entrepreneurs des coupes, dans les bois soumis au régime forestier, sont assujettis à l'observation de règles sévères pendant tout le temps qui s'écoule depuis la délivrance du permis d'exploiter jusqu'au récolement; les délits ou contraventions qu'ils commettent sont punis de peines plus graves que ceux des délinquants ordinaires. Ces délits peuvent être constatés par les agents et les gardes pendant toute la durée des exploitations, ils peuvent encore l'être, mais par les agents seuls au moment du récolement.

Le droit que la loi a laissé aux agents de constater au récolement les contraventions dont les adjudicataires ont pu se rendre coupables, ne dispense pas les préposés de l'obligation de surveiller les exploitations, car beaucoup de délits resteraient impunis s'ils n'étaient constatés au moment où ils viennent de se commettre.

Les gardes doivent donc visiter journellement les coupes en usance, ils s'assureront que les ouvriers n'exploitent pas les arbres désignés pour être réservés, qu'ils se conforment aux prescriptions du cahier des charges en ce qui concerne l'abatage des bois, etc.; ils signaleront au facteur de la coupe ceux d'entr'eux qui, par leur négligence ou leur maladresse, pourraient attirer contre l'adjudicataire des poursuites onéreuses.

En ces matières surtout, il vaut mieux prévenir que punir, et souvent quelques avertissements donnés à propos suffisent pour imprimer aux exploitations une direction convenable.

Nous allons examiner en détail les obligations diverses imposées aux adjudicataires ou aux entrepreneurs qui leur sont complétement assimilés, en faisant connaître les renseignements que devront contenir les procès-verbaux dressés pour chaque espèce de contravention.

2. **Permis d'exploiter.** — Les adjudicataires des coupes ne peuvent en commencer l'exploita-

tion avant d'avoir obtenu de l'agent forestier chef de service un permis d'exploiter qui leur sera délivré sur la présentation des pièces établissant qu'ils ont satisfait aux obligations imposées. (C. for., art. 30, ord. art. 92.) Ce permis est présenté au chef de cantonnement, qui donne l'ordre au garde local de laisser commencer les exploitations.

Les préposés ne devront donc autoriser les adjudicataires ou leurs ouvriers à procéder à l'abatage des arbres qu'autant qu'ils auront reçu cet ordre; si ceux-ci persistent à commencer leur exploitation sans justifier de l'obtention du permis, les gardes devront constater la grosseur, l'essence, le nombre et la valeur des arbres exploités, comme s'il s'agissait d'un délit ordinaire; ils ne dresseront toutefois leur procès-verbal qu'après s'être assurés auprès du chef de cantonnement de la date du permis d'exploiter.

Il pourrait en effet arriver que ce permis, quoique non représenté au garde du triage, soit d'une date antérieure au commencement de l'exploitation, et dans ce cas il n'y aurait pas de délit.

Ce délit est au reste assez rare; les adjudicataires n'ayant aucun intérêt à ne pas se conformer aux règlements sur ce point; il pourrait cependant se présenter dans les coupes affouagères dont les entrepreneurs ignorent souvent •les obligations auxquelles ils sont assujettis.

Aucun abatage de bois, même ceux qui seraient nécessaires pour le lotissement des coupes entre les ouvriers, ne doit être toléré avant la délivrance du permis d'exploiter.

3. **Marteau de l'adjudicataire.** — Les adjudicataires des coupes sont tenus d'avoir un marteau dont l'empreinte est triangulaire; ils en marquent les arbres et bois de charpente qui sortent de la vente (Ord., art. 95, cahier des charges); ils ne peuvent avoir plus d'un marteau pour la même vente. (C. for., 32.)

Les personnes auxquelles les bois sont livrés peuvent les marquer d'un marteau particulier afin de les distinguer, mais l'empreinte de ce marteau doit être apposée à côté de celle du marteau de l'adjudicataire.

Les gardes ne sont pas tenus de s'assurer si les adjudicataires se sont conformés à l'obligation d'avoir un marteau, c'est aux agents à veiller à ce que les formalités relatives au dépôt de l'empreinte de cet instrument soient remplies.

L'emploi de marteaux différents pour une même

vente constitue la seule contravention qui puisse
être constatée par les gardes, contravention fort
rare, puisqu'il est de l'intérêt des adjudicataires
de n'avoir qu'une seule et même marque pour désigner les bois qui leur appartiennent.

4. **Coupe de réserves.** — L'adjudicataire est
tenu de respecter tous les arbres marqués ou désignés pour demeurer en réserve, quelle que soit
leur qualification, lors même que le nombre en
excéderait celui qui est porté au procès-verbal de
martelage, et sans qu'on puisse admettre en compensation d'arbres coupés en contravention d'autres arbres non réservés que l'adjudicataire aurait
laissés sur pied. (C. for., art. 33.)

Dans les coupes marquées en réserve, l'empreinte du marteau de l'État est appliquée sur les
arbres qui sont exceptés de la vente; dans les
coupes en délivrance, au contraire, ce sont les
arbres à abattre qui portent cette empreinte; dans
certaines coupes enfin, les arbres réservés ou
abandonnés sont simplement griffés ou même désignés par leur essence ou leur dimension.

Quel que soit le mode de martelage ou de désignation employé, les adjudicataires ne doivent
exploiter que les bois qui leur sont abandonnés.

Les préposés veilleront assidûment à ce que les prescriptions des procès-verbaux de martelage soient strictement exécutées.

5. Dans les coupes dont les arbres réservés sont marqués du marteau de l'État, griffés ou simplement désignés par leur essence ou leur grosseur, ils constateront l'abatage de tout arbre portant l'empreinte du marteau, griffé ou désigné pour la réserve, par un procès-verbal qui indiquera le numéro de la coupe où le délit a été commis, l'exercice auquel elle appartient, le nom de l'adjudicataire, l'essence et la grosseur de l'arbre ainsi exploité, en mentionnant qu'il faisait partie de la réserve.

Dans les coupes où les arbres à abattre sont marqués du marteau de l'État, griffés ou désignés, ils constateront au contraire l'abatage de tout arbre qui ne portera pas l'empreinte du marteau ou la griffe, ou qui ne sera pas désigné pour être exploité, le procès-verbal contiendra les mêmes renseignements que ci-dessus. (Voir *Exemple* n⁰ 18.)

C'est surtout dans les coupes marquées en délivrance que les adjudicataires peuvent faire disparaître les traces d'une exploitation frauduleuse;

c'est sur celles-là que les préposés devront apporter une surveillance plus active.

6. Bris de réserves. — Le délit d'abatage de réserves ne doit pas être confondu avec le bris de réserves occasionné par l'exploitation. Les réserves brisées ou endommagées par la chute des arbres voisins sont considérées comme châblis, l'adjudicataire est seulement tenu de payer le dommage; il ne peut enlever ni faire exploiter les arbres ainsi brisés; les préposés doivent tenir note des accidents de cette nature, marquer de leur marteau les quilles et houppiers des arbres cassés qui doivent être représentés au chef de cantonnement lorsqu'il procède à l'évaluation de l'indemnité due par l'adjudicataire.

7. Outre-passe. — On appelle outre-passe l'exploitation de bois situés hors des limites de la coupe. Il ne peut y avoir outre-passe que dans les coupes délimitées sur le terrain, par des lignes et des bornes, piquets ou corniers. Ce délit, prévu par l'art. 29 du C. for., entraîne pour l'adjudicataire une amende égale au triple de la valeur des bois abattus en dehors des limites de la coupe, s'ils ne sont pas plus âgés ni de meilleure nature ou qualité que ceux de la vente. Si les bois sont de meilleure nature ou qualité que ceux de la vente, il paiera l'amende comme pour les bois coupés en délit et une somme double à titre de dommages-intérêts.

Le délit d'outre-passe doit, autant que possible, être constaté par deux préposés; s'il y a incertitude sur les limites réelles de la coupe, il en sera référé au chef de cantonnement; dans le cas contraire, le procès-verbal pourra être dressé immédiatement, il devra faire connaître l'essence et la grosseur de tous les arbres de plus de 2 décimètres de tour exploités en dehors des limites, la quantité en charges d'hommes, de bêtes de somme, ou de voiture, des bois de moins de 2 décimètres, la valeur des bois ainsi exploités. (Voyez *Exemple n*⁰ 19.)

8. **Vices d'exploitation.** — Les cahiers des charges générales ou spéciales, le procès-verbal d'adjudication même, règlent le mode d'exploitation, c'est par un examen attentif de ces documents et de l'affiche en cahier qui leur est remise que les préposés pourront se rendre compte des obligations imposées aux entrepreneurs ou adjudicataires.

Les dispositions du cahier des charges générales doivent être exécutées toutes les fois qu'il n'y est pas dérogé d'une manière expresse par les clauses spéciales ou l'acte d'adjudication.

Celles de ces dispositions qui sont relatives au mode d'abatage et de nettoiement sont les suivantes :

A moins de clauses contraires, les bois seront exploités à tire et aire, à la cognée, le plus près de terre que faire se pourra, de manière que l'eau ne puisse séjourner sur les souches; les racines devront être entières.

Les coupes seront nettoyées, savoir : en ce qui concerne le ravalement des anciens étocs et l'enlèvement des épines, ronces et autres arbustes nuisibles, avant le terme fixe pour l'abatage; en ce qui concerne le façonnage des ramiers, avant le 1er juin de l'année qui suit l'adjudication.

Les laies séparatives des coupes seront entretenues et les étocs recepés par les adjudicataires qui, à mesure de l'exploitation, feront enlever les bois qui tomberont sur ces laies afin qu'elles soient toujours libres.

9. Nous pensons qu'en général, les préposés doivent s'abstenir de constater de leur propre mouvement les contraventions relatives au mode d'exploitation, lorsque cette constatation peut être faite par les agents au moment du récolement.

Les traces d'une exploitation vicieuse subsistent toujours, et c'est aux agents plutôt qu'aux préposés qu'il appartient de reconnaître s'il y a lieu d'intenter des poursuites; les gardes devront seulement engager les adjudicataires ou leurs facteurs à prescrire aux ouvriers de se conformer aux clauses de leur adjudication, pour ce qui concerne la manière de couper les bois sur pied et donner avis au chef de cantonnement de l'état de la coupe.

Il n'en est pas de même pour les contraventions qui ne laissent pas de traces matérielles; si, par exemple, les arbres sont abattus avant d'être ébranchés quand l'ébranchement est prescrit, si l'exploitation se fait en jardinant au lieu d'être faite à tire et aire, si les racines sont arrachées; s'il est fait usage de la scie pour l'abatage, quand l'emploi de cet instrument n'est pas autorisé, les préposés doivent verbaliser. (Voyez *Exemple n° 20*.)

10. Le nettoiement des coupes, le ravalement des étocs, doit être terminé à l'époque fixée pour les délais d'exploitation, c'est-à-dire au 15 avril, s'il n'est pas autrement stipulé. Les préposés veilleront à ce que les adjudicataires ne se laissent pas mettre en retard pour ces travaux; si, malgré les avertissements qu'ils reçoivent, ceux-ci négli-

geaient de faire receper les vieilles souches, ou de faire enlever les épines et autres arbustes, quand cet enlèvement est ordonné, s'ils laissaient les lignes de coupes encombrées de ramiers et si le façonnage de ces ramiers n'était pas terminé à l'époque prescrite, le garde du triage devra constater la contravention par un procès-verbal indiquant exactement en quoi elle consiste, et l'importance du préjudice qu'elle a pu causer. (Voyez *Exemple* *n*° 21.)

11. **Travail de nuit.** — Les adjudicataires ne pourront effectuer aucune coupe ni enlèvement de bois avant le lever ni après le coucher du soleil. (C. for., 35.)

Cette disposition a pour but d'empêcher les ouvriers de s'introduire dans les bois au moment où les délits sont plus faciles à commettre impunément; elle s'applique non-seulement aux ouvriers employés directement par l'adjudicataire, mais encore aux voituriers des acheteurs qui chargeraient ou enlèveraient du bois pendant la nuit.

Les procès-verbaux que les préposés peuvent être dans le cas de rédiger à raison de contraventions de cette nature, doivent indiquer la coupe d'où proviennent les bois exploités ou enlevés nuitamment et le nom de l'adjudicataire; car c'est ce dernier qui est mis en cause, et non les ouvriers ou voituriers qui sont considérés comme agissant d'après ces ordres; l'heure où le délit a été constaté doit être indiquée.

12. Écorcement sur pied. — A moins d'une clause expresse dans le procès-verbal d'adjudication, il est interdit de peler ou écorcer sur pied aucun des bois de la coupe, sous peine d'une amende de 50 à 500 fr. (C. for., art. 36.)

L'écorcement sur pied est seul prohibé par cette disposition, les adjudicataires ont le droit de faire écorcer les arbres abattus; mais si le procès-verbal d'adjudication ne mentionne pas qu'il y a faculté d'écorcement, ils ne jouissent pas de la prorogation de délai d'exploitation accordée pour les coupes où cette faculté est réservée.

Les procès-verbaux rédigés pour les faits d'écorcement sur pied doivent faire connaître la quantité et la valeur des bois et écorces ainsi façonnés en délit, et en constater la saisie.

Cette saisie n'est pas effective, c'est-à-dire qu'il n'y aura pas lieu de faire transporter les bois pelés et les écorces hors de la vente et de les mettre en séquestre; les gardes se borneront à déclarer la saisie à l'adjudicataire, et à apposer l'empreinte de leur marteau sur les bois et écorces, dont l'adjudicataire n'a plus le droit de disposer.

13. **Loges et ateliers.** — Il ne pourra être établi de fourneaux, fosses à charbon, loges ou ateliers dans les ventes que dans les lieux qui seront indiqués par écrit par l'agent forestier, à peine d'une amende de 50 francs pour chaque fosse, loge ou atelier établi en contravention à cette disposition. (C. for., 38.)

La désignation de l'emplacement des loges, fourneaux ou ateliers, est faite par le chef de cantonnement ou le brigadier délégué; il est marqué un témoin à proximité de chacun des emplacements indiqués; les préposés s'assureront que les ouvriers n'établissent pas leurs ateliers, loges ou fourneaux avant cette désignation, et qu'ils les placent aux lieux prescrits.

En cas de contravention, ils rédigeront un procès-verbal qui fera connaître le nombre des loges ou ateliers ainsi établis sans autorisation.

14. **Feux.** — Il est interdit aux adjudicataires, entrepreneurs et à leurs facteurs ou ouvriers, d'allumer du feu ailleurs que dans les loges ou ateliers, sous peine d'une amende de 10 à 100 fr., sans préjudice de la réparation du dommage qui pourrait résulter de cette contravention. (C. for., art. 42.)

Cette disposition s'applique au cas où les adjudicataires ou leurs ouvriers allument, sans pour cela établir d'ateliers ou de fourneaux à charbonner, des feux hors des emplacements désignés à cet effet. La constatation de cette contravention ne présente aucune difficulté, il suffira de faire connaitre que le point où le feu a été allumé n'a pas été désigné pour l'établissement d'une loge ou d'un fourneau.

15. **Faux chemins.** — La traite des bois se fera par les chemins désignés au cahier des charges, sous peine, contre ceux qui en pratiqueraient de nouveaux, d'une amende dont le minimum est de 50 fr. et le maximum de 200 fr., outre les dommages-intérêts. (C. for., art. 39.)

Les chemins par lesquels doit s'opérer le transport des produits de la coupe sont indiqués par le procès-verbal d'adjudication ; ils sont mentionnés dans l'affiche en cahier dont les préposés ont un exemplaire entre les mains.

Non-seulement les adjudicataires ne doivent pas pratiquer dans les coupes des chemins nouveaux, mais il ne leur est même pas permis de se servir des voies de vidange existantes qui ne leur sont pas désignées ; ils ne peuvent non plus s'écarter des chemins indiqués, quand bien même ils seraient tout à fait impraticables. C'est à eux à faire réparer les dégradations qui en rendent le parcours difficile, ou à s'adresser au conservateur pour obtenir qu'il leur en soit désigné d'autres.

Les voies de transport dont la désignation doit être faite dans l'acte d'adjudication, sont les routes forestières, lignes, laies ou chemins de vidange établis sur le sol forestier; mais il n'appartient pas à l'administration forestière d'imposer aux adjudicataires des limites à leur droit de libre circulation sur les chemins publics.

Les dispositions de l'article 39 s'appliquent aux faits de passage illicite, commis tant par les adjudicataires ou leurs ouvriers, que par les voituriers des acheteurs.

Lorsque les gardes constatent des délits de cette nature, leurs procès-verbaux doivent faire connaître quels sont les adjudicataires des coupes dont les produits sont ainsi enlevés par des chemins défendus et l'importance du dommage causé, s'il y a lieu.

Si les voitures ou bestiaux trouvés hors des chemins ordinaires n'appartiennent pas à l'adjudicataire ou à ses ouvriers, si elles ne sont pas employées à la traite du bois, le délit rentre dans le cas que nous avons examiné au chap. V, § 19 et suivants.

16. Délais d'exploitation et de vidange. — La coupe des bois et la vidange des ventes seront faites dans les délais fixés par le cahier des charges, à moins que les adjudicataires n'aient obtenu du conservateur des forêts une prorogation de délai, à peine d'une amende de 50 à 500 francs, et en outre, des dommages-intérêts dont le montant ne pourra être inférieur à la valeur des bois restés sur pied ou gisant sur la coupe; il y aura lieu à la saisie de ces bois à titre de garantie pour les dommages-intérêts.

La constatation des contraventions relatives aux retards d'exploitation ou de vidange est plutôt du ressort des agents que de celui des préposés; à moins de prescriptions contraires, ceux-ci ne doivent rédiger leurs procès-verbaux qu'après en avoir référé au chef de cantonnement.

A moins de dispositions différentes dans le cahier des clauses spéciales ou l'acte d'adjudication, les délais fixés sont pour l'abatage le 15 avril qui suit l'année de l'adjudication, et le 15 avril de l'année suivante pour la vidange.

A la première de ces dates, tous les bois de la

vente doivent être abattus ; la coupe doit être complétement vidée au 15 avril de l'année suivante.

Dans les coupes vendues avec faculté d'écorcer, ces délais sont prorogés, pour l'abatage, jusqu'au 1er juin , le délai de vidange reste le même.

17. Lorsque les préposés reconnaissent que l'exploitation languit faute d'ouvriers, ils doivent avertir l'adjudicataire de se mettre en mesure, soit en activant ses travaux, soit en sollicitant une prorogation de délai ; c'est surtout aux entrepreneurs des coupes affougères qu'il importe de réitérer ces avertissements, car ils ignorent souvent les conditions qu'ils ont acceptées.

Au terme fixé par le cahier des charges, la vidange doit être complétement terminée, les copeaux, sciures et autres rémanents doivent être enlevés, les loges et baraques démolies et leurs matériaux transportés hors de la forêt ; il ne suffit pas que les bois soient déposés hors des coupes sur les places vides, chemins de vidange ou autres terrains dépendant de la forêt, ils doivent être transportés hors du sol forestier.

18. Les procès-verbaux que les gardes peuvent être dans le cas de rédiger pour les contraventions de cette nature, devront indiquer la valeur des bois restés sur pied, s'il s'agit d'un retard

d'exploitation; celle des bois gisants dans la coupe, s'il s'agit d'un retard de vidange. L'estimation des bois gisants ne présente aucune difficulté, il suffira de procéder au dénombrement des produits non encore enlevés et d'appliquer aux quantités trouvées les prix de la localité. L'estimation des bois restés sur pied peut être faite par arbre, si la coupe a été marquée en délivrance; dans ce cas, le procès-verbal fera connaître le nombre et la valeur des arbres désignés pour être exploités qui n'ont pas été abattus.

S'il s'agit d'une coupe marquée en réserve les gardes ne pourraient arriver à connaître l'estimation des bois non exploités qu'à l'aide de calculs qui ne sont pas de leur compétence; ils se borneront dans ce cas à faire connaître le rapport de la surface de la partie non exploitée à la contenance totale de la coupe en indiquant, par exemple, qu'il reste à abattre le tiers, le quart ou telle autre fraction de la coupe, ils évalueront approximativement sa valeur.

Le procès-verbal devra constater la saisie des bois restés sur pied ou gisants dans les ventes; cette saisie n'implique pas le transport et la mise en séquestre des bois ainsi enlevés à la libre disposition de l'adjudicataire, elle est purement nominale ; mais après que le procès-verbal a été dressé et revêtu des formalités légales, l'adjudicataire n'a plus le droit de faire acte de propriété sur les objets saisis. Les bois restés sur pied ne peuvent être exploités, les produits restés sur le parterre de la vente ne peuvent en être enlevés.

19. **Dépôt illicite.** — Les adjudicataires ne pourront déposer dans leurs ventes d'autres bois que ceux qui en proviennent, à peine d'une amende de 100 à 1,000 fr. (C. for., 43.)

Cette contravention se produit fort rarement ; les procès-verbaux qui la constatent doivent indiquer les circonstances de ce dépôt illicite et faire connaître comment il a été établi que les bois dont l'origine est controversée, ne proviennent pas de la coupe où ils sont déposés.

20. **Délits à l'ouïe de la cognée.** — Les adjudicataires sont responsables, non-seulement des délits commis tant dans les ventes qu'à l'ouïe de la cognée par les ouvriers, bûcherons et voituriers, mais encore de ceux qui sont commis dans le même périmètre par des délinquants étrangers ; toutefois, dans ce dernier cas, leur responsabilité cesse si les gardes-vente constatent ces délits par des procès-verbaux réguliers remis à l'agent fo-

restier dans le délai de cinq jours. (C. for., art.
45 et 46.)

L'espace appelé ouïe de la cognée est fixé à 250
mètres à partir des limites de la coupe (C. for.,
art. 31); tous les délits commis dans le rayon ainsi
déterminé sont censés l'avoir été par l'adjudicataire ou ses ouvriers, et pour que celui-ci soit
déchargé de la responsabilité qu'il encourt, il faut
que son garde-vente les constate régulièrement.

21. Il ne suffit pas que le facteur informe le
garde ou les agents qu'un délit vient de se commettre, il est indispensable qu'il dresse lui-même
le procès-verbal et qu'il le transmette dans les
cinq jours. Ce préposé de l'adjudicataire est spécialement chargé de la surveillance de la coupe
et de ses abords, il est présumé y être toujours
présent, et la distance à laquelle s'étend la responsabilité de l'adjudicataire est déterminée par
cette considération que l'on peut entendre de la
vente les bruits qu'occasionnent les délits qui s'y
commettent; c'est donc à lui qu'il appartient de les
constater d'abord. (Voir chap. XII, § 14 et suivants.

Il est évident que si les délits sont commis par
les ouvriers de l'adjudicataire, le procès-verbal
que dresse le facteur ne décharge pas ce dernier
de sa responsabilité.

22. Si les gardes reconnaissent l'existence de délits dont la date remonte à plus de cinq jours, dans la vente ou à l'ouïe de la cognée, et si ces délits n'ont pas été constatés par le facteur, ils rédigeront leur procès-verbal dans la forme ordinaire, seulement ils n'auront pas à en rechercher les auteurs, il suffira d'indiquer qu'ils ont été commis dans le rayon de l'ouïe de la cognée depuis plus de cinq jours.

S'ils trouvent les délinquants en flagrant délit, ils pourront indiquer leurs noms et qualités, afin que l'agent supérieur de l'arrondissement puisse les poursuivre directement, s'il le juge convenable.

En ce qui concerne les délits commis dans les ventes ou à l'ouïe de la cognée, la responsabilité des adjudicataires ne cesse qu'après le récolement.

23. **Coupes affouagères.** — Les coupes délivrées en affouage aux usagers dans les bois domaniaux et aux habitants des communes propriétaires de bois, sont exploitées par des entrepreneurs responsables qui, assimilés complétement aux adjudicataires des coupes vendues, sont soumis aux mêmes obligations qu'eux.

Quelles que soient les habitudes locales et la

durée de la tolérance des agents ou gardes forestiers, aucun habitant d'une commune propriétaire
de bois ou usager dans les bois domaniaux ou
communaux, n'a le droit d'exploiter sans avoir
obtenu le permis de l'agent forestier, chef de service.

Cette règle est de rigueur, et les préposés doivent considérer comme délinquants ordinaires ceux
qui ne s'y conformeraient pas.

Les habitants des communes usagères ou propriétaires de bois exploitent souvent eux-mêmes
la coupe régulièrement délivrée à un entrepreneur
responsable, agréé par l'agent chef de service.
Cet entrepreneur fictif, puisqu'il ne fait pas opérer
à son compte les travaux de l'exploitation, est aux
yeux de l'administration assujetti aux mêmes conditions que s'il faisait façonner les bois par des
ouvriers à sa solde.

24. La loi ne prohibe pas les arrangements qui
peuvent être pris par la commune ou les usagers
avec ces entrepreneurs pour diminuer les frais de
l'exploitation ; mais c'est à la condition que les
affouagistes ne feront aucun partage sur pied. La
coupe délivrée en bloc doit être exploitée à tire et
aire, et non pas individuellement par chaque
ayant-droit ; ce n'est qu'après l'entier abatage des

bois qu'il doit être procédé au partage; tout partage anticipé est puni de la confiscation des bois afférents aux contrevenants; les préposés qui toléreraient ces partages seront punis d'une amende de 50 fr., et encourent la responsabilité de la mauvaise exploitation et de tous les délits qui peuvent avoir été commis. (C. for., 81.)

25. Il ne faut pas confondre le partage sur pied avec le lotissement que font les ouvriers de la coupe pour répartir le travail entr'eux. Ce que la loi prohibe, c'est seulement l'exploitation individuelle par chaque affouagiste des bois qui lui sont dévolus; mais lorsque aucun des exploitants ne sait d'avance à qui reviendront les bois qu'il façonne, puisqu'ils ne sont partagés qu'après l'exploitation, il n'y a pas contravention.

Les procès-verbaux que les préposés peuvent être dans le cas de dresser pour des délits de partage sur pied, doivent faire connaître les circonstances dans lesquelles ce partage a été fait; ils constateront la saisie des bois ainsi indûment partagés.

26. Pendant la durée des exploitations des coupes affouagères, les gardes n'ont de relations directes qu'avec les entrepreneurs; c'est à eux qu'ils doivent adresser toutes les observations utiles pour

la bonne direction des travaux ; c'est contre eux que doivent être rédigés tous les procès-verbaux de délit commis par des affouagistes employés à l'exploitation dans les coupes ou à l'ouïe de la cognée.

Toutes les contraventions relatives au mode d'exploitation, au nettoiement, à la vidange, se constatent comme dans les coupes vendues ; c'est à l'entrepreneur à veiller à ce que les ouvriers ou affouagistes qu'il emploie s'acquittent convenablement de leur besogne ; c'est à lui à prendre les mesures nécessaires pour que la vidange soit terminée en temps utile : si des lots n'étaient pas enlevés à l'expiration des délais, c'est contre lui qu'on dressera le procès-verbal et non contre les possesseurs des lots restés dans la vente ; c'est encore l'entrepreneur qui sera mis en poursuite si les affouagistes n'opèrent pas la traite des bois par les chemins désignés au permis d'exploiter.

27. Les préposés forestiers n'ont pas à s'immiscer dans les questions relatives à la répartition des bois entre les affouagistes, au paiement des taxes d'affouage, à l'enlèvement des lots afférents à chacun des ayants-droit ; c'est à l'entrepreneur à faire les lots d'affouage, à veiller à ce qu'ils ne soient enlevés qu'après paiement des taxes et par les in-

dividus auxquels ils sont dévolus. Les gardes n'ont qu'à s'occuper de faire exécuter les lois et règlements forestiers ; mais dans les coupes affouagères comme dans les coupes vendues, la délivrance des produits exploités échappe à leur compétence.

28. **Emploi des bois de construction et de chauffage.** — Il est cependant des circonstances où l'action de l'administration forestière ne cesse pas, même lorsque les produits des coupes ont été transportés au domicile des affouagistes lorsque ceux-ci sont simplement usagers.

Les bois qui leur sont délivrés soit pour leur chauffage, soit pour la réparation de leurs maisons, sont affectés à leur usage personnel ; ils ne peuvent être ni échangés ni vendus, et les bois de construction doivent être employés dans le délai de deux ans. (C. for., art. 83 et 84.)

Cette prohibition ne s'applique qu'aux usagers et non aux habitants des communes propriétaires de bois où l'on délivre les coupes en nature. Ces derniers peuvent disposer des bois qui leur sont délivrés comme ils l'entendent.

Les procès-verbaux que les préposés peuvent être dans le cas de dresser contre les usagers, à raison de faits de vente des bois délivrés, doivent faire connaître les circonstances de la vente ou de l'échange, et la valeur des bois de construction ainsi vendus ou échangés.

Si les bois de construction n'ont pas été employés dans le délai de deux ans depuis la délivrance, le procès-verbal devra indiquer la date de cette délivrance et constater la saisie des bois qui, jusqu'après le jugement à intervenir, ne pourront être ni détournés ni employés par l'usager.

29. **Bois mort.** — Ceux qui n'ont d'autre droit que celui de prendre le bois mort, sec et gisant, ne pourront, pour l'exercice de ce droit, se servir de crochets ou ferrements d'aucune espèce, à peine d'une amende de 3 fr. (C. for., 80.)

30. Un certain nombre d'individus sont annuellement autorisés, en vertu d'une décision ministérielle du 19 septembre 1853, à ramasser dans les bois soumis au régime forestier le bois mort gisant. Cette autorisation est accordée aux indigents par le chef de service sur la présentation de listes dressées par les maires des communes voisines des forêts.

Les personnes ainsi autorisées sont munies de cartes sur lesquelles sont inscrits leurs noms, prénoms, domiciles, et les conditions sous lesquelles la permission est accordée.

Ces cartes doivent être présentées à toute réquisition des gardes.

Si les permissionnaires profitaient de la tolerance qu'on leur accorde pour couper ou briser des bois verts ou secs, les gardes constateront le délit, car la permission n'a pour objet que l'enlèvement du bois mort gisant.

Les porteurs de cartes ne doivent employer aucuns liens ou harts provenant des forêts; ils ne peuvent être munis d'aucun instrument propre à couper le bois, à peine d'être poursuivis en vertu des dispositions de l'art. 146. (Voir chap. V, § 13.)

CHAPITRE VII

CHASSE

Compétence. — Constatation. — Affirmation. — Saisies. — Visites domiciliaires. — Arrestations. — Permis de chasse. — Temps prohibés. — Modes de chasse. — Chasses réservées. — Droit de suite. — Cahier des charges. — Observations générales. — Conservation. — Gratifications. — Louveterie.

1. Compétence. — Les préposés forestiers sont chargés d'assurer l'exécution des lois et règlements sur la police de la chasse dans les bois de leurs triages.

La compétence des préposés de l'administration forestière en matière de chasse est limitée aux délits qui portent préjudice aux intérêts qu'ils ont mission de garantir. En général, ils n'ont qualité que pour constater les délits commis sur le territoire forestier compris dans leur triage ; cependant ils peuvent constater, quoique commis hors du sol forestier, certains délits qui tendent à la destruction du gibier provenant des forêts, comme l'affût de nuit aux abords des bois, l'emploi de nappes, collets et autres engins prohibés.

La chasse de plaine n'est pas soumise à la surveillance des préposés de l'administration forestière, les procès-verbaux qu'ils dressent pour des délits de cette nature ne sont considérés que comme de simples renseignements suffisant cependant pour servir de fondement à des poursuites.

Les gardes ne se détourneront pas de leur service pour rechercher hors des bois qu'ils surveillent, les délits qui ne portent pas une atteinte directe à la conservation du gibier des forêts; mais si dans leurs tournées ils se trouvent en présence de contrevenants, leur devoir, comme officiers de police judiciaire, les oblige à constater les infractions aux lois sur la chasse, quand même elles seraient sans intérêt au point de vue spécial de la surveillance qu'ils exercent sur les forêts et les cours d'eau.

2. Constatation. — La constatation des contraventions aux lois et règlements sur la chasse est soumise à toutes les règles indiquées au chap. IV, sauf les modifications suivantes :

3. Affirmation. — L'affirmation des procès-verbaux sera faite dans les vingt-quatre heures du délit. (L. chasse, art. 24.)

Ces procès-verbaux devront donc indiquer l'heure de la constatation du délit, et l'acte d'affirmation devra renfermer la preuve que cette formalité a été remplie dans les délais voulus.

4. **Saisies.** — Les délinquants ne pourront être saisis ni désarmés. (L. chasse, art. 25.) Cette disposition, insérée dans la loi pour éviter des conflits dangereux, s'applique seulement à la saisie faite contre la volonté des chasseurs ; si ceux-ci remettent de plein gré les armes, les préposés agiront comme il a été indiqué au chap. IV, § 22. Si la saisie n'a pas été réellement effectuée, les procès-verbaux feront connaître la nature des armes ou engins laissés entre les mains des délinquants; ils en donneront la description exacte et feront connaître leur valeur.

5. **Visites domiciliaires.** — Les préposés sont autorisés à faire, avec l'assistance des fonctionnaires désignés au chap. IV, § 25, des visites domiciliaires pour la recherche et la saisie des filets ou engins de chasse prohibés.

6. **Arrestations.** — Les gardes arrêteront les délinquants déguisés ou masqués : s'ils refusent de faire connaître leurs noms ou s'ils n'ont pas de domicile connu, ils seront conduits immédiatement devant le maire ou le juge de paix qui s'assurera de leur individualité. (L. chasse, art. 25.)

7. **Permis de chasse.** — Nul ne peut chasser

s'il ne lui a été délivré un permis de chasse. (L. chasse, art. 1.)

Ces permis sont accordés par les préfets et sous-préfets; ils sont valables pour une année.

Il a été décidé que le délai d'une année pendant lequel le permis est valable commençait à partir du lendemain de la date du permis; par conséquent; un permis daté du 28 août est valable jusques et y compris le 28 août de l'année suivante.

La quittance délivrée par le percepteur pour constater le paiement du prix du permis ne peut remplacer ce permis.

Le permis de chasse doit être présenté à toute réquisition des gardes. Il est exigé non-seulement pour la chasse au fusil, mais encore pour les chasses qui se pratiquent à l'aide de piéges, tendues, gluaux, etc. Toutefois, il n'est pas obligatoire pour les personnes qui se bornent à aider, par leur travail ou leur surveillance, un chasseur muni d'un permis de chasse.

Les préposés s'assureront si les chasseurs qu'ils rencontrent sont munis de permis réguliers. Ils réclameront l'exhibition de ces permis et vérifieront, s'ils ne sont pas périmés, s'ils sont réellement délivrés aux individus qui en sont porteurs, ce dont ils pourront s'assurer, quand ils ne connaissent pas personnellement les chasseurs, au moyen de l'examen du signalement inscrit en marge du permis. Si ces actes présentent quelques signes de grattages ou de surcharges, ils les retiendront et les joindront à leur procès-verbal.

Les procès-verbaux dressés pour les délits de chasse sans permis feront connaître, après les indications relatives au lieu, à l'heure et aux personness, l'espèce d'arme, engins, piéges et chiens employés par les chasseurs. — Les armes doivent être exactement décrites et leur valeur approximative doit même être indiquée. (Voir *Modèle* n⁰ 23.)

8. **Temps prohibé.** — Nul ne peut chasser si la chasse n'est ouverte (L. chasse, art. 1er). L'époque de l'ouverture et de la clôture de la chasse est fixée chaque année par des arrêtés préfectoraux. (L. chasse, art. 3.)

Les préfets déterminent par des arrêtés le temps pendant lequel il sera permis de chasser les oiseaux de passage, le gibier d'eau dans les marais, sur les étangs, fleuves et rivières ; ils peuvent aussi par leurs arrêtés interdire la chasse en temps de neige. (L. chasse, art. 9.)

Les préposés prendront connaissance de ces règlements et en assureront l'exécution.

Ils constateront tout fait de chasse accompli pendant le temps où la chasse est interdite.

Leurs procès-verbaux contiendront tous les renseignements indiqués au § précédent.

9. **Modes de chasse.** — La chasse de jour, à tir et à courre, est seule autorisée d'une manière générale. Cependant l'emploi des furets et bourses est autorisé pour la chasse du lapin, et les préfets peuvent permettre certains modes spéciaux pour la chasse des oiseaux de passage. (L. chasse, art. 9.)

L'examen de ces règlements locaux, dont ils doivent avoir un exemplaire, permettra aux préposés de connaître les procédés de chasse permis et de constater les contraventions.

10. **Chasses réservées.** — Nul n'aura la faculté de chasser sur la propriété d'autrui sans le consentement du propriétaire ou de ses ayants droit. (L. chasse, art. 1er.)

Le droit de chasse, dans les bois soumis au régime forestier, appartient à l'État, aux communes ou aux établissements publics.

Ce droit est concédé par adjudication à des fermiers qui peuvent seuls l'exercer.

Si la chasse n'est pas amodiée, elle sera interdite d'une manière absolue.

Les procès-verbaux d'adjudication déterminent le nombre des fermiers, co-fermiers et des personnes qu'ils peuvent s'adjoindre.

Les gardes veilleront donc à ce que la chasse ne soit exercée que par les fermiers et co-fermiers et les personnes en nombre déterminé, dont ils sont autorisés à se faire accompagner. Ils verbaliseront contre tout individu chassant dans les forêts, qui n'étant ni fermier, ni co-fermier, ne serait pas accompagné de l'un de ces ayants droit. Ils verbaliseront encore contre les personnes accompagnant les fermiers et co-fermiers si leur nombre excède celui qui est fixé par l'acte d'adjudication.

11. Droit de suite. — Le droit en vertu duquel tout chasseur pouvait suivre et chasser même sur le terrain d'autrui le gibier lancé par des chiens courants, a été abrogé par la loi du 30 avril 1790 (1).

12. Cahier des charges. — Le cahier des charges de l'adjudication dans les bois domaniaux impose aux fermiers et co-fermiers l'obligation

(1) La jurisprudence a décidé que l'ancien droit de suite était aujourd'hui restreint à la faculté pour le chasseur au chien courant de suivre ses chiens dans les propriétés non closes, sans pouvoir les faire quêter, les appuyer, sans faire enfin acte de chasse. — Si le passage des chiens occasionne un dommage, le chasseur en est responsable.

d'être munis, indépendamment du permis de chasse, d'un permis spécial délivré par l'agent forestier chef de service. Ils seront tenus d'exhiber ce permis à toute réquisition des préposés. (Cahier des charges, art. 17.)

13. **Observations générales.** — Les procès-verbaux dressés pour délits de chasse indiqueront clairement la nature des infractions qu'ils ont pour but de constater.

Ces infractions peuvent être distinctes quoique simultanées. Ainsi un individu chassant en temps prohibé, sans permis, dans un bois où il n'a pas le droit de chasser, commet en même temps trois contraventions différentes. Le rédacteur du procès-verbal devra mentionner avec soin toutes les circonstances qui caractérisent ces diverses infractions.

14. Le braconnage doit être l'objet d'une surveillance active ; les préposés parcourant les lisières des bois examineront avec soin les passées où peuvent être placés des collets ; s'ils reconnaissent une tendue ; ils ne la détruiront pas immédiatement, mais ils s'établiront en embuscade pour en saisir l'auteur en flagrant délit.

15. **Conservation.** — Ils veilleront à la conservation des portées des chevreuils et autres

bêtes fauves, et à celles des nichées de faisans et perdrix.

Les petits oiseaux sont très-utiles en ce qu'ils purgent les champs et les bois d'une grande quantité d'insectes nuisibles ; on doit favoriser leur multiplication. On doit au contraire chercher à détruire les oiseaux de proie, à l'exception toutefois des chouettes et hiboux; ces oiseaux de nuit sont de grands destructeurs de souris, mulots et autres rongeurs très-nuisibles aux forêts; ils ne font aucun mal au gibier, et c'est un grand tort de les pourchasser comme on a coutume de le faire.

Le moyen le plus sûr de faciliter la multiplication du gibier consiste à détruire les carnassiers qui lui font une guerre constante. En dehors des chasses au fusil, on prend les loups, renards, martes et chats sauvages à l'aide de piéges ou d'appâts empoisonnés. L'usage des piéges présente souvent du danger; l'emploi du poison offre moins d'inconvénients, si l'on a soin de prendre pour appâts des rats ou des taupes, animaux que personne ne songe à ramasser et que les chiens répugnent à manger.

La *noix vomique* et la *strychnine* qu'on en extrait sont les poisons dont le résultat est le plus prompt

et le plus sûr. Une dose de *strychnine* équivalente
à une prise de tabac suffit pour tuer sur place un
grand loup.

On introduit le poison dans le corps des animaux dont on se sert pour appâts, en réglant la
dose suivant la grosseur des bêtes qu'on espère
détruire.

Les loups, comme les renards, chassent plutôt
sur les lisières que dans l'intérieur des forêts. Leurs
passages habituels sont aisés à reconnaitre; c'est
à proximité de leurs coulées, dans les champs et
le long des haies qui avoisinent les bois, qu'on
posera les appâts.

Le mois de mai est l'époque la plus favorable à
ce genre de chasse; c'est le moment où les carnassiers ont besoin de beaucoup de nourriture pour
leurs petits; ils sont moins prudents que dans les
autres saisons. On peut aussi se servir du poison
pendant les grandes neiges. — Il est accordé par
le gouvernement, pour la destruction des loups,
une prime de 18 fr. par louve pleine, — 15 fr. par
louve non pleine, — 12 fr. par loup, — 6 fr. par
louveteau.

La trop grande multiplication du grand gibier
occasionne de grands dommages aux forêts, mais
comme il suffit de quelques chasses pour en réduire

la quantité à la proportion convenable, il n'est pas nécessaire de prendre des dispositions spéciales. Il n'est pas aussi facile d'arrêter la multiplication exagérée des lapins. Si l'emploi des furets et les battues sont des mesures insuffisantes, il faut se procurer quelques renardeaux et les lâcher dans le bois ; quelques paires suffisent pour ramener à de justes limites le nombre des lapins d'une garenne.

16. **Gratifications.** — Les préposés forestiers qui constatent des infractions à la loi sur la chasse, reçoivent des gratifications réglées ainsi qu'il suit par l'ordonnance du 5 mai 1845.

8 fr. pour les délits : de chasse sans permis, — de chasse sur le terrain d'autrui sans le consentement du propriétaire, — pour les contraventions aux arrêtés préfectoraux qui règlent la chasse des oiseaux de passage, du gibier d'eau, l'emploi des chiens levriers, la chasse en temps de neige, — pour les délits de prise ou destruction des couvées de faisans, perdrix ou cailles, — pour les contraventions aux clauses et conditions de leurs cahiers des charges, commises par les fermiers ou co-fermiers.

15 fr. pour les délits : de chasse en temps prohibé, — de chasse de nuit ou à l'aide d'engins

prohibés, — pour les faits de possession ou de transport d'engins prohibés, — pour ceux d'achat, vente ou colportage de gibier en temps prohibé, — pour l'emploi de drogues ou appâts propres à enivrer ou détruire le gibier, — pour l'emploi d'appeaux, appelants ou chanterelles.

25 fr. pour le délit de chasse de nuit dans un terrain clos attenant à une habitation.

Il ne peut être alloué qu'une seule gratification, lors même que plusieurs gardes auraient concouru à la rédaction du procès-verbal constatant le délit. — La gratification est acquittée par les receveurs de l'enregistrement, sur la demande des gardes rédacteurs du procès-verbal. — Cette demande doit être appuyée d'un extrait du jugement et transmise au chef de service. S'il y a eu transaction avant jugement, l'extrait de la décision qui autorise la transaction suffit pour assurer aux préposés le paiement de la gratification qui leur est due. Cet extrait leur est fourni par l'agent forestier chef de service.

17. **Louveterie.** — Les lieutenants de louveterie ont le droit de chasser deux fois par mois et à courre le sanglier dans les bois domaniaux de leur circonscription. Ils ne peuvent exercer ce droit que pendant que la chasse est ouverte.

Les fermiers et co-fermiers peuvent détruire, mais au moyen de piéges seulement, les animaux nuisibles dans le temps où la chasse est prohibée.

Les préposés ne s'opposeront pas à l'exercice de ces droits..

Lorsque les battues seront ordonnées par le préfet, ils y seront appelés; ils dirigeront les rabatteurs et veilleront à ce qu'on ne tire que sur les animaux déclarés nuisibles.

Les préposés devront prendre toutes les mesures nécessaires pour la réussite de ces chasses, ils accompagneront les piqueurs ou, à leur défaut, feront le bois au point du jour, pour retrouver l'enceinte où sont remis les animaux signalés; ils placeront les tireurs en prenant toutes les précautions possibles pour éviter les accidents. Auxiliaires indispensables des officiers de louveterie ou des agents qui conduisent la battue, ils contribuent pour une grande part au succès de ces opérations.

CHAPITRE VIII

TRAVAUX — DÉLIVRANCES —
ADJUDICATIONS

Travaux par économie. — Travaux par entreprise. — Travaux imposés aux adjudicataires ou entrepreneurs de coupes. — Travaux exécutés par les concessionnaires. — Délivrances. — Placards. — Affiches en cahier. — Ventes. — Frais. — Remises. — Affiche annotée. — Etat des frais.

1. Les travaux d'amélioration qui s'exécutent dans les forêts peuvent être classés d'après le mode d'exécution en : 1° travaux par régie ou économie ; 2° travaux faits par les entrepreneurs à prix d'argent; 3° travaux imposés aux adjudicataires ou mis en charge sur les coupes; 4° travaux opérés par les concessionnaires de menus produits.

L'intervention des préposés variant suivant le mode adopté, nous indiquerons successivement la nature de leur coopération dans les travaux de chacune de ces quatres classes, sans entrer toutefois dans l'examen, déjà fait au chap. II, des divers procédés d'exécution des travaux de repeuple-

ment et d'assainissement, qui sont ceux que les
gardes ont le plus souvent l'occasion de diriger
ou de faire par eux-mêmes.

2. **Travaux par régie.** — Les travaux par
régie, dits aussi par économie, sont ceux que des
ouvriers à la journée ou à la tâche font sous la direction des agents et la surveillance immédiate des
gardes. On exécute ainsi les petites réparations,
dont le coût ne peut être évalué à l'avance, les pépinières et les repeuplements qui exigent des soins
particuliers, les travaux qui n'ont pas trouvé d'entrepreneur; quelquefois, le façonnage des bois de
chauffage à délivrer aux préposés; enfin, celui des
coupes d'éclaircie qui n'ont pu être données à l'entreprise. Peuvent être également exécutés en régie
les travaux abandonnés par les entrepreneurs.

Pour les améliorations ainsi exécutées, les préposés remplissent le rôle de conducteurs des travaux; ils organisent les chantiers, dirigent les
ouvriers, tiennent note des journées ou des tâ-
ches faites par chacun d'eux et des quantités de
matériaux reçus et employés; ils en rendent un
compte exact au chef de cantonnement. C'est
sur leurs indications que s'opèrent l'abatage et
le façonnage des bois après que les agents ont
donné les instructions convenables sur la marche

de l'exploitation. Les travaux ainsi opérés doivent être l'objet d'une surveillance assidue : pour que les ouvriers utilisent tout leur temps, il faut que les gardes soient constamment avec eux et qu'ils montrent beaucoup de fermeté à leur égard.

3. **Travaux par entreprise.** — Les travaux exécutés par des entrepreneurs, à prix d'argent, comprennent la construction des maisons forestières, des scieries, des routes, ponts et ponceaux, les grands repeuplements, l'ouverture des fossés de périmètre ou d'assainissement, et en général les améliorations de toute nature ; ils sont faits sous la direction des entrepreneurs et la surveillance des agents. Les préposés n'ont qu'à assurer l'exécution des prescriptions de ces derniers et à leur donner avis de toute infraction à leurs recommandations. Quoique moins importante que pour les travaux faits en régie, la surveillance des gardes doit cependant être assidue et s'exercer notamment sur la confection du mortier et des maçonneries, sur les quantités de graines semées et en général sur la qualité des matières qu'il n'est plus possible de vérifier après l'exécution des travaux. Toute irrégularité dans l'accomplissement des obligations de l'entrepreneur, toute négligence ou mal façon, doit être

immédiatement signalée au chef de cantonnement.

4. Travaux imposés aux adjudicataires ou entrepreneurs des coupes. — Dans les bois domaniaux, aucun travail d'amélioration n'est mis en charge sur les coupes; les adjudicataires sont seulement obligés de réparer les dégâts occasionnés par l'exploitation et la vidange. Ainsi ils doivent faire réparer les fossés dégradées, combler et niveler les ornières des chemins de vidange, rétablir les ponceaux, barrières et glacis endommagés, et enfin, si le cahier des charges les y oblige, repiquer les places à charbon et ateliers. Ces divers travaux, dont le détail et l'évaluation sont portés sur les affiches, doivent être complétement terminés à l'époque du récolement; les gardes s'assureront si les adjudicataires ont satisfait à toutes ces obligations, et, en cas de retard, les inviteront à le faire. Ils vérifieront la qualité des plants employés au repeuplement des places à charbon, afin que les ouvriers ne se contentent pas, comme cela a eu lieu souvent, de mettre en terre des branchages sans aucune racine, quelques jours avant le récolement. Ils signaleront au chef de cantonnement les travaux non terminés, afin que celui-ci prenne des mesures pour les faire achever.

5. En outre des travaux de réparation qu'ils sont tenus de faire, comme les adjudicataires des coupes domaniales, ceux des coupes communales peuvent être chargés de certaines améliorations indiquées dans l'affiche en cahier ou le permis d'exploiter. Ces améliorations sont de nature très-variable, suivant les lieux et les circonstances; ce sont des repeuplements à effectuer dans les places vides ou les clairières, des fossés de périmètre ou d'assainissement, des fournitures de bornes ou de matériaux pour l'entretien des routes.

Quels que soient ces travaux, ils sont désignés dans les actes de la vente, portés à la connaissance des préposés locaux, et ceux-ci doivent en surveiller l'exécution de la même manière que pour ceux que font les entrepreneurs à prix d'argent.

Lorsque les coupes sont délivrées en affouage et exploitées par un entrepreneur responsable, celui-ci est considéré comme un adjudicataire ordinaire; c'est à lui à faire effectuer, soit par des ouvriers à ses frais, soit par les affouagistes, les travaux ordonnés. C'est donc à lui que les préposés devront adresser les observations qu'ils auront à faire sur les travaux, puisqu'il est seul responsable de leur bonne exécution.

6. Travaux exécutés par les concession-naires. — Les travaux faits par les concession-naires de menus produits consistent le plus or-dinairement en préparations de terrains, semis, plantations ou ouvertures de fossés; ils sont faits sous la direction des préposés, comme ceux qu'on exécute par économie, seulement les ouvriers sont payés avec les produits concédés au lieu de l'être en argent. Comme l'enlèvement de ces produits précède le plus souvent l'exécution des travaux, les gardes devront veiller à ce que les concessionnaires remplissent toutes les obliga-tions qu'ils ont contractées; ils annoteront, sur la liste des personnes qui ont joui de la conces-sion accordée, celles qui ont fourni leurs journées de travail, et signaleront au chef de cantonne-ment les individus négligents ou indociles, afin qu'ils soient désormais exclus des concessions.

Quant aux travaux faits par les concessionnaires de terrains, à charge de culture ou de repeuple-ment, ils sont surveillés de la même manière que les travaux exécutés par entreprise à prix d'argent.

7. Délivrances autorisées. — Les délivrances de toute nature des menus produits des forêts sont autorisées par le conservateur. (Ord. 4 déc. 1844.)

C'est en vertu des arrêtés émanés de ce chef,
que les gardes reçoivent de leurs supérieurs immédiats, l'ordre de laisser ramasser les herbes,
mousses et bruyères; extraire les matériaux ou
minerais de toute espèce. Tout enlèvement ou
extraction quelconque non autorisé est un délit.

Il y a deux espèces de délivrances : les unes
sont faites à des personnes nominativement désignées dans les arrêtés; les autres sont générales
et concernent tous les habitants d'une commune
qui souscrivent l'engagement de remplir certaines obligations.

Les arrêtés qui autorisent des délivrances indiquent toujours les conditions imposées aux concessionnaires; les préposés sont chargés de veiller
à ce que ces conditions relatives au mode d'extraction et d'enlèvement des produits, aux chemins
à pratiquer, etc., soient remplies.

Lorsqu'il y a lieu de dresser un procès-verbal
de dénombrement des produits délivrés, cet acte
doit être signé par le concessionnaire ou son
délégué, et par le garde du triage. La forme de
ces procès-verbaux doit être aussi simple que
possible, et l'on doit, pour éviter des frais de
timbre, les rédiger sur du papier de la dimension
des feuilles de 0,50 c. Nous avons donné, sous le

n° 26 des formules, un modèle d'acte de ce genre.

Il peut servir pour les délivrances de harts, pierres, sables, bruyères, etc., autorisées à prix d'argent. Lorsque la délivrance ne peut s'opérer en une seule fois, comme pour les harts, par exemple, qui doivent être coupées par les ouvriers de l'adjudicataire au fur et à mesure des besoins, mais toujours en présence des gardes, il est inutile de dresser un procès-verbal de chaque délivrance partielle. C'est seulement à la fin des extractions qu'il est fait une récapitulation des quantités délivrées et que le procès-verbal de dénombrement est rédigé. Les préposés mentionnent seulement sur leurs registres chacune de ces délivrances partielles.

Le procès-verbal de délivrance doit être soumis à l'enregistrement.

Les délivrances à charge de prestations en nature peuvent n'être pas constatées par un procès-verbal.

Les autorisations d'extraire des herbes, des genêts, mousses, etc., accordées à tous les habitants d'une commune, à charge de prestations en nature, indiquent ordinairement les conditions imposées aux concessionnaires.

Les listes de ceux des habitants qui ont souscrit l'engagement de fournir des journées de travail, des graines, etc., pour obtenir la permission d'extraire certaines productions du sol forestier, sont remises aux préposés locaux, qui doivent veiller à ce que les personnes inscrites profitent seules de cette autorisation, et qui assurent l'exécution des conditions de police sous lesquelles elle est accordée. Lorsque les délais accordés pour la durée de la concession sont expirés, ils renvoient la liste au chef de cantonnement, en indiquant ceux des signataires inscrits qui, par suite de circonstances particulières, n'ont pas joui de la faculté accordée, et qui peuvent être dispensés de fournir la prestation imposée.

8. Les adjudications des produits des bois soumis au régime forestier sont en général faites sous la direction des agents de l'administration des forêts; à l'exception du cas particulier que nous examinerons plus loin, les préposés n'ont à y concourir que pour contribuer à leur donner la publicité nécessaire.

9. **Placards.** — Toute adjudication doit être annoncée au moins quinze jours à l'avance par des affiches apposées au chef-lieu du département, dans les lieux de la vente, dans la com-

mune de la situation des bois et dans les communes environnantes. (C. for., art. 17, 53.)

Les affiches à placarder dans les communes sont transmises aux préposés, ceux-ci les remettent immédiatement aux maires et se font délivrer des certificats d'apposition qu'ils renvoient au chef de cantonnement.

Ces envois se font ordinairement sans lettres. Il suffit qu'un préposé reçoive une affiche pour qu'il sache qu'elle lui est envoyée pour être remise aux maires contre un récépissé.

L'apposition des affiches doit être faite sans retard, afin qu'il y ait toujours, entre la publication et la vente, le délai de quinze jours fixé par le Code forestier.

10. **Affiches en cahiers.** — Les préposés sont aussi chargés de remettre aux marchands de bois, maîtres de forges et autres acquéreurs habituels des coupes, les affiches en cahiers qui leur sont destinées.

Ils doivent, en remettant ces affiches, donner tous les renseignements qui leur sont demandés sur la situation des coupes assises dans leurs triages, et se mettre, autant que possible, à la disposition des acquéreurs, pour les accompagner dans la visite de ces coupes.

Les transports d'affiches ne donnent droit à aucune rétribution. Les services que les préposés peuvent rendre aux personnes qui désirent acheter les coupes doivent être complétement gratuits, il leur est formellement interdit d'accepter quoi que ce soit pour prix de leur assistance. .

11. **Ventes.** — Les brigadiers peuvent être autorisés à remplacer les agents, dans les ventes sur les lieux, des produits principaux et accessoires des bois communaux et d'établissements publics. (Ord. 13 janvier 1847.)

Un brigadier chargé d'une adjudication doit d'abord s'assurer de la bonne exécution du lotissement et vérifier par lui-même si chaque lot est désigné, sur l'affiche et sur le terrain, de manière à être facilement distingué par les amateurs.

Cette vérification est indispensable pour éviter les réclamations que les acquéreurs ne manquent pas de faire, s'il y a la moindre incertitude sur la désignation de leurs lots.

Les conditions relatives au mode d'exploitation ou d'enlèvement des produits, aux époques des paiements et aux garanties à exiger des adjudicataires, sont insérées sur un projet de procès-verbal d'adjudication que le chef de cantonnement prépare et transmet au préposé qui le remplace.

14.

Ce dernier aura soin de faire connaître ces conditions aux amateurs et de veiller à ce qu'elles soient inscrites au procès-verbal; il devra. en outre donner tous les renseignements nécessaires pour éclairer les amateurs sur la nature et l'importance des lots mis en vente.

La mise à prix de chaque lot, préalablement arrêtée par le conservateur, est communiquée au représentant de l'administration des forêts, qui en fait connaire le chiffre au président de la vente. Celui-ci ne doit pas trancher l'adjudication au-dessous du chiffre ainsi fixé.

12. **Frais.** — Les adjudicataires de produits quelconques des bois des communes et établissements publics n'ont à payer, en sus du prix d'adjudication, que les droits de timbre et d'enregistrement des actes de vente.

Les frais de timbre sont de 1 fr. 25 par feuille de la minute du procès-verbal. Ces frais se répartissent entre tous les acquéreurs des articles qui figurent sur cette minute.

Les frais de timbre de l'expédition remise au receveur municipal se répartissent de même entre les acquéreurs des lots portés sur cette expédition. Si la vente comprend des produits de forêts communales faisant partie de recettes différenles, une expédition doit être remise à chacun des comptables pour les articles qui les concernent.

Les droits d'enregistrement sont de 2 fr. 20 pour 100 fr. s'il n'y a pas de caution, et de 2 fr. 75 pour 100 fr. s'il y a caution.

Ces droits se perçoivent sur les prix de vente de 20 francs en 20 francs inclusivement et sans fraction. (Loi du 27 ventôse an IX.) Ainsi, pour un lot de 1 à 20 fr., le droit se perçoit comme pour 20 fr. ; pour un lot de 20 fr. à 40 fr., il se perçoit comme pour 40 fr., et ainsi de suite.

Quel que soit le délai accordé pour le payement du prix de vente, le dixième de ce prix doit toujours être payé comptant.

13. **Remise en vente.** — Si les lots mis en adjudication ne sont pas tous vendus, le président de la vente pourra, sur la proposition du représentant de l'administration forestière, renvoyer séance tenante et sans nouvelles affiches l'adjudication à quinzaine. Après cette seconde séance, les lots invendus ne pourront être remis en adjudication qu'après de nouvelles publications.

14. **Affiches annotées.** — Les préposés délégués pour assister aux adjudications signeront le procès-verbal et renverront, immédiatement après la séance, au chef de cantonnement une

affiche annotée indiquant les résultats de la vente.

15. État de frais. — Ils joindront à ce document l'état des frais de l'adjudication dûment arrêté par le président de la vente.

Cet état est dressé sur des formules imprimées indiquant exactement le détail des dépenses qui sont acquittées par des mandats délivrés au nom des parties prenantes.

Le délégué de l'administration forestière retirera les expéditions destinées au conservateur, au chef de service et au receveur municipal, il les transmettra sans délai au chef du cantonnement.

CHAPITRE IX

CITATIONS ET SIGNIFICATIONS

Remises de copies. — Cas divers. — Enregistrement. —
Frais de citation.

1. Les préposés de l'administration forestière
peuvent, dans les actions intentées en son nom,
faire toutes citations et significations d'exploits.
(C. for., art. 173.)

Ils ne peuvent néanmoins instrumenter que dans
l'arrondissement des tribunaux près desquels ils
sont accrédités, soit par le serment, soit par l'enregistrement d'un serment antérieur.

2. Les actes à raison desquels les préposés ont
l'occasion de délivrer des exploits sont :

En matière correctionnelle :

1º Les assignations à comparaître devant les
tribunaux correctionnels et la cour d'appel ;

2º Les significations de jugements par défaut ;

3º Les citations à témoins ;

En matière administrative :

1º Les citations à récolement ;

2º Les significations d'arrêtés préfectoraux ordonnant la délimitation ou le bornage;

3º Les significations de procès-verbaux de reconnaissance des cantons défensables;

4º Les significations d'actes relatifs aux défrichements;

5º Les significations d'arrêtés préfectoraux mettant les entrepreneurs ou adjudicataires en demeure d'exécuter dans un délai déterminé les travaux à leur charge.

3. Remise des copies. — Les agents transmettent aux préposés les originaux et les copies d'actes qu'ils doivent signifier; le rôle de ces derniers se borne à faire aux personnes désignées la remise des copies qui leur sont destinées.

Les gardes citateurs s'assureront d'abord de l'exactitude des copies, il est important qu'elles soient en tout conformes aux originaux et lisiblement écrites; puis ils procéderont à la remise de ces copies aux parties intéressées.

Cette remise doit être constatée tant sur l'original que sur la copie, en inscrivant après les mots *parlant à*, les noms et qualités de la personne à qui cette remise est faite.

Les originaux, comme les copies, doivent être

datés et revêtus de la signature du citateur.

4. La signification a pour but de mettre la personne à qui elle est faite en demeure, soit de se présenter devant les tribunaux pour répondre sur les faits qu'elle a commis ou vu commettre (assignations, citations à témoins), soit d'être présente à certaines opérations auxquelles elle a intérêt à assister (citations à récolement, délimitation, bornage), soit enfin, de se conformer à certaines obligations imposées par la loi ou les décisions prises conformément aux lois (oppositions au défrichement, significations de jugements par défaut, arrêtés préfectoraux.)

Le législateur a dû prescrire toutes les mesures nécessaires pour que les parties ne puissent ignorer les assignations qui les concernent; c'est pourquoi il a exigé que la remise de ces actes soit faite directement aux intéressés, autant que possible, et dans tous les cas à leur domicile. Ce n'est qu'en cas d'impossibilité que la remise à la personne ou au domicile peut être remplacée par des formalités que nous indiquerons en examinant successivement les différents cas qui peuvent se présenter.

5. **Cas divers.** — Si le garde citateur rencontre en son domicile la personne citée, il lui remet

la copie de l'exploit après avoir rempli, comme nous l'avons dit plus haut, le *parlant à*, mentionné la date de cette remise et signé; les mêmes mentions sont inscrites sur l'original. (Voyez *Exemple n° 1, verso*, art. 1.)

6. La personne est absente du domicile; mais il s'y trouve soit un membre, soit un serviteur de la famille.

Le citateur indiquera, tant sur l'original que sur la copie, les noms de la personne ainsi trouvée au domicile, et tout au moins les relations qui existent entre elle et la partie assignée; si le garde connaît les noms de la personne à qui il laisse la copie et les rapports qu'elle a avec la partie citée, il les indiquera comme à l'art. 2 du modèle n° 1, verso.

S'il connaît seulement les liens de parenté, d'alliance ou de domesticité qui existent entre cette personne et la partie assignée, le citateur se bornera à mentionner la nature de ces rapports, comme à l'art. 3 du modèle 1; si, enfin, il n'a pas une connaissance personnelle de ces rapports, il suffira d'indiquer, comme dans les *Exemples n° 1*, art. 4, et *n° 3*, articles 1 et 2, la qualité que la personne ainsi trouvée au domicile s'est attribuée, en faisant suivre cette mention des mots *ainsi déclaré*.

Les citateurs ne sont pas obligés de s'assurer de l'exactitude des réponses faites par les personnes à qui ils laissent la copie : du moment que ces personnes sont trouvées au domicile de la partie assignée, et qu'elles affirment qu'elles font partie de la maison, soit comme parents, soit comme domestiques, il y a présomption que leur assertion est exacte. Le citateur n'a qu'à constater la réponse.

7. La personne assignée est absente du domicile, — il ne s'y trouve aucun de ses parents ou serviteurs.

Le citateur, après avoir constaté qu'il n'a trouvé personne au domicile de la partie, et mentionné cette circonstance sur son exploit, fera la remise de sa copie à l'un des plus proches voisins en l'invitant à signer l'original. (Voy. *Exemple n*o 2, art. 1, *verso.*) — La signature du voisin est exigée, à peine de nullité. — Si le voisin ne sait pas ou ne veut pas signer, s'il ne veut pas recevoir la copie, le citateur l'indiquera sur son exploit et remettra la copie au maire de la commune, qui devra signer l'original. (Voy. *Exemple n*o 3, art. 3.)

En cas d'absence du maire, le préposé fera la

remise de la copie à l'adjoint, et enfin, en l'absence de ce dernier, aux conseillers municipaux, en suivant l'ordre d'inscription.

8. Enfin, il peut se présenter un dernier cas : c'est celui où le domicile de la partie assignée est mal indiqué. Le préposé citateur devra, dans cette circonstance, renvoyer l'original et les copies qui y sont jointes au chef de cantonnement, en accompagnant les pièces d'un certificat du maire constatant que la personne désignée n'habite pas ou n'habite plus la commune, et indiquant soit son domicile actuel, soit l'impossibilité de le connaître.

9. Les préposés devront mettre la plus grande célérité à signifier les actes qui leur sont transmis; les délais légaux sont quelquefois près d'expirer quand on leur adresse les actes : le moindre retard peut entraîner des nullités.

10. **Enregistrement.** — Lorsque la remise des copies est terminée, l'original de la signification doit être soumis à l'enregistrement dans le délai de quatre jours.

Les préposés citateurs qui laisseraient passer ce délai sont passibles d'une amende de 5 fr. (Loi du 16 juin 1824, art. 16); ils encourent de plus la responsabilité des instances que leur négligence a pu faire périmer.

11. La remise des exploits à la personne ou au domicile doit être faite par les citateurs eux-mêmes. Ceux qui confieraient à des tiers la remise des copies, quand bien même cette remise aurait lieu en leur présence, sont passibles de poursuites devant le tribunal correctionnel.

Les exploits des préposés forestiers doivent être écrits à l'encre et d'une manière lisible; — les indications faites au crayon sont considérées comme nulles.

Les préposés inscriront sur leur livret les significations faites par eux, comme il est indiqué au chapitre XI, § 4; ils renverront sans retard les originaux dûment enregistrés au chef de cantonnement.

12. **Frais.** — Les rétributions dues aux gardes de l'administration des forêts pour les citations et significations d'exploits sont taxées comme pour les actes faits par les huissiers.

Cette partie du service est ordinairement confiée aux brigadiers, mais les gardes simples peuvent aussi faire les significations lorsque, à raison des distances ou de tout autre empêchement, les brigadiers ne peuvent en être chargés; il est attribué aux brigadiers et gardes 30 centimes par chaque citation ou signification, il n'est pas alloué de frais de voyage aux préposés, à moins que le déplacement n'ait été ordonné par un mandat spécial du ministère public, et dont le motif sera rappelé dans l'état de frais auquel ce mandat devra être annexé. (Déc. minist. du 7 mars 1854.)

Aucun préposé ne peut recevoir plus de 100 fr. pour frais de citations, quel que soit le nombre de celles qu'il a faites. — La répartition des actes à signifier doit être faite en conséquence. (Circul. n° 405.)

CHAPITRE X

PERSONNEL.

DES PRÉPOSÉS DE L'ADMINISTRATION DES FORÊTS

Commissions. — Serment politique. — Serment professionnel. Transcription au greffe. — Dépôt de l'empreinte du marteau. — Installation. — Préposés logés. — Cession d'objets divers. — Conseils. — Traitement. — Retenues. — Perte de mandats. — Changements de résidence. — Préposés logés en maisons forestières. — Pâturage de deux vaches. — Panage. — Chauffage. — Indemnités. — Nominations. — Brigadiers. — Avancement. — Uniforme. — Congés. — Admission dans les hôpitaux militaires. — Retraites. — Caisse de retraites pour la vieillesse. — Mariages.

1. **Commissions.** — Les préposés de l'administration des forêts forment deux catégories distinctes, suivant que les propriétés qu'ils surveillent appartiennent à l'État ou aux communes et établissements publics. On appelle *domaniaux* ceux dont les triages sont composés de bois appartenant à l'État, soit exclusivement, soit par indivis avec les communes ou les particuliers.

Les gardes cantonniers, les gardes du reboisement, les gardes mixtes, c'est-à-dire dont le triage est composé partie de bois de l'État, partie de bois communaux ou d'établissements publics, rentrent dans la catégorie des préposés domaniaux,

Tous les préposés de cette catégorie sont nommés par le Directeur général des forêts et commissionnés par lui. (Ord., art. 12.)

Les gardes et brigadiers dont le triage est exclusivement composé de bois appartenant aux communes ou établissements publics sont dits *communaux*. Ils sont nommés par les Préfets sur la proposition des Conservateurs, qui délivrent leurs commissions. (C. for., art. 95 ; déc. du 25 mars 1852; décis. du 18 mai 1853.)

Les préposés communaux sont assimilés aux gardes domaniaux en ce qui concerne leurs devoirs et leurs attributions ; ils sont soumis à l'autorité des mêmes agents. (C. for., art. 99.)

Les préposés de toute catégorie reçoivent leurs commissions par l'intermédiaire du chef de cantonnement sous les ordres duquel ils sont placés.

2. Serment politique. — L'agent forestier, en remettant la commission au préposé nouvellement nommé, lui fera connaître le jour et l'heure choisis pour la prestation du serment prescrit par l'art. 14 de la Constitution.

Un arrêté ministériel du 29 avril 1852 a réglé le mode de prestation de ce serment qui est reçu par le Préfet ou le Sous-Préfet de l'arrondissement de la résidence du préposé.

3. **Serment professionnel.** — Indépendamment du serment politique, les préposés de l'administration des forêts sont tenus de prêter, devant le tribunal de première instance de l'arrondissement, le serment professionnel prescrit par l'article 5 du Code forestier.

Avant d'être admis à ce serment, le préposé nouvellement promu devra soumettre sa commission au timbre de dimension. On timbre à l'extraordinaire dans les bureaux établis au chef-lieu du département; dans les chefs-lieux d'arrondissement, la formalité est remplie au moyen d'un timbre mobile apposé par le receveur d'enregistrement. — Le droit à payer est de 1 fr. (Décis. min. du 17 février 1811.)

La commission ainsi timbrée est remise au greffier du tribunal par le préposé qui demande à prêter serment, et, sur la réquisition du Procureur impérial, le tribunal, après lecture de la commission, reçoit le serment dont la teneur est indiquée par le président.

L'acte de prestation de serment est dressé par le greffier, qui en fait mention sur la commission remise au garde.

L'enregistrement de cet acte coûte 3 fr. — Il n'est rien dû au greffier pour salaire ou droits quelconques de greffe ; mais on doit lui rembourser, s'il l'exige, le prix du papier timbré employé à la transcription du serment sur son registre.

4. **Dépôt de l'empreinte du marteau.** — Les préposés s'assureront si l'empreinte du marteau affecté au triage où ils vont s'installer a été déposée au greffe du tribunal. Si ce dépôt n'a pas été fait, ils l'effectueront. (C. for., art. 7.)

L'acte de dépôt de l'empreinte n'est assujetti à aucun droit de timbre ni d'enregistrement. (Circ. 242.)

5. **Transcription au greffe.** — Si le triage dans lequel il doit exercer ses fonctions est compris dans un seul arrondissement, le préposé n'a plus à remplir d'autres formalités préalables à son installation. Mais si son triage s'étend sur plusieurs arrondissements, ou s'il est voisin d'autres arrondissements sur lesquels le titulaire puisse être dans le cas de faire quelques actes de son ministère, comme perquisitions, citations, etc., il devra faire transcrire sa commission et l'acte de prestation de serment au greffe du tribunal ou des tribunaux dans le ressort desquels il peut être appelé à exercer.

Tout préposé qui change de résidence sans changer de grade doit de même faire inscrire sa commission au greffe du tribunal ou des tribunaux dans le ressort desquels il remplit ses fonctions. (C. for., art. 5.) Il est fait mention de cet enregistrement sur la commission par le greffier. Cette formalité est complétement gratuite.

Cet enregistrement a pour objet de fournir au tribunal le moyen de s'assurer si les procès-verbaux et exploits dressés par les gardes sont l'œuvre de fonctionnaires régulièrement investis de l'autorité nécessaire.

6. **Installation.** — Comme les gardes sont responsables des délits qu'ils n'ont pas constatés, il importe qu'en arrivant dans un triage ils en vérifient l'état, afin qu'on ne puisse pas plus tard imputer à leur négligence les délits commis antérieurement à leur prise de service. Il importe aussi au garde sortant de faire reconnaître l'état dans lequel il laisse le triage à son successeur.

Cette vérification contradictoire se fait en présence du chef de cantonnement ou du brigadier délégué à cet effet. Il en est dressé un procès-verbal qui est revêtu de la signature des gardes entrant et sortant.

Les préposés doivent, avant cette vérification

contradictoire, parcourir et visiter avec soin les limites des triages, les coupes et les lieux exposés aux délits, afin de signaler au chef qui procède à l'installation, les délits non reconnus. — Ils profiteront de cette visite complète du triage pour se faire donner tous les renseignements indispensables sur les véritables limites des bois, la situation des exploitations, les habitudes des riverains, etc., de manière à avoir, sur les hommes et les choses qu'ils auront à surveiller, des notions aussi précises que possible.

7. Préposés logés. — L'installation des préposés logés en maisons forestières doit être précédée d'une reconnaissance de l'état des lieux faite par le chef du cantonnement.

Les obligations imposées aux préposés logés ont été déterminées par un arrêté en date du 16 avril 1846, dont la teneur suit :

« A l'avenir, tout employé logé en maison fores-
« tière souscrira, au pied du procès-verbal de son
« installation, l'engagement, pour lui et ses héri-
« tiers, de se conformer aux conditions prescrites
« par l'administration en ce qui concerne soit la
« prise de possession, soit la remise de la maison
« et du terrain en dépendant. L'employé sor-
« tant sera tenu aux réparations locatives dont

« l'état sera dressé par le chef du cantonnement.

« La prime d'assurance sera payée par l'em-
« ployé sortant et celui entrant, dans la proportion
« du temps de l'occupation de la maison par chacun
« d'eux. Il en sera de même de l'impôt des portes
« et fenêtres. La contribution personnelle et mo-
« bilière sera payée en entier par l'employé sortant.

« A partir du jour de la notification de la déci-
« sion qui le changerait de résidence ou le révo-
« querait, le préposé occupant ne pourra plus faire
« acte de propriété sur les récoltes non engran-
« gées ; il ne pourra enlever que les récoltes en-
« grangées au moment de son changement.

« Les pailles et fumiers resteront sans indem-
« nité à la disposition de l'employé entrant ; ils ne
« pourront être détournés de leur destination dans
« aucun cas et sous quelque prétexte que ce soit.

« L'employé entrant recevra la maison et le
« terrain en dépendant dans l'état où ils se trou-
« veront à la sortie de son prédécesseur, sans que
« celui-ci ou ses héritiers puissent réclamer autre
« chose que les frais de culture et la valeur des
« semences.

« En cas de difficulté pour la fixation des frais
« de culture et du prix des semences, le Conser-
« vateur statuera au vu du rapport du chef de

« cantonnement et des observations de l'Inspec-
« teur. »

8. Cession d'objets divers. — Le garde sortant doit remettre à son successeur : La plaque et
le marteau affectés au triage ; le livret ou registre
destiné à la transcription des procès-verbaux, ordres de service, etc., et les feuilles de procès-verbaux non employées.

Les plaques des gardes et brigadiers domaniaux
appartiennent à l'administration qui les fournit.
Le garde entrant n'a rien à rembourser à son prédécesseur pour la remise de cet insigne.

Les plaques des gardes communaux appartiennent soit aux préposés, soit aux communes. Dans
le premier cas seulement, le garde entrant doit en
payer la valeur à celui qu'il remplace.

Le marteau est affecté au triage dont il porte
le numéro ; mais l'acquisition en est laissée à la
charge des préposés ; aussi la valeur doit-elle en
être remboursée au garde sortant.

Les difficultés qui pourraient s'élever sur la fixation du prix du marteau ou de la plaque doivent
être tranchées par le chef du cantonnement.

Le registre remis par le préposé sortant doit être
arrêté et visé par l'agent qui procède à l'installation et les deux gardes intéressés ; le nombre des

feuilles de procès-verbaux laissées au préposé entrant est inscrit sur le registre et doit représenter exactement la différence entre celui des feuilles adressées au garde sortant par le chef de cantonnement et celui des feuilles dont l'emploi est justifié.

Le préposé sortant doit encore remettre à son successeur les anciens registres, les ordres généraux de service, instructions et circulaires qui lui ont été laissés par son prédécesseur, ainsi que ceux qu'il a reçus pendant sa gestion ; outre les différents objets dont il vient d'être parlé et dont le garde entrant doit toujours exiger la remise, il peut acquérir les effets d'armement ou d'équipement de son prédécesseur. Le prix en est réglé de gré à gré entre le garde entrant et celui sortant ou ses héritiers.

Les mousquetons sont des armes de guerre dont les brigadiers et gardes ne peuvent rester détenteurs lorsqu'ils cessent leurs fonctions. — En cas de démission, révocation, mise à la retraite, décès ou changement d'un garde, son mousqueton doit être remis à son successeur, sauf remboursement du prix d'achat, déduction faite de la détérioration que l'arme aura subie. (Circ. 772.)

9. **Conseils.** — La reconnaissance du triage faite

pour l'installation a permis au nouveau garde de prendre un premier aperçu des forêts dont la surveillance lui est confiée. Il devra, au début de son service, compléter ces notions en visitant avec soin les coupes en exploitation, en s'assurant de la situation des bornes, fossés et arbres de lisière qui déterminent les limites des bois ; il parcourra les bois de particuliers afin d'en vérifier la consistance, pour être à même de constater ultérieurement les défrichements qui pourraient y être faits ; il devra enfin s'attacher à connaître les habitudes des populations riveraines des bois, les délits les plus fréquents et les moyens employés pour les commettre.

Les préposés nouvellement installés dans un triage ne sauraient apporter trop de réserve dans leurs relations avec les habitants. Ceux qui leur font le plus d'avances sont souvent les délinquants les plus adroits. Un garde prudent saura, sans affectation de sévérité, éviter au début les connaissances intimes et ne se mêler en rien aux querelles locales, afin de conserver l'indépendance et l'impartialité qui sont indispensables à tout agent de l'autorité pour s'acquitter convenablement de ses devoirs.

10. **Traitement.** — Le traitement des gardes

forestiers et cantonniers domaniaux est fixé à
600 fr. Après deux ans de service il peut être porté
à 650 fr. pour les préposés logés en maisons forestières et à 700 fr. pour ceux qui n'ont pas cet avantage.

Le traitement des gardes mixtes et communaux
varie suivant l'importance du triage ; toutefois celui des préposés mixtes ne doit pas dépasser les
chiffres ci-dessus. (Arrêtés des 10 déc. 1857 ;
20 oct. 1862.)

Après quinze ans de service, les gardes forestiers
et cantonniers domaniaux ou mixtes logés pourront recevoir un traitement de 700 fr. (id.)

Les traitements des préposés domaniaux sont
acquittés chaque mois au moyen de mandats délivrés par le conservateur et payables chez les comptables du trésor. Le traitement court à partir du
jour fixé par l'arrêté de nomination, il est liquidé
par jour de service ; le jour de l'installation, comme
celui de la cessation de service, comptent dans la
liquidation. Chaque mois est compté pour 30 jours.

11. **Retenues.** — Le traitement des gardes domaniaux ou mixtes est soumis à des retenues de
diverses natures, dont le montant est affecté au
service des pensions de retraite ; ces retenues
sont :

1o 5 0/0 sur les sommes payées à titre de traitement ;

2o Douzième du traitement lors de la première nomination ou dans le cas de réintégration et douzième de toute augmentation ultérieure ;

3o Retenues pour causes de congés et d'absences ou par mesure disciplinaire. (Loi du 9 juin 1853.)

La retenue de 5 0/0 s'opère sur le montant des sommes allouées à raison du service fait. On force les décimales s'il y a des fractions de centimes ; ainsi par exemple : pour un traitement annuel de 700 francs dont le douzième est de 58 fr. 33 c., on déduira de cette dernière somme 2 fr. 92 c., au lieu de 2 fr. 916 qui est le montant exact du 5 0/0.

La retenue du douzième du 1er traitement ou des augmentations ultérieures s'effectue en retranchant du traitement net, c'est-à-dire déduction faite du 5 0/0, le douzième net de l'augmentation.

Il résulte de cette opération, qu'un préposé nouvellement nommé n'a rien à recevoir pour son premier mois de service. On lui transmet néanmoins un mandat qu'il doit acquitter et remettre au percepteur de la commune. Pour le mois qui suit une augmentation de traitement, la somme à recevoir par le préposé est la même que pour le mois précédent.

Les retenues pour cause de congés et mesures disciplinaires s'effectuent de la même manière.

12. Les traitements des préposés communaux sont soumis à des retenues dont le montant est versé à leur profit à la caisse des retraites pour la vieillesse ; les retenues sont :

1° Une somme annuelle de 20 fr. pour les traitements de 300 à 499 francs ;

Une somme annuelle de 30 fr. pour les traitements de 500 à 599 francs ;

Une somme annuelle de 40 fr. pour les traitements de 600 fr. et au-dessus ;

2° Lors de l'entrée en fonctions des préposés nouvellement nommés :

Une somme de 20 fr. pour les traitements de 300 à 499 francs ;

Une somme de 30 fr. pour les traitements de 500 à 599 francs ;

Une somme de 40 fr. pour les traitements de 600 fr. et au-dessus.

3° Lors d'une augmentation de traitement :

Une somme de 10 fr. pour une augmentation de 50 à 100 francs ;

Une somme de 20 fr. pour une augmentation de 100 fr. et au-dessus.

Le coût du livret (0,25 c.) sera prélevé en augmentation de la première retenue qui sera effectuée.

Les préposés auxquels les communes ou établissements publics auraient assuré une pension de retraite et ceux dont le traitement est inférieur à 300 fr. ou qui, au 1er janvier 1860, avaient dépassé l'âge de 45 ans, ne sont point obligés de supporter les retenues ci-dessus déterminées. (Règlement ministériel du 26 décembre 1859.)

13. Les traitements communaux se règlent tous les trimestres.

Les retenues pour entrée en fonctions ou augmentation s'effectuent sur le premier mandat délivré après la reprise de service ou l'augmentation.

La retenue annuelle s'opère par moitié, sur les mandats des premier et troisième trimestres.

Chacun des versements faits à la caisse des retraites pour le compte d'un préposé ne pouvant être inférieur à 5 fr. et ceux d'un préposé marié moindres de 10 fr. on répartit la retenue annuelle de manière à opérer les versements par nombres ronds de 5 ou 10 francs. Ces retenues sont alors imputées, suivant les cas, sur un seul ou sur deux mandats.

Il est loisible aux préposés d'augmenter les versements dont le règlement précité a seulement fixé

le taux minimum. Les préposés pour qui les retenues ne sont pas obligatoires peuvent aussi profiter, s'ils le demandent, du bénéfice des dispositions
de ce règlement. Nous indiquerons au paragraphe 31 les formalités qui doivent être remplies
préalablement à l'ouverture d'un compte à la Caisse
des retraites et celles des règles de cette institution
qu'il est utile aux préposés de connaître.

14. Les traitements communaux sont centralisés
à la Caisse des receveurs généraux et mandatés par
les préfets sur les certificats de service délivrés
par les agents forestiers. Ces mandats sont payables chez les receveurs particuliers et les percep-
teurs.

15. **Perte de mandats.** — Si un mandat vient
à être perdu, on peut en réclamer un duplicata en
adressant un certificat du comptable chez lequel
il était payable, constatant que le paiement n'en a
pas été effectué. A ce certificat doit être joint un
engagement sur papier timbré de rembourser le
mandat perdu dans le cas où il serait représenté
acquitté. (*Voir modèle* nº 27.)

Il convient, pour la régularité de la comptabilité
et pour éviter les pertes de mandats, que les préposés en reçoivent le montant dans le courant du
mois.

16. Changements de résidence. — Dans le cas de changement de résidence, il est accordé aux préposés, pour se rendre à leur nouveau poste, un délai de dix jours lorsque la distance à parcourir n'excède pas 50 myriamètres, plus un jour par 5 myriamètres en sus de cette distance. (Circ. 496.)

Ce délai compte à partir du jour de la remise du service, il peut être restreint si la lettre d'avis du changement fixe l'époque où le préposé devra être rendu à son nouveau poste. Pendant le délai accordé pour le changement de résidence, les traitements domaniaux continuent à être liquidés comme si le préposé était resté à son ancien poste ; la partie communale des traitements mixtes et la totalité du traitement des gardes communaux reviennent au préposé chargé du service.

17. Préposés logés en maison forestière. — Les préposés domaniaux logés en maison forestière ont la jouissance du jardin et des terrains qui y sont annexés ; la contenance totale des terrains et jardins est de cinquante ares ; elle peut s'élever à un hectare, lorsqu'il est constaté que les terrains sont de qualité inférieure. (Déc. min. du 21 janvier 1856.)

La clôture et l'entretien en sont à la charge des préposés, ils doivent les cultiver en bons pères de famille ; les produits destinés à l'entretien du ménage ne doivent pas être vendus.

L'ordonnance intérieure ou extérieure de la maison ne doit pas être modifiée par les préposés, à moins d'une autorisation spéciale. Les loges, hangars, etc., construits par les préposés près des maisons forestières, doivent être couverts en tuiles ou autres matériaux incombustibles. (Circ. nº 592 bis.) Voir au § 7 pour les autres conditions imposées aux préposés logés en maison forestière.

18. **Pâturage de deux vaches.** — Les préposés domaniaux logés ou non en maison forestière ont le droit d'introduire deux vaches au pâturage ; le pâturage ne doit être exercé que sous la surveillance de gardiens et dans les cantons désignés par le chef de service, qui en fait mention sur le livret des gardes.

Il est formellement interdit aux gardes de faire commerce de lait ni de beurre, ces produits devant être consommés par eux ou leur famille. (Circ. 341, 448.)

Les préposés domaniaux sont autorisés à récolter le fourrage nécessaire pour nourrir leurs vaches pendant l'hiver. Les lieux où l'herbe devra être récoltée seront désignés à chaque brigadier et garde par le chef du cantonnement ; cet agent décidera si l'herbe devra être fauchée, coupée à la faucille, ou arrachée à la main,

Il est interdit aux brigadiers et gardes de vendre ou d'échanger l'herbe ainsi récoltée, de l'employer à aucun autre usage qu'à la nourriture de leurs bestiaux et d'en abandonner quelque partie que ce soit pour prix de la coupe ou de la récolte. (Décis, min, du 18 juillet 1851.)

19. **Panage.** — Les préposés domaniaux sont autorisés à introduire chacun deux porcs en forêt, dans les cantons défensables. Ces cantons, ainsi que l'époque, la durée et les autres conditions de l'exercice du panage, sont indiqués, pour une ou plusieurs années, par un procès-verbal dressé par le chef de service ; un extrait de ce procès-verbal sera inscrit sur le livret de chaque préposé. Le panage ne peut être exercé, à moins d'une autorisation spéciale délivrée par le chef de service, que sous la surveillance d'un gardien. (Circ. 711.)

Les préposés communaux logés ou non peuvent être admis à jouir d'avantages analogues, si le conseil municipal les y autorise par une délibération régulièrement approuvée ; ils sont alors assujettis aux mêmes conditions que les brigadiers et gardes domaniaux.

20. Chauffage. — Les préposés forestiers domaniaux reçoivent pour leur chauffage une délivrance dont la quotité est fixée à 8 stères et 100 fagots. Cette délivrance est réduite, pour les gardes mixtes, proportionnellement à la portion de traitement qu'ils perçoivent sur le trésor ; elle est aussi réduite pour les préposés domaniaux et mixtes qui reçoivent des bois de chauffage à titre d'affouagistes ou d'usagers.

Les bois délivrés aux préposés sont mis en charge sur les coupes, ils doivent être de qualité marchande et sont reçus sur la coupe par le chef de cantonnement qui appose l'empreinte de son marteau sur chaque extrémité des bûches. Ils doivent être livrés par l'adjudicataire au domicile des préposés ; il est dressé procès-verbal de cette livraison, et cet acte signé du garde sert de décharge à l'adjudicataire. (Déc. min. du 23 juin 1837.)

S'il n'y a pas de coupe, les bois sont exploités et transportés au domicile des gardes aux frais de l'administration. (Déc. minist. du 29 mai 1850.) Les bois ainsi livrés sont destinés à l'usage exclusif des préposés ou de leurs familles ; ils ne peuvent être ni cédés ni vendus ; en cas de départ pour quelque motif que ce soit, la portion restante doit être remise au successeur.

Les préposés communaux à qui des délivrances de bois de chauffage sont faites d'après l'autorisation des conseils municipaux, sont soumis aux mêmes obligations que les gardes domaniaux.

21. Indemnités. — Les préposés chargés de missions hors de leur circonscription peuvent être indemnisés des frais occasionnés par leur déplacement; ils n'ont droit à indemnité qu'autant que la mission a été autorisée par l'administration, et dans ce cas cette indemnité est réglée :

Pour frais de route, par myriamètre; 1 fr. 50, lorsque le voyage a lieu par les voies de terre, 0 fr. 75 lorsque le transport s'effectue par les chemins de fer ou les bateaux.

Pour frais de séjour à Paris 5 fr. ; ailleurs 3 fr. par jour.

L'indemnité du séjour ne doit pas être appliquée au temps du voyage et en général au jour du départ et à celui de l'arrivée (Déc. min. du 24 déc. 1862, circ. 828). Les préposés appelés, avec l'autorisation du conservateur, en dehors de leur circonscription par les opérations des coupes, ont droit à l'indemnité fixée par cette décision, mais seulement dans le cas où ils sont obligés de découcher. (Circ. 852.)

22. Nominations. — Les gardes et brigadiers domaniaux et mixtes sont nommés par le directeur général (ord. régl., art. 12), les préposés communaux sont nommés par les préfets (décret du 25 mars 1852). La moitié des emplois de gardes domaniaux ou mixtes est réservée aux sous-officiers rengagés présentés par les ministres de la guerre ou de la marine (ord. roy., des 27 décembre 1841 et 9 mars 1842); l'autre moitié est attribuée aux fils d'agents ou gardes domaniaux et mixtes, aux gardes cantonniers et aux gardes communaux présentés par les conservateurs. Les gardes cantonniers peuvent être nommés gardes forestiers de 2e classe après 4 ans de service. Ce délai n'est pas exigé pour ceux des cantonniers qui sont fils de gardes ou portés sur les états de présentation des ministres de la guerre et de la marine. (Arrêté du 20 oct. 1862.)

23. Les gardes communaux, pour être admis dans le service domanial, devront avoir au moins quatre ans d'exercice et être âgés de moins de 35 ans, s'ils ne justifient de cinq ans de services militaires; toutefois, ils ne pourront, dans aucun cas, être nommés après 40 ans. Il est bien entendu que les gardes communaux qui auraient servi en qualité de sous-officiers, ou qui seraient fils d'a-

16

gents ou de gardes, conserveront l'avantage atta-
ché à leur position. (Circ. 414, 464.)

24. Brigadiers. — Les brigadiers sont les in-
termédiaires entre les gardes et les chefs de cantonnement.

Indépendamment du triage qui peut leur être
confié, ils exercent leur surveillance sur les gar-
deries de leur brigade et sur la conduite administrative et privée des gardes.

Les emplois de brigadiers domaniaux ou mixtes
ne peuvent être donnés qu'à des préposés domaniaux ou mixtes ayant au moins deux ans d'exercice en cette qualité. (Circ. nº 464.)

Les brigadiers à triage doivent être de préférence appelés aux postes de brigadiers sans triage.
(Circ. nº 552 *bis*.)

Le traitement des brigadiers forestiers est fixé
ainsi qu'il suit :

1re Classe.	1,000 fr.
2e —	900 fr.
3e —	800 fr.

Indépendamment de leurs fonctions de surveillance et de la notification des procès-verbaux ou
jugements qui leur est ordinairement confiée, les
brigadiers sans triage sont chargés de :

Reconnaître et marquer les lieux où devront être établis les fosses ou fourneaux pour charbon, les loges ou ateliers, sauf au chef de cantonnement à désigner ces emplacements par écrit suivant le vœu de l'art. 38 du Code forestier.

Ils opèrent, dans les cantons désignés, la délivrance des plants, des harts et généralem ent de tous les menus produits autres que ceux dont l'enlèvement, s'opérant sur plusieurs points à la fois, ne peut avoir lieu que sous la surveillance du garde local.

Ils marquent, lorsque le conservateur en aura donné l'autorisation, les porcs et bestiaux admis au parcours dans les cantons défensables. (Circ. 585.)

Ils remplacent les agents forestiers dans les ventes des produits accessoires des forêts communales et d'établissements publics, quand l'estimation n'excède pas 100 fr., et dans les ventes sur les lieux des produits principaux et accessoires des mêmes bois, quel que soit le montant de l'estimation des produits. (Circ. 519,593.)

25. **Avancement.** — Les brigadiers domaniaux, mixtes et communaux du service actif peuvent être nommés gardes généraux adjoints, s'ils subissent avec succès les épreuves déterminées par le règlement ministériel du 10 avril 1861.

Pour être admis à subir ces épreuves, les brigadiers doivent avoir au moins deux ans d'exercice dans ce grade. (Règl. précité, art. 2.)

Les préposés qui désireront prendre part aux épreuves devront en faire la demande dans l'année qui précédera celle où ils auront l'intention de se présenter. (Art. 3.)

Les conditions du concours sont indiquées dans les art. 6 et suivants du règlement du 10 avril 1861 dont le texte est inséré à la fin de ce volume.

26. **Uniforme.** — Les préposés, dans l'exercice de leurs fonctions, doivent toujours être revêtus des insignes de leur emploi. (Ord., art 34.)

La plaque est l'insigne distinctif des fonctions des préposés forestiers ; ils doivent la porter d'une manière ostensible.

L'uniforme des gardes et des brigadiers a été réglé par les décisions ministérielles des 8 août 1840 et 3 juin 1854, dont les dispositions combinées sont ainsi conçues :

27. L'habillement, équipement et armement des gardes forestiers se composent des objets suivants :

1o Tunique vert dragon à jupe plate, avec collet vert, passe-poils et patte jonquille, boutons blancs estampés en relief d'un aigle et surmontés du mot

Foréts; les gardes forestiers de première classe porteront un galon jonquille au bras gauche. Les brigadiers porteront au collet un léger rameau de chêne en argent.

2º Pantalon vert dragon à grand pont et à boucle, avec passe-poils jonquille;

3º Guêtres de cuir noir, modèle de l'infanterie légère;

4º Col noir en crinoline;

5º Schako en drap vert avec passe-poils jonquille, ganse de même couleur au pourtour supérieur, calot de cuir noir verni, plaque en métal, cocarde aux couleurs nationales, pompon vert et jaune, bourdaloue en cuir verni;

6º Blouse en toile bleue, fendue sur la poitrine;

7º Pantalon en treillis écru;

8º Sac de chasse, dit carnier, avec bandoulière pareille et fourreau de baïonnette, la bandoulière doit être en cuir noir;

9º Ceinturon en cuir noir avec plaque en métal, estampée d'un corps de chasse;

10º Plaque;

11º Marteau;

12º Livret;

13º Chaîne métrique;

14º Couteau de chasse avec ceinturon;

15° Mousqueton avec sa baïonnette et bretelle en cuir noir garnie de doubles boutons en cuivre.

L'administration fournit aux préposés domaniaux la plaque et le livret, elle fournit seulement le livret aux gardes et brigadiers communaux; tous les autres objets sont achetés et payés directement par les gardes aux fournisseurs désignés par le conservateur ou le chef de service.

La tenue complète est obligatoire pour tous les préposés domaniaux et pour ceux mixtes dont le traitement est de 400 fr. et au-dessus. Les gardes mixtes dont le traitement est inférieur à 400 fr. et les gardes communaux sont seulement tenus de se pourvoir des objets composant la petite tenue et d'équipement indispensables dans le service.

Deux revues d'habillement sont annuellement passées par les inspecteurs ou les agents chefs de service (déc. min. du 12 février 1845); il est rendu compte au conservateur du résultat de ces revues.

Les chefs de cantonnement vérifieront aussi la tenue des préposés dans leurs visites en forêt et signaleront à l'inspecteur les objets d'habillement et d'équipement dont ces préposés auraient à se pourvoir. L'inspecteur transmettra ces rapports avec son avis au conservateur qui statuera. Si dans le mois qui suivra la notification de la décision du conservateur, les préposés ne justifient pas qu'ils ont formé la commande des objets reconnus nécessaires, le conservateur les suspendra de leurs fonctions et en référera à l'administration. (Circ. 590.)

A moins de circonstances exceptionnelles dont l'administration sera juge, les préposés qui ne seront pas pourvus, dans les trois mois de leur installation, des objets d'habillement et d'équipement prescrits par les décisions précitées, seront considérés comme démissionnaires. (Même circ.)

L'entretien des armes a fait l'objet d'une instruction détaillée qui doit être entre les mains de tous les préposés ; nous renvoyons à ce document trop étendu pour être rapporté ici.

Il est défendu de bronzer les mousquetons. (Circ. 597.)

Il est important que, dans l'exercice de leurs fonctions, les préposés soient toujours revêtus de leur uniforme et pourvus de leur plaque ; le port de ce costume et des insignes distinctifs de l'emploi ne permet pas de méconnaître la qualité des gardes et prévient ainsi les violences auxquelles ils pourraient être exposés.

28. **Congés.** — Aucun préposé ne doit quitter

son poste sans un congé régulier. (Arrêté ministériel du 25 avril 1854.)

Les congés ne peuvent être accordés que par le conservateur ou le directeur général.

Le conservateur accorde les congés des gardes communaux ; pendant la durée des congés des préposés de cette catégorie, le garde chargé de l'intérim reçoit le traitement affecté au triage.

Le conservateur peut aussi accorder des congés avec retenue aux préposés domaniaux ou mixtes.

Le Directeur général accorde seul les congés sans retenue. (Arrêté du 25 avril 1854.)

Les employés ne peuvent obtenir chaque année un congé ou une autorisation d'absence de plus de quinze jours sans subir une retenue. Toutefois, un congé d'un mois sans retenue peut être accordé à ceux qui n'ont joui d'aucune autorisation d'absence pendant trois années consécutives.

Pour les congés de moins de trois mois, la retenue est de la moitié ou des deux tiers au plus du traitement.

Après trois mois de congés consécutifs ou non, dans la même année, l'intégralité du traitement est retenue et le temps excédant les trois mois n'est pas compté comme service effectif pour la pension de retraite.

Sont affranchies de toute retenue, les absences ayant pour cause l'accomplissement d'un des devoirs imposés par la loi.

En cas d'absence pour cause de maladie dûment constatée, le fonctionnaire ou l'employé peut être autorisé à conserver l'intégralité de son traitement pendant un temps qui ne peut excéder trois mois; pendant les trois mois suivants, il peut obtenir un congé avec retenue de la moitié au moins et des deux tiers au plus du traitement.

Si la maladie est la suite d'un acte de dévouement dans un intérêt public ou d'une lutte soutenue dans l'exercice de leurs fonctions; si elle est déterminée par un accident grave résultant notoirement de l'exercice de leurs fonctions, les préposés peuvent conserver l'intégralité de leur traitement jusqu'à leur rétablissement ou leur mise à la retraite. (Décret du 9 novembre 1853, art. 16.)

L'employé qui s'est absenté ou qui a dépassé la durée de son congé sans autorisation peut être privé de son traitement pendant un temps double de celui de son absence irrégulière. (Même décret, art. 17.)

Toute demande de congé doit énoncer le motif

de l'absence et le lieu où le réclamant a l'intention de se rendre (arrêté ministériel du 25 avril 1854); elle doit être transmise par la voie hiérarchique.

Toute demande de congé sans retenue, pour cause de maladie, doit être appuyée d'un certificat de médecin; dans le cas où la maladie est de nature à entraîner un déplacement, la nécessité doit en être constatée par un certificat d'un médecin désigné par le Conservateur et assermenté. (Même arrêté, art. 16.)

Les congés cessent d'être valables, s'il n'en a pas été fait usage dans les quinze jours de leur notification. (Id., art. 2.)

Il peut se présenter telle circonstance grave et urgente, qu'un préposé soit obligé de quitter son poste sans avoir le temps de solliciter un congé; dans ce cas, il devra en rendre immédiatement compte à son supérieur hiérarchique et ne quitter son poste qu'après que le service sera assuré en son absence . (Circ. n° 733.)

29. **Admission dans les hôpitaux militaires.** — Les préposés du service actif ou sédentaire qui se feront transporter dans un hôpital, ou qui se rendront aux eaux pour cause de maladie dûment constatée ou par suites de blessures reçues dans

l'exercice de leurs fonctions, pourront être admis dans les hôpitaux militaires moyennant 1 fr. 50 c. par jour.

Les sommes dues pour frais de séjour dans les hôpitaux militaires seront portées sur les états de traitement et retenues sur les premiers mandats délivrés aux préposés. (Circ. n° 854.)

Les gardes à cheval, brigadiers et gardes admis dans les hôpitaux militaires ou dans les salles militaires des hôpitaux civils, ne seront passibles de la dépense résultant de leur séjour dans ces établissements, que jusqu'à concurrence de la somme qui leur sera due sur leur solde, au moment de leur sortie ; et le surplus sera acquitté par l'État sur les fonds libres des traitements des agents du service extérieur.

Après le prélèvement du prix de la journée d'hôpital, s'il ne reste pas sur la journée du préposé une somme libre de 0,50 c. pour les besoins de sa famille, cette somme sera complétée ou fournie par l'administration sur les fonds disponibles des traitements, pendant toute la durée du séjour à l'hôpital indépendamment du complément prévu par le paragraphe précédent. (Décis. min. du 28 octobre 1847.)

Les demandes d'admission dans les hôpitaux militaires ou établissements d'eaux thermales sont adressées au ministre de la guerre et transmises par la voie hiérarchique.

30. **Retraites.** — Les préposés forestiers domaniaux ou mixtes ont droit à la pension de retraite.

Le droit à la pension de retraite est acquis pour les préposés, à 55 ans d'âge et 25 ans de service; est dispensé de la condition d'âge, le titulaire qui est reconnu par le ministre hors d'état de continuer ses fonctions. (Loi du 9 juin 1853, art. 5.)

Pour les services antérieurs au 1er janvier 1854, la pension est basée sur la moyenne des traitements pendant les quatre dernières années, et pour les services postérieurs à cette date, sur la moyenne des six dernières années. (Id., art. 6 et 18; ord. du 12 janvier 1825, art. 10.)

La pension des préposés qui avaient 25 ans de services civils et militaires au 1er janvier 1854 sera liquidée d'après la moyenne des quatre dernières années.

La pension est réglée pour chaque année de service au 60º du traitement moyen; néanmoins, après 25 ans de services entièrement rendus dans la partie active, elle est de la moitié du traitement moyen, avec accroissement pour chaque année de services en sus d'un 50° du traitement. Toutefois, dans le cas d'accomplissement de la durée réglementaire de service au 1er janvier 1854, l'accroissement de la pension pour chaque année en sus est du 40° du traitement moyen. (Ord. du 12 janvier 1825, art. 11.) En aucun cas elle ne peut excéder les trois quarts du traitement moyen. (Loi du 9 juin 1853, art. 7.)

Les services dans les armées de terre et de mer concourent avec les services civils pour établir le droit à la pension et sont comptés pour leur durée effective, pourvu toutefois que les services civils soient au moins de dix ans dans la partie active.

Si les services militaires de terre ou de mer ont déjà été rémunérés par une pension, ils n'entrent pas dans le calcul de la liquidation; s'ils n'ont pas été rémunérés par une pension, la liquidation est opérée d'après le minimum attribué au grade par les tarifs annexés à la loi sur les pensions militaires.

Peuvent exceptionnellement obtenir pension, quels que soient leur âge et la durée de leur activité :

1° Les fonctionnaires ou employés qui auront été mis hors d'état de continuer leur service, soit par suite d'un acte de dévouement dans un intérêt public ou en exposant leurs jours pour sauver la vie d'un de leurs concitoyens, soit par suite de lutte ou combat soutenu dans l'exercice de leurs fonctions;

2º Ceux qu'un accident grave, résultant notoirement de l'exercice de leurs fonctions, met dans l'impossibilité de les continuer.

Peuvent également obtenir pension, s'ils comptent quarante-cinq ans d'âge et quinze ans de service dans la partie active, ceux que des infirmités graves, résultant de l'exercice de leurs fonctions, mettent dans l'impossibilité de les continuer, ou dont l'emploi aura été supprimé. (Id., art. 11.)

Dans les cas prévus par le § 1er de l'article précédent, la pension est de moitié du dernier traitement.

Dans le cas prévu par le § 2, la pension est liquidée à raison d'un 50º du dernier traitement pour chaque année de service civil; elle ne peut être inférieure au 6º dudit traitement.

Dans les cas prévus par le § 3 de l'article précédent, la pension est également liquidée à raison d'un 50º du traitement moyen pour chaque année de service civil. (Id., art. 12.)

A droit à la pension, la veuve du fonctionnaire

qui a obtenu une pension de retraite ou qui a accompli la durée de service exigée par l'art. 5, pourvu que le mariage ait été contracté six ans avant la cessation des fonctions du mari.

La pension de la veuve est du tiers de celle que le mari avait obtenue ou à laquelle il aurait eu droit; elle ne peut être inférieure à cent francs, sans toutefois excéder celle que le mari aurait obtenue ou pu obtenir.

Le droit à la pension n'existe pas pour la veuve dans le cas de séparation prononcée sur la demande du mari. (Id., art. 13.)

Ont droit à pension :

1o La veuve du fonctionnaire ou employé qui, dans l'exercice ou à l'occasion de ses fonctions, a perdu la vie dans un naufrage ou dans un des cas spécifiés au § 1er de l'art. 11, soit immédiatement, soit par suite de l'événement;

2o La veuve dont le mari aurait perdu la vie par un des accidents prévus au § 2 de l'art. 11 ou par suite de cet accident.

Dans le premier cas, la pension est des deux tiers de celle que le mari aurait obtenue ou pu obtenir par application de l'art 12. (§ 1er.)

Dans le second cas, la pension est du tiers de

celle que le mari aurait obtenue ou pu obtenir en vertu dudit article.(§ 2°.)

Dans les cas spécifiés au présent article, il suffit que le mariage ait été contracté antérieurement à l'événement qui a amené la mort ou la mise à la retraite du mari. (Id., art. 14.)

Toutes les fois que les circonstances exceptionnelles prévues par les art. 11 et 14 de la loi du 9 juin 1853 se seront produites après l'accomplissement de la durée réglementaire de service, la pension du préposé ou celle de sa veuve sera liquidée d'après les bases déterminées par les art. 12 à 14 précités. (Avis du conseil d'État du 5 juillet 1855.)

L'orphelin ou les orphelins mineurs d'un fonctionnaire ou d'un employé ayant obtenu pension, ou ayant accompli la durée de services exigée par l'art. 5 de la présente loi, ou ayant perdu la vie dans un des cas prévus par les §§ 1er et 2 de l'art. 14, ont droit à un secours annuel lorsque la mère est ou décédée ou inhabile à recueillir la pension ou déchue de ses droits.

Ce secours est, quel que soit le nombre des enfants, égal à la pension que la mère aurait obtenue ou pu obtenir, conformément aux art. 13, 14 et 15; il est partagé entr'eux par égales portions et payé jusqu'à ce que le plus jeune des enfants ait atteint l'âge de vingt et un ans accomplis, la part de ceux qui décéderaient ou celles des majeurs faisant retour aux mineurs.

S'il existe une veuve et un ou plusieurs orphelins mineurs provenant d'un mariage antérieur du préposé, il est prélevé sur la pension de la veuve et sauf reversibilité en sa faveur, un quart au profit de l'orphelin du premier lit, s'il n'en existe qu'un en âge de minorité, et la moitié s'il en existe plusieurs. (Id., art. 16.)

Toute demande de pension doit être adressée au ministre du département auquel appartient le fonctionnaire. Cette demande doit, à peine de déchéance, être présentée avec les pièces à l'appui dans le délai de cinq ans à partir de la promulgation de la présente loi (9 juin 1853), pour les droits ouverts antérieurement et pour les droits qui s'ouvriront postérieurement à partir, savoir : pour le titulaire, du jour où il aura été admis à faire valoir ses droits à la retraite, ou du jour de la cessation de ces fonctions s'il a été autorisé à les continuer après cette admission, et pour la veuve, du jour du décès du fonctionnaire.

Les demandes de secours annuels pour les orphelins doivent être présentées dans le même délai, à partir de la promulgation de la présente loi ou du jour du décès de leur père ou de leur mère. (Id., art. 22.)

La jouissance de la pension commence du jour de la cessation du traitement ou le lendemain du décès du fonctionnaire; celle du secours annuel, du lendemain du décès du fonctionnaire ou du décès de la veuve; il ne peut, dans aucun cas, y avoir rappel de plus de trois années d'arrérages antérieurs à la date de l'insertion au bulletin des lois du décret de concession. (Id. art. 25.)

Les pensions sont incessibles, aucune saisie ou retenue ne peut être opérée du vivant du fonctionnaire que jusqu'à concurrence d'un cinquième pour débet envers l'État ou pour des créances privilégiées, aux termes de l'art. 2,101 du code Napoléon, et d'un tiers dans les circonstances prévues par les art. 203, 205, 206, 207 et 214 du même code. (Id., art. 26.)

Tout fonctionnaire ou employé démissionnaire, destitué, révoqué d'emploi, perd ses droits à la pension; s'il est remis en activité, son premier service lui est compté.

Celui qui est constitué en déficit pour détournement de deniers ou de matières, ou convaincu de malversation, perd ses droits à la pension, lors même qu'elle aurait été liquidée ou inscrite.

La même disposition est applicable au fonctionnaire convaincu de s'être démis de son emploi à prix d'argent, et à celui qui aura été condamné à une peine infamante ou afflictive; si dans ce dernier cas il y a réhabilitation, les droits à la pension seront rétablis. (Id., art. 27.)

Le fonctionnaire admis à la retraite doit produire indépendamment de son acte de naissance et d'une déclaration de domicile :

1º Pour la justification des services civils : un extrait dûment certifié des registres et sommiers de l'administration ou du ministère auquel il a appartenu, énonçant ses noms et prénoms, sa qualité, la date et le lieu de sa naissance, la date de son entrée dans l'emploi avec traitement, la série de ses grades et services, l'époque de la cessation d'activité et le montant du traitement dont il a joui pendant chacune des six dernières années de son activité.

Lorsqu'il n'aura pas existé de registres, ou que tous les services administratifs ne se trouveront pas inscrits sur les registres existants, il y sera suppléé, soit par un certificat du chef ou des chefs compétents des administrations où l'employé aura servi, relatant les indications ci-dessus énoncées, soit par un extrait des comptes et états d'émargement certifié par le greffier de la cour des comptes.

Les services civils rendus hors d'Europe sont constatés par un certificat distinct délivré par le ministre compétent. Ce certificat, conforme au modèle annexé au décret, énonce, pour chaque mutation d'emploi, le traitement normal du grade et le supplément accordé à titre de traitement colonial.

A défaut de ces justifications, et lorsque, pour cause de destruction des archives dont on aurait pu les extraire, ou du décès des fonctionnaires supérieurs, l'impossibilité de les produire aura été prouvée, les services pourront être constatés par acte de notoriété ;

2º Pour la justification des services militaires de terre et de mer.

Un certificat directement émané du ministère de la guerre ou de celui de la marine.

Les actes de notoriété, les congés de réforme et les actes de licenciement ne sont pas admis pour la justification des services militaires. Lorsque des actes de cette nature sont produits, ils sont renvoyés au ministère de la guerre ou à celui de la marine, qui les remplace, s'il y a lieu, par un certificat authentique.

Les services des employés de préfectures et de sous-préfectures sont justifiés par un certificat du préfet ou du sous-préfet constatant que le titulaire a été rétribué sur les fonds d'abonnement, et ce certificat doit être visé par le ministre de l'intérieur.

Les veuves prétendant à pension fournissent. indépendamment des pièces que leur mari aurait été tenu de produire :

1º Leur acte de naissance ;

2º L'acte de décès de l'employé ou du pensionnaire;

3º L'acte de célébration du mariage ;

4º Un certificat de non-séparation de corps, et, si le mariage est antérieur à la loi du 8 mai 1816, un certificat de non-divorce ;

5º Dans le cas où il y aurait eu séparation de corps, la veuve doit justifier que cette séparation a été prononcée sur sa demande.

Les orphelins prétendant à pension fournissent, indépendamment des pièces que leur père aurait été tenu de produire :

1º Leur acte de naissance;

2º L'acte de décès de leur père;

3º L'acte de célébration de mariage de leurs père et mère;

4º Une expédition ou un extrait de l'acte de tutelle;

5º En cas de prédécès de la mère, son acte de décès;

En cas de séparation de corps, expédition du jugement qui a prononcé la séparation ou un certificat du greffier du tribunal qui a rendu le jugement;

En cas de second mariage, acte de célébration.

Les veuves ou orphelins prétendant à pension produisent le brevet délivré à leur mari ou père, lorsqu'il est décédé en jouissance de pension, ou une déclaration constatant la perte de ce titre.

Les enfants orphelins des fonctionnaires décédés pensionnaires ne peuvent obtenir de secours à titre de réversion qu'autant que le mariage dont ils sont issus a précédé la mise à la retraite de leur père.

Dans les cas spécifiés aux paragraphes 1er et 2 de l'article 11, 1er et 2 de l'article 14 de la loi du 9 juin 1853, l'événement donnant ouverture au droit à pension doit être constaté par un procès-verbal en due forme dressé sur les lieux et au moment où il est survenu. A défaut de procès-verbal, cette constatation peut s'établir par un acte de notoriété rédigé sur la déclaration des témoins de l'événement ou des personnes qui ont été à même d'en connaître et d'en apprécier les conséquences. Cet acte doit être corroboré par les attestations conformes de l'autorité municipale et des supérieurs immédiats des fonctionnaires.

Dans le cas d'infirmités prévu par le troisième paragraphe de l'article 11 de la loi du 9 juin, ces infirmités et leurs causes sont constatées par les médecins qui ont donné leurs soins au fonctionnaire et par un médecin désigné par l'administration et assermenté. Ces certificats doivent être corroborés par l'attestation de l'autorité municipale et celle des supérieurs immédiats du fonctionnaire.

Tout titulaire d'une pension inscrite au Trésor doit produire, pour le paiement, un certificat de vie délivré par un notaire, conformément à l'ordonnance du 6 juin 1839, lequel certificat contient, en exécution des articles 14 et 15 de la loi du 15 mai 1848, la déclaration relative au cumul.

La rétribution fixée par le décret du 21 août 1806 et l'ordonnance du 20 juin 1847, pour la délivrance des certificats de vie, est modifiée ainsi qu'il suit :

Pour chaque trimestre à percevoir :

De 600 francs et au-dessus. . . . « fr. 50 c.

De 600 à 301 francs . . . . « 35

De 300 à 101 francs. . . . . . . « 25

De 100 à 50 francs. . . . . « 20

Au-dessous de 50 francs. . . . . « »

Il est important que les préposés conservent avec soin les commissions qui leur sont délivrées, pour être en mesure de les représenter lorsqu'ils feront valoir leurs droits à la retraite.

Si, sur les commissions qui leur sont délivrées, les noms et prénoms ne sont pas inscrits conformément à l'acte de naissance, ils les renverront à leur supérieur immédiat en demandant qu'il y soit fait les rectifications convenables. De simples transpositions dans les prénoms nécessitent parfois des démarches et des frais, si elles ne sont pas corrigées immédiatement.

Il est aussi très-important pour les préposés de faire constater, dans les formes indiquées par l'article 35 du décret du 9 novembre 1853, les accidents graves qu'ils éprouvent dans l'exercice ou à l'occasion de l'exercice de leurs fonctions. Cette constatation doit autant que possible être faite par un procès-verbal dressé par les agents forestiers sur les lieux et au moment où l'événement est survenu; faute d'avoir ainsi fait constater des événements qui, plus tard, peuvent donner des droits à une retraite exceptionnelle, il faut recourir à un acte de notoriété qu'il est coûteux et difficile de se procurer.

31. **Caisse des retraites pour la vieillesse.** — L'institution de la caisse des retraites pour la vieillesse a pour but d'assurer, au moyen de modiques prélèvements sur les salaires, une pension suffisante pour protéger les vieux jours des travailleurs contre la misère.

Cette caisse est mise sous la garantie de l'État. Elle reçoit les versements faits au profit de toute personne âgée de plus de trois ans.

Chaque versement donnant lieu à une liquidation distincte, ils peuvent être interrompus ou continués au gré du déposant.

Les versements effectués par des déposants mariés et non séparés de biens profitent par moitié à chacun des deux conjoints.

Les versements antérieurs au mariage restent propres à celui qui les a faits.

La caisse des retraites ne reçoit pas de somme inférieure à 5 fr., les versements ne doivent pas comprendre de fractions de francs. Les versements faits au profit de deux conjoints doivent être de 10 fr. au moins et multiples de 2 fr.

Les versements à la caisse des retraites de la vieillesse sont reçus à Paris par la caisse des dépôts et consignations, et dans les départements, par les receveurs généraux et particuliers des finances. Les versements peuvent être faits soit avec aliénation soit avec réserve du capital.

Dans le premier cas, la totalité des sommes versées reste acquise à la caisse, dont la seule obligation consiste à fournir au déposant une rente viagère lorsqu'il aura atteint l'âge fixé par sa déclaration.

Dans le deuxième cas, la caisse assure une rente viagère au déposant qui atteint l'âge fixé, et rembourse à ses héritiers lors de son décès la totalité des sommes versées.

L'époque d'entrée en jouissance est fixée au choix du déposant depuis 50 ans jusqu'à 65 ans accomplis.

Les conditions fixées à l'égard d'un versement régissent, non-seulement ce versement, mais ceux qui le suivent, à moins d'une déclaration spéciale indiquant que le déposant veut modifier les conditions précédemment choisies.

Tous les versements faits antérieurement restent

soumis aux conditions fixées. Toutefois, moyennant une déclaration spéciale, le déposant qui a réservé le capital peut en faire l'abandon en tout ou partie à l'effet d'obtenir une augmentation de rente. (Loi du 12 juin 1861.)

L'ayant droit à une rente viagère qui a fixé son entrée en jouissance à un âge inférieur à 50 ans, peut aussi, dans le trimestre qui précède l'ouverture de la rente, reporter sa jouissance à une autre année d'âge accomplie.

Dans ces deux cas, la rente ne peut pas excéder le maximum de 1,500 fr., et il n'y a jamais lieu au remboursement anticipé d'une partie du capital déposé.

Tout premier versement doit être accompagné d'une déclaration souscrite par le déposant. Cette déclaration énonce dans tous les cas :

1o Les nom, prénoms, date et lieu de naissance, qualité civile, profession et domicile du titulaire de la rente qu'il s'agit d'acquérir ;

2o Si le capital versé est abandonné ou s'il en est fait réserve au profit des héritiers du titulaire de la rente ;

3o A quelle année d'âge accomplie, depuis la cinquantaine, le titulaire doit entrer en jouissance de la rente viagère.

Lorsque le versement doit profiter à deux époux, la déclaration doit comporter les mêmes énonciations à l'égard de chaque conjoint. Si la déclaration ne contient qu'une seule stipulation au sujet de l'abandon ou de la réserve du capital et de l'âge d'entrée en jouissance, elle est réputée commune aux deux conjoints.

Une nouvelle déclaration devient nécessaire lorsque le déposant veut soumettre d'autres versements à d'autres conditions que celles des versements antérieurs. Il en est de même lorsqu'un changement survient dans l'État civil du titulaire.

Aux déclarations doivent être annexées, suivant les circonstances, les pièces justificatives ci-après :

Acte de naissance du déposant ou des deux époux si le versement profite à deux conjoints.

En cas de séparation de biens par contrat ou par jugement *extrait du contrat* ou *du jugement*.

Acte de décès si l'un des conjoints est mort.

Toutes ces pièces doivent être légalisées. Au surplus, les comptables entre les mains de qui sont faits les versements, indiquent aux déposants la nature et la forme des pièces qu'ils doivent fournir.

Le premier versement effectué au profit d'un individu donne lieu à l'émission d'un livret revêtu du timbre de la caisse des dépôts et consignations. Le prix de ce livret est de 0,25 cent. qui sont payés par le déposant.

Les rentes viagères sont fixées suivant des tarifs calculés de manière à tenir compte :

1o De l'intérêt composé de toutes les sommes versées à raison de 4 1/2 pour cent;

2o Des chances de mortalité à raison de l'âge du titulaire et de l'âge auquel commence la jouissance de la rente ;

3o Du remboursement au décès, si la réserve du capital a été faite par le déposant.

Le maximum de la rente que chaque déposant peut se constituer est fixé à 1,500 fr.

Toutes les sommes versées en sus du capital nécessaire pour former cette rente maximum sont remboursées sans intérêt.

Parmi les dispositions réglementaires qui précèdent et s'appliquent aux déposants de toute qualité, l'administration forestière a choisi celles qui lui ont paru présenter le plus d'avantage, et par un règlement approuvé le 26 décembre 1859, le ministre des finances a imposé aux préposés communaux l'obligation de se constituer une retraite aux conditions suivantes :

Les versements dont le montant a été indiqué

au § 12, sont faits avec aliénation du capital, quel que soit l'état civil du préposé.

L'entrée en jouissance est fixée à 60 ans.

Dans le cas de blessures graves ou d'infirmités prématurées régulièrement constatées entraînant incapacité absolue de travail, la pension pourra être liquidée même avant 50 ans et en proportion des versements faits.

Si le préposé est maintenu en fonctions après 60 ans, le préfet pourra, sur l'avis du conservateur, reculer d'année en année, jusqu'à 65 ans, l'époque de la liquidation de la pension.

L'entrée en jouissance pourra être intégralement reculée jusqu'à 65 ans pour les gardes actuellement en fonctions ayant dépassé l'âge de 45 ans, et qui auront demandé à profiter des dispositions de ce règlement.

Les versements sont opérés pour le compte des préposés au moyen de retenues faites sur leurs mandats comme il a été expliqué au § 13; ils sont effectués par l'intermédiaire d'un agent forestier qui demeure chargé de remplir toutes les formalités exigées. Les préposés n'ont qu'à fournir, lors du premier versement, les pièces qui leur sont réclamées.

Au moyen des retenues ainsi affectées à la caisse

des retraites, un garde âgé de 30 ans, marié, et
dont les versements annuels seront de 20 fr., aura
droit, à 60 ans, à une rente viagère de 91 fr.
89 cent., et sa femme, en la supposant âgée de
25 ans à l'époque où commencent les versements
qui lui profitent, aura, lorsqu'elle atteindra sa
soixantième année, droit à une rente de 128 fr.
46 cent., le ménage recevra donc en tout 220 fr.
par an.

Toute somme versée en dehors des retenues
obligatoires accroîtra la rente dans une proportion
d'autant plus élevée que ce versement sera fait à
une époque plus éloignée de l'âge de la retraite.

Lorsqu'un préposé quittera l'administration ou
passera dans le service domanial ou mixte, il ne
perdra pas le bénéfice des versements qu'il aura
pu faire à la caisse de la vieillesse, il restera titulaire de son livret et des rentes qui s'y trouveront
inscrites en raison des versements effectués.

Les détails dans lesquels nous avons dû entrer
au sujet de la caisse des retraites pour la vieillesse
sont justifiés par l'importance de cette institution,
non-seulement pour les préposés de l'administration des forêts, mais encore pour les gardes des
particuliers. Ces derniers, plus isolés encore que
les gardes communaux, ignorent, pour la plupart,

l'existence d'une institution qui présente pour eux un si haut intérêt.

32. Mariages. — Aucun préposé, domanial ou mixte, ne pourra se marier sans en avoir référé par la voie hiérarchique au conservateur sous les ordres duquel il est placé.

Si le conservateur estime que le mariage projeté ne peut nuire au service, ni porter atteinte à la considération du préposé, il informera ce dernier par la même voie qu'il ne s'oppose pas au mariage.

Si au contraire le conservateur pense qu'il y a lieu de s'opposer au mariage, il transmettra la demande avec ses observations et son avis motivé au directeur général qui statuera.

Le préposé qui se mariera malgré l'opposition du directeur général, sera réputé démissionnaire ; pourra également être considéré comme démissionnaire, le préposé qui se mariera sans en référer à l'administration, ou sans en attendre la décision. (Circul. nᵒ 800.)

CHAPITRE XI

RÈGLES DE SERVICE

DES PRÉPOSÉS DE L'ADMINISTRATION DES FORÊTS

Livret d'ordre. — Feuilles de procès-verbaux. — Marteaux.
— Plaques. — Correspondance. — Franchise. — Résidence.
— Incompatibilités. — Prohibitions. — Garantie adminis-
trative. — Privilége de juridiction. — Responsabilité. —
Peines disciplinaires. — Garde nationale. — Réquisitions
pour le maintien de l'ordre.

1. Livret d'ordre. — Le livret dont chaque préposé est muni est destiné à inscrire, jour par jour
et sans lacune, les procès-verbaux de délit, la reconnaissance des châblis et volis, les délivrances
dûment autorisées de harts, plants, feuilles, terres,
pierres, sables et en général de toutes les productions du sol forestier, les citations et significations
en désignant leur objet et le nom de la personne à
qui la copie de l'exploit a été remise, et les opérations auxquelles les gardes concourent.

Si dans le cours de leur tournée journalière les
gardes n'ont rien remarqué qui intéresse le service,
ils le disent sur leur livret.

Le livret doit être soigneusement tenu; sous aucun prétexte les gardes ne peuvent en déchirer ou en enlever les feuilles qui sont numérotées et paraphées.

2. Les procès-verbaux de délits doivent y être transcrits dans leur entier le jour même de la rédaction, l'affirmation et l'enregistrement doivent être mentionnés à leur date. La reconnaissance des châblis et volis doit être inscrite à sa date et de la manière suivante :

Reconnu, au canton de..... forêt de..... deux chênes châblis de 0,60 et 0,80 cent. de tour, que nous avons marqués de notre marteau.

3. L'inscription des délivrances de menus produits doit toujours mentionner la décision qui les a autorisées; cette inscription peut être faite dans la forme suivante :

Délivré au sieur N..... dans la forêt de..... au canton de..... la quantité de..... suivant décision du..... inscrite à notre livret, folio....., n°.....

4. Les citations et significations s'inscrivent à leur date ainsi qu'il suit :

Signifié au sieur..... demeurant à..... un procèsverbal de délit, n°..,.. parlant à.....

5. La mention des tournées et opérations se fera d'une manière sommaire, mais complète. Ainsi, il

ne suffit pas d'inscrire au livret : *tournée rien de nouveau*, il faut indiquer les cantons parcourus, les coupes visitées.

Les ordres généraux de service doivent aussi être transcrits sur le livret, ainsi que les arrêtés et décisions qui autorisent des délivrances de menus produits. Pour faciliter les recherches il sera utile de former, au commencement du livret, une table dans laquelle les ordres généraux de service seront mentionnés d'une manière sommaire avec renvoi aux pages du livret sur lesquelles ils sont transcrits.

6. **Feuilles de procès-verbaux.** — Les feuilles de procès verbaux sont transmises aux gardes par le chef de cantonnement, elles sont numérotées; la remise ou la réception doit en être mentionnée au livret, dans la forme suivante :

Remis ou reçu pour le service du triage, n°....., les feuilles de procès-verbaux de délit portant les n°s..... à.....

Les gardes doivent justifier de l'emploi de toutes les feuilles reçues, ils sont tenus de représenter celles qui par accident seraient déchirées ou hors de service.

7. **Marteau.** — Le marteau des gardes et des brigadiers est destiné à marquer les châblis et bois de délit. L'empreinte en est quadrangulaire et porte

avec les lettres initiales de la fonction, le n° de la conservation et celui du triage; les arbres abattus ou rompus par les vents, les souches provenant d'un délit doivent être, au moment même de la reconnaissance, frappés de l'empreinte du marteau. Cette marque sert à prouver la vigilance du préposé, elle permet en outre de reconnaître ultérieurement les bois qui viendraient à être enlevés par les délinquants ; il ne suffit pas, cependant, pour qu'un préposé soit à l'abri de tout reproche et déchargé de toute responsabilité, qu'il ait apposé l'empreinte de son marteau sur les souches des arbres enlevés en délit, il faut encore qu'il fasse mention de la découverte de ces délits sur son livret, en indiquant l'essence et la dimension des souches et qu'il justifie des recherches qu'il a faites pour arriver à connaître les délinquants.

8. **Plaques.** — La plaque est l'insigne des fonctions des préposés forestiers. L'administration des forêts fournit les plaques des gardes domaniaux, mixtes et de la pêche ; celles des gardes communaux et d'établissements publics sont achetées par les communes et établissements ou par les préposés, elles doivent être de même modèle. — La plaque se porte ostensiblement.

9. **Correspondance.** — Les gardes embrigadés

correspondent directement avec leurs brigadiers; ceux-ci et les gardes non embrigadés correspondent avec leur chef immédiat, garde général adjoint, garde-général ou sous-inspecteur.

Il est interdit aux préposés d'adresser directement et sans l'intermédiaire de leurs chefs immédiats, à l'administration ou aux agents supérieurs, toute demande, réclamation ou lettre quelconque relative à leurs fonctions. Il leur est interdit de faire des pétitions collectives.

10. **Franchise.** — Le mode de correspondance en franchise a été réglé par un grand nombre de décisions dont nous indiquerons seulement les dispositions qui sont relatives aux préposés.

Les brigadiers sont autorisés à correspondre en franchise sous bande avec les gardes à triage et les gardes cantonniers dans l'étendue de leur circonscription, avec les conservateurs, inspecteurs, sous-inspecteurs, gardes généraux et receveurs de l'enregistrement, dans l'étendue de la conservation à laquelle ils sont attachés.

Les gardes à pied et gardes cantonniers sont autorisés à correspondre de la même manière avec leurs brigadiers, dans l'étendue de la circonscription de ces derniers, avec les conservateurs, inspecteurs, sous-inspecteurs, gardes généraux et receveurs des domaines dans l'étendue de la conservation.

La signature de l'expéditeur doit être écrite à la main après la désignation de sa qualité.

Les paquets contre-signés doivent être remis au Directeur de la poste ou au facteur, et lorsqu'ils auront été jetés à la boîte ils seront taxés. Les paquets de service pourront être jetés dans les boîtes rurales des communes où il n'y a pas de bureau de poste.

Les lettres et paquets contre-signés et mis sous bandes ne pourront être reçus et expédiés en franchise, si la largeur des bandes excède le tiers de la surface des lettres et paquets.

Il est défendu de comprendre dans les dépêches expédiées en franchise des lettres, papiers ou objets quelconques étrangers au service.

En cas de soupçon de fraude ou d'omission d'une seule des formalités prescrites, les préposés des postes sont autorisés à taxer les lettres et paquets en totalité, ou à exiger que le contenu soit vérifié en leur présence par les personnes auxquelles ils sont adressés; et s'il résulte de cette vérification qu'il y a fraude, ils rédigeront un procès-verbal qui sera transmis à l'administration supérieure.

Tout paquet contre-signé dont le poids excéderait un kilogramme pourra être refusé par le Directeur de la poste.

11. Résidence. — Les préposés résideront dans le voisinage des forêts ou triages confiés à leur surveillance.

Le lieu de leur résidence leur sera indiqué par le conservateur. (Ord. art. 25.)

12. Incompatibilités. — L'emploi de garde forestier est incompatible avec toute autre fonction administrative. (C. for., art. 4.)

Cette incompatibilité est absolue pour les gardes domaniaux ou mixtes, non-seulement ceux-ci ne peuvent occuper aucun emploi rétribué, mais ils ne peuvent accepter aucune fonction gratuite; ainsi, ils ne peuvent être maires, adjoints, membres du Conseil municipal, ils ne doivent accepter aucune mission, même temporaire, sans l'autorisation de l'administration.

Toutes les autorisations accordées pour la surveillance de propriétés particulières par les préposés domaniaux ou mixtes, ont été révoquées par décision du 7 juin 1844. (Circ. 545 *bis*.)

Les gardes communaux peuvent être autorisés par le conservateur à surveiller des propriétés, soit communales, soit particulières ; mais ces autorisations de pure tolérance sont révocables à volonté.

13. Prohibitions. — Les parents ou alliés d'un garde ne peuvent être facteurs des coupes de son triage.

Il est interdit aux gardes :

1º De faire commerce des bois directement ou indirectement, de prendre part aux adjudications de coupes, châblis, glandées et autres menus marchés quelconques (Ord. art. 31, C. for., art. 21) ;

2º De tenir auberge ou de vendre des boissons en détail (*Idem*) ;

3º De rien recevoir des adjudicataires ou de toutes autres personnes, pour objet relatif à leurs fonctions (art. 35) ;

4º De disposer des bois châblis ou de délits, gisants en forêt, et d'aucun produit forestier ;

5º De chasser. — Ils ne peuvent obtenir de permis de chasse. (L. Chasse, art. 7.)

Ces dispositions, inscrites au livret des préposés, n'ont besoin d'aucun commentaire, elles doivent être exécutées strictement Toute infraction entraîne la révocation du garde sans préjudice des poursuites qui pourraient être dirigées contre lui dans le cas où il se serait rendu coupable de concussion ou de prévarication.

14. Garantie administrative. — Les préposés de l'administration ne peuvent être poursuivis pour des faits relatifs à leurs fonctions qu'avec l'autorisation de l'administration. Cette autorisation doit être expresse et précéder la mise en jugement; elle doit être demandée même pour diriger contre un préposé des poursuites en dommages intérêts ou réparations civiles, si le fait qui donne lieu à l'action civile est relatif aux fonctions du préposé. Le défaut d'autorisation peut être invoqué en tout état de cause, il entraine la nullité des poursuites commencées.

La garantie administrative peut être réclamée par le préposé révoqué, démissionnaire ou admis à la retraite, s'il est poursuivi pour des faits qu'il aurait commis dans l'exercice de ses fonctions.

On considère comme relatifs aux fonctions, tous les faits commis soit à raison de ces fonctions, soit dans l'exercice des fonctions. Cependant le Conseil d'État a décidé que les préposés poursuivis pour délit de chasse ne jouiraient pas de la garantie administrative.

Quand un préposé est prévenu d'un délit ou d'un crime relatif à ses fonctions, il est procédé contre lui à une instruction préliminaire par les magistrats chargés de la poursuite, le préposé est appelé à donner ses explications sans pouvoir être obligé de subir un interrogatoire; le procès-verbal de cette enquête préliminaire est transmis à ses supérieurs immédiats, c'est sur leur avis que le directeur général décide s'il y a lieu d'autoriser la poursuite.

Il ne peut être décerné aucun mandat de comparution ou d'amener contre le préposé poursuivi; cependant il peut, en cas de flagrant délit, être mis sous la main de la justice; mais la mise en jugement n'a lieu qu'après l'obtention de l'autorisation.

La garantie administrative n'a pas pour objet de mettre les gardes à l'abri des poursuites qui pourraient être dirigées contre eux soit par le ministère public, soit par des particuliers lésés, mais bien de laisser à l'administration l'examen des actes incriminés, afin qu'elle puisse ou en revendiquer la responsabilité, ou laisser à la justice son libre cours, si le préposé a méconnu ses devoirs.

15. **Privilége de juridiction.** — Les préposés forestiers poursuivis en vertu d'une autorisation régulière, à raison des crimes ou délits commis dans l'exercice de leurs fonctions, ne peuvent être jugés que par la Cour impériale ; si le fait incriminé entraîne la peine de la forfaiture ou une autre peine plus grave, l'instruction est faite par le procureur général et le président de la Cour, ou par des ma-

gistrats spécialement désignés par eux. Le jugement de la Cour est sans appel. (Code d'instruction criminelle, art. 479, 483, 484.)

Toutes les fois qu'un préposé est poursuivi en justice pour des faits commis soit dans l'exercice de ses fonctions soit à raison de ces mêmes fonctions, il doit, quel que soit d'ailleurs le tribunal devant lequel il est cité, en informer immédiatement son chef de cantonnement qui lui prescrira la marche à suivre pour sauvegarder ses droits.

16. **Responsabilité.** — Les gardes sont responsables des délits, dégâts, abus et abroutissements qui ont lieu dans leurs triages, et passibles des amendes et indemnités encourues par les délinquants, lorsqu'ils n'ont pas dûment constaté les délits. (C. for., art. 6.)

Nous avons vu au chapitre précédent comment un préposé fait constater, au moment de son installation, l'état du triage qu'il est appelé à surveiller. Tous les délits commis depuis cette constatation et qui n'auraient pas été l'objet de procès-verbaux réguliers, sont mis à la charge du préposé négligent. Il ne suffit pas même, pour que sa responsabilité soit couverte, qu'il ait reconnu et marqué de son marteau les souches des arbres ; rigoureusement, il devrait y avoir constatation par un procès-verbal, ainsi que nous l'avons dit précédemment.

La rédaction de ces actes n'est pas exigée d'une manière absolue pour les délits qui n'ont pas une grande importance, et l'administration n'use du droit qu'elle a de poursuivre les gardes, qu'autant qu'il y a de leur part un oubli grave et répété de leurs devoirs. Cependant les préposés devront ne jamais oublier les conséquences que peut entrainer leur négligence à constater les délits.

Les gardes poursuivis comme responsables de délits non constatés sont cités devant le tribunal de police correctionnelle et condamnés aux mêmes peines et dommages qu'ils auraient encourus s'ils avaient eux-mêmes commis les délits qu'ils n'ont pas constatés.

L'action en responsabilité peut être exercée contre les préposés sans une autorisation expresse du directeur général; les agents n'agissant en ce cas que par suite d'une délégation de pouvoir du chef de l'administration.

Les préposés ainsi poursuivis ne sont pas considérés comme auteurs des délits non constatés; aussi ne jouissent-ils pas du privilége d'être jugés par la chambre civile de la Cour impériale, comme lorsqu'ils sont poursuivis pour crimes ou délits commis dans l'exercice de leurs fonctions.

17. **Peines disciplinaires.** — Les préposés forestiers de toute catégorie sont soumis au contrôle et à la surveillance de leurs supérieurs hiérarchiques; comme conséquence de cette subordination, ceux-ci ont le droit de leur infliger certaines punitions dans le cas où ils se seraient rendus coupables de quelque faute contre la discipline ou les règlements forestiers.

Les peines disciplinaires sont :

1º La réprimande simple, verbale ou écrite;

2º La réprimande avec mise à l'ordre du jour;

3º La retenue sur le traitement;

4º La suspension;

5º Le changement de résidence;

6º La descente de grade;

7º Le remplacement pur et simple;

8º La révocation;

La réprimande verbale ou écrite peut être infligée aux préposés par tous leurs chefs.

La réprimande avec mise à l'ordre du jour dans la brigade, par les chefs de cantonnement, les inspecteurs et le conservateur.

La réprimande contre les brigadiers et les gardes, avec publicité dans le cantonnement, par les inspecteurs et le conservateur, et dans l'inspection par le conservateur seul.

La réprimande avec toute latitude de publicité par le directeur général.

La retenue sur le traitement contre les brigadiers et gardes pour cinq jours au plus, par l'inspecteur, à charge d'en rendre compte au conservateur; quinze jours au plus, par le conservateur, à charge d'en rendre compte au directeur général pour les préposés domaniaux, au préfet pour les préposés communaux.

La retenue sur le traitement pour plus de quinze jours, par le directeur général, pour les préposés domaniaux, par le préfet pour ceux des communes; la retenue ne peut excéder deux mois de traitement. (Déc. du 9 nov. 1853, art. 17.)

La suspension par le conservateur, à charge d'en rendre compte immédiatement au directeur général ou au préfet, suivant qu'il s'agira de préposés domaniaux ou communaux.

Le changement de résidence, la descente grade ou de classe, par le directeur général ou par le préfet, chacun pour les employés à sa nomination.

Le remplacement pur et simple et la révocation, par le directeur général après délibération du

Conseil d'administration pour les gardes domaniaux ; par le préfet pour les gardes communaux. (Circ. n° 655, modifiée par le décret du
25 mars 1852.)

Le mode d'instruction des plaintes dont les gardes et brigadiers sont l'objet a été réglé par
les circulaires n°s 154 et 620. Il n'est statué sur
la plainte qu'après que les préposés inculpés ont
été mis en demeure de fournir leurs moyens de
justification sur chacun des griefs qui leur sont
imputés.

18. **Garde nationale.** — Les préposés forestiers sont exempts du service de la garde nationale. Ce service est incompatible avec les fonctions
qui confèrent le droit de requérir la force publique. (Loi du 13 juin 1851, art. 17.)

19. **Réquisitions pour le maintien de l'ordre.**
— Les gardes peuvent être requis par le commissaire de police cantonnal ; ils doivent l'informer
sans retard de ce qui intéresse la tranquillité publique. (Déc. du 28 mars 1852.)

Dans les circonstances ordinaires et lorsque la
tranquillité publique n'est pas menacée, les commissaires de police devront, pour adresser aux
préposés forestiers les communications qu'ils au-

raient à leur faire parvenir, employer l'intermédiaire des gardes généraux.

Ils ne pourront charger ces préposés de services de police étrangers à leurs fonctions

Dans les cas de troubles, ils pourront les requérir directement comme auxiliaires de la force publique.

Les gardes forestiers adresseront directement et sans retard aux commissaires de police cantonnaux, les renseignements intéressant la tranquillité publique qu'ils sont tenus de leur faire parvenir. (Règlement du 12 novembre 1853, circ. 727.)

Les préposés peuvent être employés comme les gendarmes et concurremment avec eux, pour tous les services de police et de justice civile et militaire. Ils peuvent donc être requis par MM. les préfets, sous-préfets ou commandants militaires (Circ. 668), et convoqués sur tous les points où leur concours est nécessaire. (Lettre circ. du 12 décembre 1851.)

Les préposés forestiers requis par l'autorité militaire pour être employés à l'intérieur comme auxiliaires de la force publique pour le maintien de l'ordre, ont droit au bénéfice des dispositions stipulées au deuxième paragraphe de l'art. 8 de l'ord. du 31 mai 1831. (Décret du 4 juin 1852);

ces dispositions sont ainsi conçues : Les prestations en nature, le logement, les indemnités pour pertes de chevaux et d'effets, la solde pour les journées d'hôpitaux, leur seront alloués par le département de la guerre, et leur solde actuelle leur sera conservée par le département des finances.

Les dispositions qui précèdent s'appliquent, non aux cas accidentels où des préposés forestiers, réunis pour quelques heures, prêtent à l'ordre public le concours qu'ils lui doivent, en toute occasion, comme citoyens et comme agents au service de l'État, mais aux cas où ils sont, à la requête des autorités civiles, convoqués et mis à la disposition soit de ces autorités, soit des chefs de la garde nationale ou de l'armée, pour faire un service militaire entraînant déplacement de plus d'un jour hors de leur résidence.

———

CHAPITRE XII

GARDES PARTICULIERS ET GARDES-VENTES

Gardes particuliers. — Nominations. — Serment. — Compétence. — Qualité. — Procès-verbaux. — Renvois. — Chasse. — Instruction professionnelle.
Gardes-ventes. — Nominations. — Serment. — Compétence. — Procès-verbaux. — Vérification de réserves. — Demandes de harts. — Délais d'exploitation. — Registre.

1. Nominations. — Les particuliers possesseurs de forêts ont le droit de nommer des gardes qui exercent sur ces propriétés la même surveillance que les préposés commissionnés par l'administration des forêts, sur les bois soumis au régime forestier.

Les commissions de garde délivrées par les particuliers devront être rédigées sur timbre.

Elles sont soumises à l'enregistrement au droit fixe de 2 fr.

Si plusieurs propriétaires nomment, par le même acte, un seul individu garde de leurs bois, il est dû autant de droits d'enregistrement qu'il y a de propriétaires distincts.

Les gardes nommés par les particuliers devront être agréés par le sous-préfet de l'arrondissement. (C. for., art. 117.) — Leurs commissions sont inscrites dans les sous-préfectures, sur un registre où sont relatés les noms et demeures des propriétaires et des gardes, ainsi que la désignation et la situation des bois.

Si le sous-préfet croit devoir refuser son visa, il en rend compte au préfet, en lui indiquant les motifs de son refus. (Ord., art. 150.)

2. **Serment.** — Les gardes particuliers ne peuvent exercer leurs fonctions qu'après avoir prêté serment devant le tribunal de première instance. (C. for., art. 117.)

Le serment que prêtent les préposés commissionnés par les particuliers est le même que celui des préposés de l'administration, — il est assujetti aux mêmes formalités. (Voir chap. X, § 3.) Toutefois la commission ayant dû être rédigée sur timbre et enregistrée au préalable, il n'y a pas lieu de la soumettre au timbre à l'extraordinaire.

3. **Compétence.** — Le garde forestier d'un particulier est sans qualité pour constater les délits commis au préjudice d'une autre personne.

Sa compétence comme officier de police judiciaire est limitée aux propriétés indiquées sur sa commission.

4. **Qualité.** — L'acceptation par l'autorité administrative des préposés commissionnés par un ou plusieurs particuliers et le serment qu'ils prêtent, confèrent à ces gardes la qualité d'officier de police judiciaire ; aussi, jouissent-ils du privilége de juridiction comme les préposés de l'administration des forêts. (Voir chap. XI; § 15.)

Les gardes particuliers n'exerçant leurs fonctions que dans l'intérêt privé des particuliers qui les nomment, ne sont pas agents du gouvernement; ils ne jouissent pas, par conséquent, de la garantie administrative réservée à ces derniers par l'art. 75 de la constitution de frimaire an VII.

Quoiqu'ils ne soient pas considérés comme agents du gouvernement, et qu'ils n'aient pas à prêter en cette qualité le serment politique prescrit par l'article 14 de la constitution, les violences et voies de fait qui seraient exercées contre eux, dans l'exercice de leurs fonctions, sont considérées comme des actes de rébellion.

5. **Procès-verbaux.** — Les procès-verbaux rédigés par les gardes particuliers font foi jusqu'à preuve contraire. (C. for., art. 188.)

Ces actes doivent être dressés sur papier timbré ;
ils sont, du reste, soumis aux formalités de l'affirmation et de l'enregistrement comme les procès-
verbaux dressés par les gardes de l'administration.

6. Toutes les règles de la constatation des délits
indiquées au chap. IV s'appliquent aux procès-verbaux dressés par les gardes particuliers, à l'exception du droit de réquisition directe de la force publique, qui ne leur a pas été attribué.

Lorsqu'ils croient nécessaire de réclamer, pour
la répression des délits, le concours de la force publique, ils sont obligés de s'adresser au maire ou à
l'adjoint.

7. Les procès-verbaux dressés par les gardes des
bois des particuliers seront, dans le délai d'un mois
à dater de l'affirmation, remis au procureur impérial ou au juge de paix, suivant leur compétence.
(C. for., art. 191.)

La compétence des tribunaux correctionnels ou
de ceux de simple police, en ce qui concerne les délits commis dans les bois de particuliers, se détermine d'après la peine encourue. — Comme les
gardes ne peuvent savoir exactement les condamnations que leurs procès-verbaux peuvent entraîner, et comme d'ailleurs ils ignorent la suite que
les propriétaires des forêts qu'ils surveillent veu-

lent donner à ces actes, ils les transmettront aussitôt après l'enregistrement soit au propriétaire
lui-même, soit à son régisseur.

8. Les gardes particuliers n'ont pas qualité pour
signifier les procès-verbaux, citer et assigner les
prévenus. — Tous les exploits relatifs à la poursuite des délits commis dans les bois de particuliers
sont faits par le ministère des huissiers.

9. **Renvois.** — Toutes les règles indiquées au
chapitre V pour la constatation des délits s'appliquent aux procès-verbaux dressés par les gardes particuliers, à l'exception de celles comprises
dans les §§ 25 à 29, et 34 à 50, qui concernent des
délits spéciaux aux bois soumis au régime forestier.

10. Les adjudicataires des coupes assises dans
les bois de particuliers ne sont pas soumis aux règlements qui régissent les exploitations dans les
bois gérés par l'administration des forêts. Aussi,
toutes les règles examinées dans le chapitre VI
sont-elles sans application en ce qui concerne le
service des gardes particuliers.

La surveillance que ces préposés ont à exercer
sur les exploitations consiste à faire exécuter les
conventions du marché passé entre l'acquéreur et
le propriétaire ; marché dont il convient qu'il leur

soit donné communication. — Toute infraction aux clauses de la vente doit être portée par le garde à la connaissance du propriétaire ou de son mandataire.

11. Les gardes des bois des particuliers procèdent aux opérations de balivage et d'estimation des coupes de la même manière que les préposés de l'administration ; ils dirigent, comme ces derniers, les travaux d'amélioration exécutés dans les forêts qu'ils surveillent. Nous renvoyons donc pour ces parties de leur service aux chapitres III et VIII.

12. **Chasse.** — Les gardes particuliers n'étant pas, comme ceux de l'administration, rangés dans la catégorie des personnes à qui il ne peut être délivré de permis de chasse, peuvent chasser dans les bois confiés à leur surveillance, s'ils y sont autorisés par le propriétaire et si d'ailleurs ils ont obtenu un permis.

Cette faculté ne nuit pas à leurs fonctions de surveillance puisqu'ils peuvent les exercer en parcourant leur triage, mais elle conduit souvent les gardes à négliger tous leurs autres devoirs pour s'occuper exclusivement de chasser. C'est un écueil qu'un bon garde doit éviter. La chasse, qu'un forestier doit connaître, n'est pour lui qu'un accessoire de son service. Son fusil doit servir à détruire les animaux nuisibles et à empêcher la trop grande multiplication du gibier, mais il ne faut pas qu'il devienne un instrument de dévastation.

Quand le propriétaire vient visiter ses bois, il est bon qu'on puisse lui indiquer les cantons où le gibier est abondant (un coup de fusil heureux est ordinairement suivi d'une bonne gratification) pour cela il faut que les gardes connaissent les habitudes des animaux sauvages, qu'ils favorisent leur reproduction et qu'ils écartent avec soin les braconniers et surtout les colleteurs. Nous avons indiqué au chap. VII les règles qui servent à guider les préposés de l'administration dans cette partie de leur service; elles peuvent d'autant mieux s'appliquer aux gardes particuliers, que ces derniers ayant la facilité de chasser, portent plus d'intérêt à tout ce qui touche à la chasse et sont plus à même d'y consacrer leur attention.

13. **Instruction professionnelle** — La plupart des gardes particuliers se contentent de faire, dans les forêts confiées à leur vigilance, des tournées pour la répression des délits ; mais il en est fort peu qui s'occupent de la culture et de l'exploitation des bois, ils sont gardes dans la stricte acception du mot, mais ils ne sont pas forestiers. Il serait fort à désirer que ces préposés, aussi bien que les propriétaires qui les emploient, compris-

sent toute l'utilité d'une instruction professionnelle, qui les mettrait en état de diriger les exploitations et d'éviter des fautes trop communes causes de si grands dommages pour les forêts. Il n'est pas rare, en effet, de voir les bois des particuliers soumis, par suite de l'ignorance complète des propriétaires et de leurs gardes, à des exploitations désastreuses. Dans les uns on coupe des taillis en pleine croissance, il serait très-lucratif de les laisser sur pied quelques années, mais on ne sait pas se rendre compte de cet avantage ; dans d'autres, on réserve des baliveaux sans avenir et trop peu nombreux, tandis qu'ailleurs on laisse le taillis dominé par une réserve surabondante qui arrête sa croissance.

Dans certaines contrées on a appliqué à des forêts de chêne le furetage réglé, mode de traitement que cette essence supporte mal, et l'on a ainsi ruiné des peuplements très-précieux. Dans d'autres on laisse écorcer les chênes sur pied. Partout l'élagage des arbres de bordure et d'avenues est fait à tort et à travers par les fermiers qui profitent du bois, on ôte ainsi toute valeur aux troncs qui pourraient être utilisés plus tard comme bois de charpente si ces élagages étaient bien faits. Enfin les repeuplements artificiels, les assainissements sont négligés, et quand les propriétaires veulent entreprendre quelques travaux de cette espèce, ils leur reviennent fort cher, faute par ceux qui les font exécuter de connaître les moyens économiques employés dans d'autres pays ; tout cela n'arriverait pas si les gardes connaissaient un peu leur métier, et il leur serait facile d'y parvenir par l'étude des traités élémentaires de sylviculture et surtout, quand cela est praticable, par la fréquentation des cours faits par les agents forestiers aux préposés de l'administration.

Le programme de ces cours, qui ont lieu chaque année sur différents points de la France, comprend toutes les connaissances techniques nécessaires à un garde. Pour être en état de les suivre il suffit d'avoir reçu l'instruction des écoles primaires, c'est-à-dire, de savoir lire, écrire et calculer. — Les cours sont gratuits. (Voir l'arrêté du 1er juin 1863, page 322.) On y admet sans difficulté, les personnes étrangères à l'administration. Les demande d'admission doivent être adressées au conservateur.

Nous ne saurions trop engager les grands propriétaires de forêts à faciliter à leurs gardes l'accès de cet enseignement, le seul qui existe en France, pour les éléments de l'art forestier.

✻

14. Gardes-ventes. — Chaque adjudicataire est tenu d'avoir un facteur ou garde-vente agréé par l'agent forestier local et assermenté devant le juge de paix. (C. for., art. 31.)

15. Nomination, — La nomination du facteur doit être faite sur papier timbré. Cet acte est présenté à l'agent forestier chef de service qui y inscrit son visa. Cet agent peut refuser d'agréer le facteur désigné par l'adjudicataire. Ce dernier n'a dans ce cas aucun recours légal contre cette décision.

16. Serment. — Le facteur agréé se présente devant le juge de paix qui reçoit son serment. L'accomplissement de cette formalité est mentionné sur l'acte de nomination.

17. Compétence. — Le garde-vente est autorisé à dresser des procès-verbaux tant dans les ventes qu'à l'ouïe de la cognée. — Ses procès-verbaux sont soumis aux mêmes formalités que ceux des gardes forestiers et font foi jusqu'à preuve contraire. (C. for., art. 31.)

Les adjudicataires seront responsables de tout délit forestier commis dans leurs ventes et à l'ouïe de la cognée si leurs facteurs ou gardes-ventes n'en font leurs rapports, lesquels doivent être remis à l'agent forestier dans le délai de cinq jours. (C. for., art. 45.)

18. **Procès-verbaux.** — Les procès-verbaux dressés par les facteurs doivent être réguliers et probants, c'est-à-dire qu'ils doivent réunir toutes les conditions de validité indiquées au chap. IV.

Un procès-verbal incomplet ou annulé pour vice de forme ne ferait pas cesser la responsabilité de l'adjudicataire. — Un procès-verbal régulier dressé par un facteur ne fait pas cesser cette responsabilité s'il ne désigne pas l'auteur du délit, ou s'il ne justifie pas des démarches et diligences faites pour le découvrir.

La dénonciation du délit faite par l'adjudicataire lui-même ou par son facteur, aux préposés et agents forestiers, ne décharge pas l'adjudicataire de la responsabilité.

Pour que ce dernier soit mis à couvert, il est indispensable que, dans les cinq jours qui suivent le délit, son garde-vente l'ait constaté par un procès-verbal régulier, affirmé, enregistré et remis au chef du cantonnement.

Ce délai de cinq jours court à partir du jour où le délit a été commis et non de celui où il a été constaté.

19. — Nous avons indiqué au chapitre VI les contraventions auxquelles l'exploitation des coupes peut donner lieu, les facteurs en lisant avec at-

tention ce chapitre et les cahiers des charges relatifs aux adjudications, se rendront aisément compte
de l'importance qu'ils doivent mettre à surveiller
non-seulement les délinquants, mais encore plus
rigoureusement les ouvriers.

Ces derniers, par la négligence qu'ils apportent à
leur travail, occasionnent souvent des poursuites
qui retombent sur les adjudicataires, et les facteurs
qui sont leurs représentants doivent chercher par
tous les moyens à leur éviter les peines rigou-
reuses qu'ils encourent ; pour cela ils renverront
des chantiers les ouvriers maladroits, négligents
ou paresseux ; ils veilleront à ce qu'ils ne détour-
nent pas des bois pour les enlever en fraude, à ce
qu'ils n'allument pas de feux sur des points non
désignés et à ce qu'ils prennent toutes les précautions possibles pour éviter les incendies.

Les fonctions de facteurs ne se réduisent pas
à celles de surveillants des coupes. Ils sont encore
chargés de la direction des exploitations, du règlement des salaires des ouvriers, de la délivrance et
même souvent de la vente des bois exploités.

Ils doivent donc se tenir au courant des prix des
bois et des diverses marchandises qu'on en tire,
des variations qui se produisent dans les cours et
de la solvabilité des gens qui viennent chercher di-

rectement leur approvisionnement dans les coupes.

20. Vérification des réserves. — C'est au garde-vente à faire procéder à la vérification des réserves aussitôt après l'adjudication et à signaler, avant que l'adjudicataire ne prenne le permis d'exploiter, les erreurs qui ont pu être commises au martelage.

21. Demandes de harts. — Places à fourneaux. — Pendant la durée des exploitations, les facteurs font, au nom des adjudicataires qu'ils représentent, les demandes en délivrance de harts, celles de désignation des places à fourneaux, loges et ateliers.

Ces demandes sont adressées au chef de cantonnement.

22. Délais d'exploitation et de vidange. — Les demandes en désignation de chemins de vidange, celles en prorogation de délais d'exploitation et de vidange, sont adressées au conservateur; mais elles peuvent être remises aux agents locaux; ceux-ci les transmettent avec leur avis au conservateur, qui seul a le droit d'accorder les délais ou de désigner des chemins non portés sur l'affiche.

Toutes ces demandes devront être rédigées sur timbre. L'objet en sera indiqué aussi brièvement que possible; il est convenable que chacune d'elles mentionne le numéro sous lequel la coupe qu'elle concerne a figuré sur l'affiche, l'exercice auquel elle appartient, le nom et le domicile de l'adjudicataire. Les demandes en prorogation de délai feront connaître l'étendue des bois restant à exploiter, ou les quantités et qualités des bois existants sur le parterre de la coupe, les causes du retard dans l'exploitation ou la vidange, et le délai qu'il sera nécessaire d'accorder. — Ces demandes doivent être formées vingt jours au moins avant l'expiration des délais fixés par le cahier des charges.

23. Les gardes-ventes préparent les récolements en faisant ceindre les arbres de réserve d'un lien de paille; ils assistent à ces opérations, mais ils ne sont appelés à signer les procès-verbaux que s'il sont munis d'un pouvoir régulier de l'adjudicataire.

24. **Registre de vente.** — Le garde-vente tiendra un registre sur papier timbré, coté et paraphé par l'agent forestier; il y inscrira, jour par jour et sans lacune, la mesure et la quantité des bois qu'il aura débités et vendus, ainsi que les noms des personnes auxquelles il les aura livrés.

Il sera tenu, toutes les fois qu'il en sera requis, de représenter ce registre aux agents forestiers pour être visé et arrêté par eux. (Cahier des charges.)

Le registre que les adjudicataires soumettent au visa de l'inspecteur se réduit le plus souvent à deux feuilles de papier timbré, sur lesquelles le facteur inscrit pour la forme quelques marchés. D'autres registres plus sérieux sont tenus par les marchands de bois, qui ne se soucient pas de faire connaître aux agents forestiers le résultat de leurs exploitations, dans la crainte de voir plus tard élever les estimations.

Cette défiance n'est pas fondée. L'examen du registre n'apprendrait aux agents rien qu'ils ne sachent sur l'estimation des coupes ; ils ne pourraient d'ailleurs tirer aucun renseignement d'un livre où les frais généraux du commerçant, ceux d'exploitation et de façonnage ne figurent pas.

Le registre des ventes sert à constater l'origine des bois qui proviennent d'exploitations régulières. Il est donc important qu'il soit sérieusement et régulièrement tenu. C'est d'ailleurs pour le marchand de bois un moyen de vérifier les opérations de son facteur, et il est de son intérêt d'exiger qu'il soit employé.

RÈGLEMENTS

POUR

L'ADMISSION DES PRÉPOSÉS AUX EMPLOIS D'AGENTS FORESTIERS

ARRÊTÉ DU MINISTRE DES FINANCES

Du 10 Avril 1861.

Conditions pour l'admission aux grades de garde général
et de garde général adjoint.

Article premier. — Les gardes généraux adjoints seront choisis parmi les brigadiers domaniaux et communaux qui auront subi avec succès les épreuves déterminées par le programme n° 1, joint au présent règlement.

Art. 2. — Nul n'est admis à ces épreuves s'il n'a rempli pendant deux années les fonctions de brigadier dans le service actif.

20

Sont exceptés de cette disposition les élèves de l'école forestière nommés brigadiers par application de l'article 45 du règlement ministériel du 25 mars 1842.

Ces brigadiers seront admis à l'examen de garde général adjoint dès l'âge de vingt-trois ans, mais ils ne pourront être nommés à ce grade qu'après avoir accompli leur vingt-cinquième année.

Art. 3. — Les préposés qui désireront prendre part aux épreuves devront en faire la demande dans l'année qui précédera celle où ils auront l'intention de se présenter.

Les demandes seront remises aux conservateurs, qui les adresseront au directeur général avec leur avis et des renseignements détaillés sur la moralité, l'aptitude et l'instruction des candidats.

Art. 4. — Le directeur général arrête, d'après lesdites notes, la liste des préposés admissibles aux épreuves.

Art. 5. — La composition des commissions d'examen, le lieu et l'époque de leur réunion sont déterminés par le directeur général des forêts.

Néanmoins, les agents de la conservation à laquelle appartient un candidat ne pourront, dans aucun cas, faire partie de la commission chargée de l'examiner.

Art. 6. Le directeur général prendra toutes les mesures d'ordre nécessaires pour assurer la sincérité du concours en isolant les candidats de toute assistance étrangère. En cas de fraude constatée, le candidat qui s'en serait rendu coupable serait exclu du concours et ne pourrait plus être admis à concourir ultérieurement.

Art. 7. — Les épreuves sont appréciées à l'Administration centrale, au vu des pièces qui en constatent les résultats, par des correcteurs spéciaux désignés par le directeur général.

Toutefois, l'épreuve de sylviculture sur le terrain est appréciée par la commission chargée d'y présider. Cette commission rédige, en conséquence, un procès-verbal détaillé de cette partie du concours et assigne aux réponses des candidats des valeurs numériques, suivant qu'il est indiqué au paragraphe 3 du programme no 1 ci-annexé.

Art. 8. — Nul ne peut être déclaré admissible au grade de garde général adjoint s'il n'a obtenu au moins le tiers du maximum des points pour chaque épreuve, et la moitié de ce maximum pour l'ensemble des épreuves.

Art. 9. — Seront exclus du concours les candidats dont les compositions accuseront une connaissance insuffisante de la langue française.

Art. 10. — Le directeur général, après avoir pris l'avis du conseil d'administration, arrête la liste des candidats admissibles au grade de garde général adjoint,

Les candidats admis seront nommés au fur et à mesure des besoins du service.

Art. 11. — Les gardes généraux adjoints ne pourront être nommés gardes généraux qu'après deux ans de service dans leur grade, et après avoir subi l'examen spécial dont les conditions et les épreuves sont déterminées dans le programme n° 2, ci-annexé.

Art. 12. — Les dispositions des articles 3, 4, 5 et 6 du présent règlement sont applicables à l'examen pour le grade de garde général.

Art. 13. — Nul ne sera admis à concourir plus de trois fois pour chacun des deux grades.

N° I.

—

PROGRAMME

DE L'EXAMEN POUR L'ADMISSION AU GRADE
DE GARDE GÉNÉRAL ADJOINT

———

Les épreuves se composeront de deux parties : épreuves sur le terrain, épreuves au cabinet.

La nature et le nombre des épreuves imposées aux candidats, et la valeur assignée à chacune d'elles à raison de son importance au point du vue du service des agents forestiers, sont déterminés comme il suit :

§ 1er

Épreuves sur le terrain.   Coefficients d'impor-tance.

1° *Arpentage.* Assiette sur le terrain d'une coupe de quatre à six hectares ayant au moins sept côtés.

Les opérateurs se serviront de la bous-
sole, du goniomètre ou du graphomètre et
de l'équerre d'arpenteur; ils rapporteront le
plan sur le terrain, et calculeront immédiatement la contenance en présence d'un membre de la commission d'examen délégué à
cet effet par le directeur général. 5

2º *Nivellement.* Usage du niveau d'eau ou
de l'éclimètre, profil en long et détermination de la pente d'un terrain.

L'opération se fera, comme la précédente,
en présence d'un membre de la commission
d'examen délégué par le directeur général. 3

3º *Sylviculture.* Exercices consistant dans
la désignation des bois à abattre et à réserver dans les coupes de différentes natures;
dans l'estimation, soit à vue d'œil, soit au
moyen d'instruments, des bois exploitables;
dans l'application des aménagements, etc.
Ces exercices auront lieu sous les yeux de
trois membres de la commission d'examen,
qui poseront en outre, au candidat, toutes
les questions propres à les fixer sur son
coup d'œil forestier, sur l'étendue de ses
connaissances en botanique, en physiologie

végétale, et généralement en toutes les matières qui se rattachent à l'économie forestière et aux fonctions de l'agent forestier. .   10

§ 2

Epreuves au cabinet.

1º *Dessin graphique et lavis.*   3

2º *Règlements forestiers.* Code, ordonnance
réglementaire, circulaires.

Les candidats répondront par écrit aux
questions qui leur seront posées à ce sujet.   5

3º *Cubage.* Calcul d'un solide.

Les candidats feront, en outre, tous les
calculs que comporte un procès-verbal d'estimation en matière et en argent.   6

4º *Sylviculture.* Rédaction sur une des
théories importantes de la culture des bois.   7

5º *Aménagement.* Les candidats devront
justifier des connaissances nécessaires pour
appliquer un aménagement, soit de taillis,
soit de futaie. A cet effet, ils auront à répondre aux questions qui leur seront posées
sur la division, le plan parcellaire, le plan

d'exploitation, le mode de traitement, la révolution, sa division en périodes, les affectations, la possibilité.   4

6º *Physiologie végétale.* Les candidats répondront aux questions qui leur seront
posées sur les principes élémentaires de
physiologie végétale, tels que la nutrition,
le mode d'accroissement et la reproduction
des arbres.   4

7º *Affaires administratives.* Les candidats
seront appelés à faire des rapports sur quelques-uns des sujets qu'ont à traiter les chefs
de cantonnements, tels que demandes en
remises d'amendes, prorogations de délais
de vidange, propositions de travaux d'amélioration dans des conditions données, coupes extraordinaires, adjudications de toute
nature, etc. ; ils dresseront un procès-verbal complet d'arpentage.   8

§ 3

Les sujets sur lesquels porteront les épreuves
écrites seront fournis par l'Administration.

Chacun d'eux sera placé dans une enveloppe

cachetée qui sera ouverte, en présence des candidats, par le commissaire chargé de surveiller cette partie des épreuves.

Afin d'arriver à une appréciation exacte et comparative des candidats, il est attribué à chacune de leurs épreuves une valeur numérique exprimée par des chiffres qui varient de zéro à vingt, et qui ont respectivement les significations ci-après :

0. . . . .   Néant.
1, 2.. . . . .   Très-mal.
3, 4, 5. . . . .   Mal.
6, 7, 8. . . . . . .   Médiocrement.
9, 10, 11. . . . . .   Passablement.
12, 13, 14. . . . .   Assez bien.
15, 16, 17. : . . .   Bien.
18, 19. . . . . . .   Très-bien.
20. . . . .   Parfaitement.

Chaque notation est multipliée par le coefficient exprimant son importance relative, et la somme des produits donne le nombre total des points pour l'ensemble des épreuves.

N° II

—

PROGRAMME

DE L'EXAMEN POUR L'ADMISSION

DES

GARDES GÉNÉRAUX ADJOINTS AU GRADE DE GARDE GÉNÉRAL

———

CHAPITRE Ier

ÉPREUVES ORALES

Les épreuves orales porteront sur les matières ci-après :

1° *Arithmétique complète.*

2° *Géométrie élémentaire.* On insistera spécialement sur les théorèmes relatifs à la mesure de l'aire des polygones et du cercle et à la mesure du volume des solides.

3º *Algèbre*. Equations du premier degré. — *Trigonométrie rectiligne*.

4º *Sylviculture* comprenant les notions sur les climats, les sols et les essences forestières, sur l'exploitation des futaies et taillis; sur les exploitations de conversion de taillis en futaie et de futaie irrégulière en futaie régulière, sur les repeuplements artificiels.

5º *Aménagement*. On insistera sur les questions relatives au choix du mode de traitement le plus avantageux eu égard au sol, au climat, au peuplement et à la condition du propriétaire, ainsi que sur les diverses méthodes usitées pour la détermination de la possibilité et sur les questions relatives à l'exploitabilité.

6º *Exploitation, débit et estimation des bois*. Ce titre comprend toutes les questions relatives à la stéréométrie, au choix, au classement et à l'emploi des bois de marine ainsi qu'à l'estimation des forêts en fonds et superficie.

7º *Lois et règlements forestiers*.

8º *Topographie et géodésie* dans les limites établies par l'instruction administrative du 15 octobre 1860.

9º *Construction des routes, des maisons et travaux d'art* autres que les scieries.

10° *Histoire naturelle.* En botanique, on insistera spécialement sur la description et la détermination des essences forestières; en minéralogie et géologie, sur les questions relatives aux sols; en zoologie, sur les questions concernant les animaux et notamment les insectes nuisibles aux forêts, ainsi que sur celles qui se rattachent à l'étude des poissons qui entrent dans l'alimentation et aux moyens de propager artificiellement les espèces les plus utiles.

CHAPITRE II

ÉPREUVES ÉCRITES

Il sera fait par les candidats sur des sujets choisis par l'Administration trois compositions, savoir :

1° *En aménagement ;*

2° *En droit et règlements forestiers ;*

3° *En narration française.*

Les candidats devront, en outre, faire un *dessin topographique.*

Chacune de ces compositions sera faite sur le même sujet et simultanément par tous les candidats.

L'appréciation en sera faite par des correcteurs désignés par l'administration.

Les fautes graves d'orthographe ou de langue française ou une très-mauvaise rédaction suffiront pour motiver l'exclusion du concours.

CHAPITRE III

Les coefficients d'importance à attribuer à chacune des divisions du programme sont fixés ainsi qu'il suit :

1o *Arithmétique*.. . . . : 10

2o *Géométrie.* 10

3o *Algèbre et trigonométrie.* 10

4o *Sylviculture.* 25

5o *Aménagement.* . . . . . . { Épreuve orale. 10

{ — écrite. 10

6o *Exploitation, débit et estimation des bois.* 20

7o *Lois et réglements fo-* { Épreuve orale. 10

restiers. . . . . { — écrite. 10

8o *Topographie et géodésie.* 20

9o *Construction de routes, maisons forestiè-*

res, etc. 20

10o *Histoire naturelle.*. 10

11o *Langue française.* Épreuve écrite. . . 20

Chacune des parties des épreuves est cotée par les examinateurs d'un numéro de mérite compris dans l'échelle de 0 à 20.

Sera déclaré de plein droit inadmissible tout aspirant qui n'aura pas obtenu 12 points pour la *topographie* et la *géodésie*, 10 points pour la *langue française*.

Pourra ne pas être déclaré admissible le candidat qui, dans les autres divisions du programme, n'aura obtenu qu'une cote de mérite inférieure à 6.

RÈGLEMENT

POUR LE

CONCOURS AU GRADE DE GARDE GÉNÉRAL

ARRÊTÉ DU DIRECTEUR GÉNÉRAL DES FORÊTS

Du 7 juin 1864.

Article premier. — Les épreuves prescrites pour l'admission des gardes généraux adjoints au grade de garde général auront lieu à Paris (1) à l'époque qui sera fixée, chaque année, par l'Administration.

Art. 2. — Ces épreuves auront lieu en présence d'une commission présidée par le directeur général ou un administrateur délégué, et composée de quatre agents supérieurs, soit conservateurs ou inspecteurs, soit chefs ou sous-chefs de bureau, désignés à cet effet par le directeur général.

---

(1) Par décision du directeur général, Nancy a été désigné comme lieu d'examen pour l'année 1865.

Art. 3. — Il n'y aura qu'un seul examen; mais, indépendamment des épreuves orales dont il est fait mention aux paragraphes 4, 5, 6, 8 et 9 du chapitre Ier du programme n° 2, la commission s'assurera, par des épreuves sur le terrain, si les candidats possèdent en *topographie*, *géodésie*, *construction de routes*, *sylviculture*, *estimation* et *aménagement*, les connaissances nécessaires.

La nature des épreuves à faire subir sur le terrain sera réglée par la commission, ainsi que les sujets de compositions écrites en *aménagement*, *droit et réglements forestiers*, *narration française*.

Art. 4. Le *dessin topographique* prescrit (chapitre II du programme n° 2) s'appliquera à un levé exécuté sur le terrain par le candidat.

Art. 5. — Deux membres de la commission, désignés à cet effet par le président, seront chargés de diriger et surveiller les épreuves sur le terrain.

Ils rédigeront un procès-verbal détaillé de la manière dont chaque candidat aura subi cette partie du concours, et assigneront à chaque épreuve la valeur numérique, suivant qu'il est indiqué au chapitre III du programme.

La cote définitive pour chaque matière sera une moyenne entre les cotes attribuées aux épreuves sur le terrain et celles résultant des épreuves au cabinet.

Les chiffres d'appréciation seront arrêtés aux voix par tous les membres de la commission.

Art. 6. — Seront déclarés inadmissibles les candidats :

1º Qui n'auront pas réuni, pour l'ensemble des épreuves, la moitié du maximum des points, c'est-à-dire 1850;

2º Ceux qui n'auront obtenu qu'une cote de mérite inférieure à 12 points pour la topographie et la géodésie, et à 10 pour la langue française.

Pourront aussi être déclarés inadmissibles les candidats qui, dans les divisions du programme autres que celles désignées ci-dessus, n'auront obtenu qu'une cote de mérite inférieure à 6 points.

Art. 7. — La liste des candidats admissibles au grade de garde général sera arrêtée par le directeur général, en conseil d'administration.

Les agents portés sur cette liste seront nommés gardes généraux au fur et à mesure des besoins du service, s'ils remplissent d'ailleurs les autres conditions réglementaires d'avancement.

RÈGLEMENT

POUR LES ÉCOLES DE GARDES

ARRÊTÉ DU DIRECTEUR GÉNÉRAL DES FORÊTS

Du 1er Juin 1863.

Article premier. — Il sera institué, chaque année, aux lieux désignés par l'Administration, des cours d'instruction théorique et pratique destinés à former des préposés pour le grade de garde général adjoint.

Art. 2. Ces cours seront faits par des agents choisis par le programme de l'examen pour l'admission au grade de garde général adjoint fixé par la décision ministérielle du 10 avril 1861 (programme n° 1).

Art. 3. — Les cours auront lieu du 1er décembre au 15 mars.

L'enseignement complet durera deux ans.

Art. 4. — Seront seuls admis à prendre part à l'enseignement les gardes et brigadiers du service actif domanial (1).

Art. 5. — Nul ne sera admis, s'il est âgé de plus de quarante ans, et s'il n'a deux ans d'exercice dans le service actif, ou un an au moins s'il a fait partie du service sédentaire.

Art. 6. — Il sera alloué aux préposés, pendant la durée des cours, une indemnité de séjour calculée à raison de 1 fr. 50 cent. par jour.

Il leur sera, en outre, alloué pour se rendre de leur résidence au centre d'enseignement, et réciproquement, une indemnité de route calculée d'après le tarif fixé par l'arrêté ministériel du 24 décembre 1862. Toutefois, cette dernière indemnité ne s'applique qu'à ceux des préposés qui auront à parcourir une distance de 40 kilomètres et au-dessus.

Art. 7. — A la fin de chaque année, l'agent chargé de la direction des cours adressera à l'Administration, par l'intermédiaire du conservateur,

_____

(1) Cette disposition, qui a pour but d'exclure les préposés sédentaires et les gardes et brigadiers communaux des avantages stipulés à l'art. 6, ne s'applique pas aux gardes de particuliers qui demandent à suivre les cours comme élèves libres.

un rapport sur l'aptitude, le degré d'instruction, la conduite et la tenue de chaque préposé.

Cet agent indiquera, en outre, les mesures qui lui paraitraient utiles pour perfectionner l'enseignement.

Art 8. — Les centres d'enseignement seront placés sous l'autorité et la haute direction du conservateur dans la circonscription duquel ils seront établis.

Toutes les mesures de police et de discipline nécessaires pour assurer le bon emploi du temps et le succès des études seront prises par ce chef de service, en vertu d'un règlement approuvé par le directeur général.

Art. 9. — Il n'est dérogé à aucune des prescriptions de l'arrêté du ministre des finances du 10 avril 1861, relatif aux conditions pour l'admission aux grades de garde général adjoint et de garde général.

27ᵉ CONSERVATION.

DÉPARTEMENT
de l'Hérault.

ARRONDISS. COMMUNAL
de Saint-Pons.

INSPECTION
de Montpellier.

CANTONNEMENT
de Saint-Pons.

Coupe de bois de plus de 2 décim. — Flagrant délit. — Complicité.

Exemple N° 1.

Direction Générale des Forêts.

L'an mil huit cent cinquante-trois, le douze du mois de mars.

Nous soussigné N..., garde forestier à la résidence de Saint-Pons, assermenté et revêtu des marques distinctives de nos fonctions, certifions que, faisant notre tournée vers sept heures du matin, dans la forêt de Scrignan appartenant à l'État, au canton appelé la Haute-Sagne, sis au territoire de la commune de St-Pons, et dont le bois est âgé de 18 ans;

Nous avons aperçu un individu qui coupait à l'aide d'une hache des bois que deux autres personnes étaient occupées à façonner en billes. Nous étant approché nous avons reconnu les nommés Tarbouriech, Jean, ouvrier tisseur, Lartigue, François, fils mineur de Fulcrand, demeurant chez son père, et Jeanne Vergne, fille majeure, tous les trois demeurant à St-Pons. Nous avons mesuré les arbres ainsi exploités qui sont au nombre de cinq, tous essence chêne, dont trois de 3 décimètres et deux de 4 décimètres de tour, mesure prise sur les souches, les bois étant déjà façonnés et refendus. Lesdits arbres étaient verts et sains; leur valeur est de 4 fr. 50 c. Nous avons évalué à 20 fr. le dommage causé par l'abatage desdits bois. Nous avons saisi la hache du sieur Tarbouriech et les bois coupés en délit que nous avons marqués de notre marteau particulier et laissés sur place.

En foi de quoi nous avons rédigé le présent procès-verbal que nous avons clos à St-Pons le treize mars mil huit cent cinquante-trois.

Signature du garde.

NOTA. *Copier sur le registre. Mention.*

ner en marge du procès-verbal, dans la case à ce destinée, le numéro de la feuille du registre sur laquelle cette copie a été faite. Affirmer au plus tard le lendemain de la clôture du procès-verbal.

AFFIRMATION.

—

Par-devant nous, juge de paix du canton de Saint-Pons, a comparu le sieur N...., garde forestier dénommé au rapport qui précède, lequel l'a affirmé par serment, sincère et véritable, et a signé avec nous.

A Saint-Pons, le treize mars mil huit cent cinquante-trois.

Signat. du juge de paix.   Signat. du garde.

SIGNIFICATION

et

ASSIGNATION.

Enregistré à mil huit cent cinquante-
à recouvrer.

le au droit de

ÉTAT DES FRAIS.

—

Timbre. { du proc.-verb. / de la copie.

Enregistr. { du proc.-verb. / de la citation.

L'an mil huit cent cinquante-trois, le vingt du mois d'avril, à la requête de l'administration des forêts, poursuites et diligences de M. l'inspecteur des forêts à la résidence de Montpellier, lequel fait élection de domicile à Saint-Pons.

Je soussigné N..., garde forestier demeurant commune de Saint-Pons, assermenté et revêtu des marques distinctives de nos fonctions, ai signifié le procès-verbal d'autre part, à

1° Tarbouriech, Jean, demeurant à Saint-Pons, en son domicile, parlant à sa personne;

2° Lartigue, François, demeurant à Saint-Pons, en son domicile, parlant à Madeleine Chassin, sa mère;

3° Lartigue Fulcrand, demeurant à Saint-Pons, en son domicile, parlant à sa femme;

4° Jeanne Vergne, demeurant à Saint-Pons, en son domicile, parlant à sa tante, ainsi déclarée.

Avec assignation à comparaître le quinze mai mil huit cent cinquante-trois, à onze heures du matin et jours suivants, s'il y a lieu, par-devant le tribunal correctionnel séant à Saint-Pons, pour s'y voir condamner aux

Écrit. . .{
Original de la citation. . . .
Copie de l'exp.
Rôles non compris le 1er. .
}

Myriam. parcourus. . . . .

TOTAL. . . . .

peines portées par la loi ; et afin qu'ils n'en ignorent j'ai, aux susnommés, parlant comme dessus, laissé copie tant dudit procès-verbal et de l'acte d'affirmation que du présent exploit, dont le coût est de

dont acte

Signature du garde,

Exemple N° 2.

Direction Générale des Forêts.

ARRONDISS. COMMUNAL
de Montmédy.

L'an mil huit cent cinquante-cinq, le dix du mois de mars.

Nous soussignés M..., brigadier des forêts à la résidence de Senon, et N..., garde forestier à la résidence de Loison, assermentés et revêtus des marques distinctives de nos fonctions, certifions que, faisant notre tournée vers onze heures du matin dans la forêt de Senon, appartenant à la commune de Senon, au canton appelé la Réserve, sis au territoire de la commune de Senon, et dont le bois est âgé de quarante ans;

INSPECTION
de Montmédy.

CANTONNEMENT
de Spincourt.

Coupe et enlèvement d'arbres de plus de 2 déc. — Visite domiciliaire. — Saisie. — Séquestre.

Nous avons reconnu qu'il avait été récemment coupé à la scie et enlevé un chêne vif de cinquante centimètres de tour, mesure prise sur la souche. Les traces de l'enlèvement se dirigeaient vers le chemin de Senon; nous avons constaté que ledit arbre avait été traîné jusqu'au bord dudit chemin et avait été chargé sur une voiture dont les roues avaient laissé leur empreinte sur le bord du fossé. Convaincus que cet arbre avait dû être transporté au village de Senon, nous avons requis M. le Maire de cette commune de nous accompagner dans une visite domiciliaire à laquelle nous avons procédé ledit jour en sa présence.

Nos perquisitions ont donné les résultats suivants :

Dans un hangar dépendant de la maison du sieur Sallier François, cultivateur audit Senon, nous avons trouvé, caché dans un tas de paille, un chêne de cinquante centimètres, mesure prise sur la découpe. Cet arbre, fraîchement coupé à l'aide d'une scie, présentait la même couleur et la même forme que la souche trouvée en forêt. Les morceaux d'écorce que nous avons pris sur la souche, comparés à l'écorce de l'arbre enlevé, ont présenté les mêmes nuances et signes caractéristiques. Ainsi les crevasses des morceaux d'écorce pris sur la souche, se retrouvaient avec leur forme et direction, sur l'écorce de l'arbre enlevé. Une gerçure ancienne, que nous avons remarquée sur la souche, se reproduisait dans la même direction sur l'arbre trouvé chez le sieur Sallier.

Nous avons invité ledit Sallier à assister au rapatronage, ce à quoi il s'est refusé. Interpellé sur l'origine de cet arbre, il nous a déclaré l'avoir acheté d'une personne dont il n'a pu nous dire le nom. La valeur de l'arbre abattu est de 6 fr. — Nous avons estimé à 10 fr. le dommage occasionné par ce délit.

Ayant reconnu au moyen du rapatronage opéré à l'aide des morceaux détachés de la souche, que l'arbre trouvé chez le sieur Sallier était celui dont nous avions suivi la trace, nous avons marqué de notre marteau les deux extrémités dudit arbre et l'avons saisi et fait transporter chez le sieur Michel, secrétaire de la mairie, que nous avons déclaré séquestre et qui s'est engagé à le représenter à toute réquisition légale. Nous lui avons remis copie du présent procès-verbal qu'il a signé avec nous.

Fait et clos à Senon, les jour, mois et an que dessus, à deux heures du soir.

Sig. du maire.

Sig. du séquestre.   Sig. des gardes.

AFFIRMATION

—

Par-devant nous maire de la commune de Senon, ont comparu les sieurs M.., brigadier des forêts, et N..., garde forestier dénommés au rapport qui précède, lesquels, après que lecture leur en a été par nous faite, l'ont affirmé par serment sincère et véritable et ont signé avec nous.

A Senon, le onze mars, à neuf heures du matin, mil huit cent cinquante-cinq.

Signat. du maire.   Signat. des gardes.

L'an mil huit cent cinquante-cinq, le quinze du mois d'avril, à la requête de l'Administration des forêts, poursuites et diligences de M. l'Inspecteur des forêts à la résidence de Montmédy, lequel fait élection de domicile à Montmédy.

Je soussigné N..., brigadier forestier, demeurant commune de Senon, assermenté et revêtu des marques distinctives de nos fonctions, ai signifié le procès-verbal d'autre part, à

1° Sallier François, demeurant à Senon, en son domicile, parlant à Nicolas Maupin, son voisin, n'ayant trouvé personne au domicile de la partie.

Avec assignation à comparaître le premier mai mil huit cent cinquante-cinq, à onze heures du matin et jours suivants, s'il y a lieu, par-devant le tribunal correctionnel séant à Montmédy, pour s'y voir condamner aux peines portées par la loi; afin qu'il n'en ignore j'ai au susnommé, parlant comme dessus, laissé copie tant dudit procès-verbal et de l'acte d'affirmation que du présent exploit, dont le coût est de   dont acte.

Signature du garde.   Signature du voisin.

Exemple N° 3.

DÉPARTEMENT
de l'Hérault.

Direction Générale des Forêts.

ARRONDISS. COMMUNAL
de Saint-Pons.

INSPECTION
de Montpellier.

CANTONNEMENT
de Saint-Pons,

upe et enlèvement de bois
de moins de 2 décimètres.
— Saisie non effectuée d'instruments de délits.

L'an mil huit cent cinquante-cinq, le trois du mois de mars.

Nous soussigné N..., garde forestier à la résidence de la Salvetat, assermenté et revêtu des marques distinctives de nos fonctions, certifions que, faisant notre tournée vers sept heures du matin, dans la forêt du Devez, appartenant à l'État, au canton appelé Travers des Faus, sis au territoire de la commune de la Salvetat, et dont le bois est âgé de onze ans.

Nous avons rencontré les sieurs Goutines Joseph, cultivateur, célibataire, demeurant chez Jean Goutines, son père, fermier aux Esclats, et Parrot Nicolas, domestique dudit Jean Goutines, lesquels avaient coupé à la serpe et emportaient chacun une charge à dos de brins verts, de moins de 2 décimètres de tour, essence chêne et hêtre. La valeur desdites charges est de 1 fr. l'une, le dommage causé au peuplement est de 6 fr. Nous avons requis les sieurs Goutines et Parrot de nous faire la remise des serpes dont ils étaient porteurs, ce à quoi ils se sont refusés. Nous leur avons déclaré la saisie desdits instruments évalués à 3 fr. l'un, ainsi que du bois dont ils sont demeurés en possession.

Fait et clos à la Salvetat, le trois mars mil huit cent cinquante-cinq.

SIGNIFICATION
et
ASSIGNATION

L'an mil huit cent cinquante-cinq, le huit du mois de mai, à la requête de l'Administration des forêts, poursuites et diligence de M. l'Inspecteur des forêts à la résidence de Montpellier, lequel fait élection de domicile à Saint-Pons.

Je soussigné N....., garde forestier, demeurant commune de la Salvetat, assermenté et revêtu des marques distinctives de nos fonctions, ai signifié le procès-verbal d'autre part, à

1° Goutines Joseph, cultivateur, demeurant à la ferme des Esclats (la Salvetat), en son domicile, parlant à son valet de ferme, ainsi déclaré ;

2° Goutines Jean, fermier, demeurant aux Esclats (commune de la Salvetat), en son domicile, parlant à son valet de ferme, ainsi déclaré ;

3° Parrot Nicolas, cultivateur, demeurant à la Salvetat, en son domicile, parlant à M. le Maire de la Salvetat, n'ayant trouvé personne au domicile de la partie et aucun voisin n'ayant voulu recevoir la copie.

Avec assignation à comparaître le

heure du   et jours suivants, s'il y a lieu, par-devant le tribunal correctionnel séant   , pour s'y voir condamner aux peines portées par la loi ; et afin qu'ils n'en ignorent j'ai, aux susnommés, parlant comme dessus, laissé copie tant dudit procès-verbal et de l'acte d'affirmation que du présent exploit, dont le coût est de
dont acte.

Signature du garde.   Signature du Maire.

Exemple N° 4.

5e CONSERVATION.

DÉPARTEMENT
du Bas-Rhin.

ARRONDISS. COMMUNAL
de Strasbourg.

INSPECTION
de Haguenau.

er CANTONNEMENT
de Haguenau.

Mutilation. — Récidive.

Direction Générale des Forêts.

L'an mil huit cent cinquante-deux, le six du mois d'avril.

Nous soussigné N..., garde forestier à la résidence de Schweighausen, assermenté et revêtu des marques distinctives de nos fonctions, certifions que, faisant notre tournée vers six heures du matin dans la forêt de Haguenau, appartenant à la ville et à l'Etat, au canton appelé Daxhübel, sis au territoire de la commune de Haguenau, et dont le bois est âgé de cinquante ans ;

Nous avons trouvé le sieur Martin Lauth, ouvrier tisseur, demeurant à Haguenau, quartier de l'Entelach, lequel était occupé à mutiler un pin vif de 1^m 20 de circonférence, mesure prise à un mètre du sol, pour en extraire du bois gras ; l'entaille faite à l'aide d'une hache atteint le cœur de l'arbre et entraînera sa perte. Nous avons saisi l'instrument du délit et le bois gras déjà extrait, dont la valeur est de 1 fr.

Le sieur Lauth, Martin, est en récidive, ayant été condamné par suite du procès-verbal dressé par nous le 4 janvier dernier, n°...

Fait et clos à Schweighausen, le sept avril mil huit cent cinquante-deux.

Signat. du garde.

16ᵉ CONSERVATION.

DÉPARTEMENT
de la Meuse.

—

AR ONDISS. COMMUNAL
de Montmédy.

—

INSPECTION
de Montmédy.

—

CANTONNEMENT
de Spincourt.

—

Enlèvement de faînes.

—

Exemple Nº 5.

—

Direction Générale des Forêts.

L'an mil huit cent cinquante-cinq, le douze du mois de novembre.

Nous soussigné N..., garde forestier à la résidence d'Arrancy, assermenté et revêtu des marques distinctives de nos fonctions, certifions que, faisant notre tournée vers sept heures du matin, dans la forêt d'Arrancy, appartenant à l'État et à la commune, au canton appelé la Réserve, sis au territoire de la commune d'Arrancy, et dont le bois est âgé de soixante-dix ans.

Nous avons rencontré Jeanne Sardoux, fille mineure de François, journalier à Longuyon, qui ramassait et avait ramassé dans une hotte une charge de faînes, dont nous estimons la valeur à 1 fr. Nous avons saisi et répandu sur le sol les faînes ainsi enlevées, et avons rédigé le présent procès-verbal que nous avons clos à Arrancy, les jour, mois et an que dessus.

Signature du garde.

CONSERVATION.

DÉPARTEMENT
du Bas-Rhin.

ARRONDISS. COMMUNAL
de Strasbourg.

INSPECTION
de Haguenau.

CANTONNEMENT
de Haguenau.

hement de feuilles mortes.
— Complicité. — Saisie. —
Séquestre.

Exemple N° 6.

Direction Générale des Forêts.

L'an mil huit cent cinquante-cinq, le dix du mois de mars.

Nous soussigné N..., garde forestier à la résidence de Schweighausen, assermenté et revêtu des marques distinctives de nos fonctions, certifions que, faisant notre tournée vers quatre heures du soir, dans la forêt de Haguenau, appartenant à l'Etat et à la ville, au canton appelé Sandlach, sis au territoire de la commune de Haguenau, et dont le bois est âgé de quarante ans.

Nous avons rencontré les nommés Lauth, Jacques, journalier, Metzinger, François, fils mineur de Jacques, Frantz Mosenmann, ouvrier cardeur, et Fritz Keller, fils mineur de Christine Keller, demeurant chez sa mère; tous domiciliés en la ville de Haguenau, au quartier dit de l'Entelach, lesquels étaient occupés à ramasser avec des rateaux et à charger sur une voiture attelée d'un cheval, des feuilles mortes, propres à faire de la litière.

Nous avons reconnu la voiture et le cheval pour appartenir au sieur Jacques Metzinger, et nous les avons saisi ainsi que le chargement de feuilles mortes, dont la valeur est de 5 fr.

Nous en avons constitué séquestre le sieur Nicolas, aubergiste à Haguenau. Le cheval saisi est sous poil bai et marqué de balzanes aux jambes de devant, la voiture est une charrette ordinaire en assez bon état, le harnachement est vieux et usé. Ledit sieur Nicolas ayant accepté le dépôt de ces divers objets et s'étant engagé à les représenter à toutes réquisitions, nous lui avons délivré copie du présent acte, qu'il a signé avec nous.

Fait et clos à Haguenau, le dix mars mil huit cent cinquante-cinq, à sept heures du soir. Signature du séquestre.   Signat. du garde.

Exemple Nᵒ 7.

Direction Générale des Forêts.

Extraction et enlèvement de
pierres. — Voiture à deux
chevaux.

L'an mil huit cent cinquante-trois, le six du mois de juin,

Nous soussigné N..., garde forestier à la résidence de Flavigny, assermenté et revêtu des marques distinctives de nos fonctions, certifions que, faisant notre tournée vers huit heures du matin, dans la forêt de Flavigny, appartenant à l'Etat, au canton appelé la Grande-de-Tranchée, sis au territoire de la commune de Flavigny, et dont le bois est âgé de dix-huit ans,

Nous avons trouvé le sieur Regnat, Pierre, domestique du sieur Reveilhon, Joseph, propriétaire, demeurant à Flavigny, lequel chargeait de pierres extraites du sol forestier, une voiture attelée de deux chevaux; le sieur Regnat, interrogé, nous a déclaré qu'il avait été envoyé par son maître pour extraire de la pierre de la carrière voisine, mais que l'ayant trouvée obstruée, il avait cru pouvoir fait son chargement dans la carrière de la forêt. Nous avons estimé à 2 fr. la valeur des pierres enlevées, le dommage causé au sol forestier est de 3 fr.

Vu la solvabilité notoire dudit Regnat, nous nous sommes abstenu de saisir la voiture, les chevaux et le chargement.

Fait et clos à Flavigny, les jour, mois et an que dessus.

Exemple N° 8.

DÉPARTEMENT
de la Meuse.

Direction Générale des Forêts.

ARRONDISS. COMMUNAL
de Montmédy.

L'an mil huit cent cinquante-deux, le trois du mois de novembre.

INSPECTION
de Montmédy.

Nous soussigné N..., garde forestier à la résidence de la maison forestière du Haut-Fourneau, assermenté et revêtu des marques distinctives de nos fonctions, certifions que, faisant notre tournée vers sept heures du matin dans la forêt de Mangiennes, appartenant à l'Etat, au canton appelé la Queue-de-l'Etang, sis au territoire de la commune de Billy, et dont le bois est âgé de trois ans.

CANTONNEMENT
de Spincourt.

Faux-chemins. — Bois de moins de dix ans.

Nous avons trouvé le sieur Chassing, Nicolas, meunier à Billy, conduisant à travers la coupe de l'exercice 1848, une voiture attelée d'un cheval, il avait parcouru dans les jeunes taillis une longueur de cent cinquante mètres et endommagé un grand nombre de jeunes pousses. Nous avons évalué à 6 fr. le dommage occasionné au peuplement. Le sieur Chassing nous a déclaré qu'il avait voulu prendre l'ancien chemin de vidange pour raccourcir sa route, mais que n'ayant pu le retrouver, il cherchait à regagner le grand chemin.

Fait et clos à la Maison forestière, les jour, mois et an que dessus.

16e CONSERVATION.

DÉPARTEMENT
de la Meuse,

—

ARRONDISS. COMMUNAL
de Montmédy.

—

INSPECTION
de Montmédy.

—

CANTONNEMENT
de Spincourt.

—

Feu à distance prohibée.

—

Exemple N° 9.

—

Direction Générale des Forêts.

L'an mil huit cent cinquante-deux, le cinq du mois d'avril.

Nous soussigné N..., garde forestier à la résidence de Loison, assermenté et revêtu des marques distinctives de nos fonctions, certifions que, faisant notre tournée vers sept heures du matin, dans la forêt de Hingry, appartenant à l'Etat, au canton appelé Hingry-Sorel, sis au territoire de la commune de Loison, et dont le bois est âgé de huit ans.

Nous avons trouvé les sieurs François, Simon, fils mineur de Pierre, journalier, Jean Mauprat, fils mineur de Jeanne Favier, veuve Mauprat, et Juliette Zarret, fille mineure domestique du sieur Barthe, Jean ; tous domiciliés audit Loison ; lesquels avaient allumé et entretenaient avec des bois morts un feu établi à 30 mètres de la forêt. Ces bois, enlevés de la forêt, ainsi qu'il résulte de l'aveu des prévenus et des traces laissées par eux, portaient moins de 2 décimètres de tour; ils ont été évalués à une charge d'homme d'une valeur de 25 cent.

Dont procès-verbal clos à Loison, le six avril mil huit cent cinquante-six.

28ᵉ CONSERVATION.

Exemple N° 10.

DÉPARTEMENT
de l'Aveyron.

Direction Générale des Forêts.

ARRONDISS. COMMUNAL
d'Espalion.

INSPECTION
de Rodez.

CANTONNEMENT
d'Espalion.

Refus de secours en cas d'incendie.

L'an mil huit cent cinquante-six, le dix du mois de mars.

Nous soussigné N..., garde forestier à la résidence de la maison forestière d'Aubrac, assermenté et revêtu des marques distinctives de nos fonctions, certifions que, faisant notre tournée vers huit heures du soir, dans la forêt d'Aubrac, appartenant à l'État, au canton appelé Grand Bois-d'Aubrac, sis au territoire de la commune de Saint-Chély, et dont le bois est âgé de trente ans.

Nous avons aperçu un commencement d'incendie qui venait de se déclarer sur le bord du chemin de César. Nous nous sommes immédiatement rendu dans les villages voisins pour obtenir du secours, et nous avons requis le sieur.... propriétaire, demeurant aux Enfrux, de venir aider à éteindre l'incendie, ce à quoi il s'est refusé, disant qu'il y aurait bien assez de monde sans lui. Ledit sieur... est usager dans la forêt domaniale.

Nous avons rédigé de son refus le présent procès-verbal que nous avons clos et signé à la Maison forestière d'Aubrac, le onze mars mil huit cent cinquante-six.

DÉPARTEMENT
de la Côte-d'Or.

ARRONDISS. COMMUNAL
de Semur.

INSPECTION
de Semur.

CANTONNEMENT
de Saulieu.

Construction de baraque.

Exemple N° 11.

Direction Générale des Forêts.

L'an mil huit cent cinquante-deux, le trois du mois d'avril,

Nous soussigné N..., garde forestier à la résidence de la Maison forestière de Charny, assermenté et revêtu des marques distinctives de nos fonctions, certifions que, faisant notre tournée vers deux heures du soir, au canton appelé la Côte, sis au territoire de la commune de Mont-Saint-Jean,

Nous avons reconnu qu'il venait d'être construit récemment à la distance de 340 mètres environ de l'extrémité ouest de la forêt domaniale de Charny, une baraque en pierres et planches, située près de la carrière de pierre exploitée par le sieur François N..., carrier, demeurant à Mont-Saint-Jean; ladite baraque est sise sur un terrain appartenant au sieur Jean Singlet, propriétaire audit Mont-Saint-Jean.

Nous nous sommes transporté à son domicile, et lui ayant demandé si la baraque avait été construite par lui, il nous a répondu qu'il avait loué le terrain au sieur François N..., et que c'était ce dernier qui avait établi la loge destinée au service de la carrière. Ladite loge est couverte en tuiles et munie d'une fenêtre et d'une porte fermant à clef; elle est inhabitée et paraît employée seulement à renfermer les outils et les provisions des ouvriers.

Fait et clos à la Maison forestière de Charny, les jour, mois et an que dessus.

Exemple N° 12.

DÉPARTEMENT
de la Meuse.

ARRONDISS. COMMUNAL
de Montmédy.

INSPECTION
de Montmédy.

CANTONNEMENT
de Spincourt.

Chantier sans autorisation.

Direction Générale des Forêts.

L'an mil huit cent cinquante-trois, le douze du mois de mars.

Nous soussigné N..., garde forestier à la résidence de Loison, assermenté et revêtu des marques distinctives de nos fonctions, certifions que, faisant notre tournée vers heures du   dans la forêt de Sorel, appartenant à l'Etat, au cánton appelé Hingry-Sorel, sis au territoire de la commune de Loison, et dont le bois est âgé de

Nous avons appris que le Sʳ Michel Stephan, demeurant au lieu dit Sorel, avait établi dans la maison qu'il tient en location du sieur Bertrand, propriétaire, un atelier à débiter des lattes et du merrain, ladite maison étant située à moins de 100 mètres de la forêt domaniale de Sorel. Nous avons requis M. le maire de la commune de Loison de nous assister dans la visite, et nous étant transporté avec lui audit lieu de Sorel, nous avons constaté qu'il y avait dans la cour intérieure du bâtiment, quatre tronces prêtes à être mises en œuvre, tout l'outillage d'un atelier de fabricant de lattes et merrain, coûtres, chevalets, etc., enfin une demi-treille ou 720 pièces environ de merrain assorti et façonné. Ayant demandé au sieur Stéphan, présent à notre visite, s'il avait l'autorisation d'établir un atelier de fabrication. il nous a répondu qu'il ne croyait pas avoir besoin de permission pour faire façonner les bois qu'il achetait.

Sur quoi nous lui avons déclaré que nous saisissions les bois tant façonnés qu'en grume, déposés dans ledit atelier et dont la désignation a été ci-dessus faite ; nous avons apposé l'empreinte de notre marteau sur les 4 tronces et sur les douves supérieures du merrain empilé et nous avons évalué la valeur totale desdits bois à 160 fr.

En foi de quoi nous avons dressé le présent procès-verbal que M. le Maire, présent à la visite, a signé avec nous.

Fait et clos à Loison, le treize mars mil huit cent cinquante-trois.

Signature du maire.   Signature du garde.

Exemple N° 13,

—

DÉPARTEMENT
de la Haute-Loire.

—

ARRONDISS. COMMUNAL
d'Yssengeaux.

—

INSPECTION
du Puy.

—

CANTONNEMENT
du Puy.

—

Direction Générale des Forêts.

L'an mil huit cent cinquante-trois, le douze du mois de mai.

Nous soussignés M..., brigadier des forêts à la résidence de Chambon, et S..., garde forestier à la résidence de Saint-Voy, assermentés et revêtus des marques distinctives de nos fonctions, certifions que, faisant notre tournée vers neuf heures du matin.

Nous avons procédé à la vérification des bois déposés sur le chantier de la scierie dite du Chanlet, située à 1,224ᵐ des bois communaux du Chambon et exploitée pour le compte du sieur N.... propriétaire audit lieu, par le sieur Pierre Caillé, son préposé. Nous avons reconnu que cinq des tronces gisant dans l'intérieur du chantier n'étaient pas revêtues de l'empreinte de notre marteau, et avaient été introduites sans déclaration préalable.

En foi de quoi nous avons rédigé le présent procès-verbal que nous avons clos et signé au Chambon, les jours, mois et an que dessus.

27ᵉ CONSERVATION.

—

DÉPARTEMENT
de l'Hérault.

—

ARRONDISS. COMMUNAL
de Saint-Pons.

—

INSPECTION
de Montpellier.

—

CANTONNEMENT
de Saint-Pons.

—

Pâturage. — Saisie. — Sé-
questre.

—

Exemple N° 14.

—

Direction Générale des Forêts.

L'an mil huit cent cinquante-six, le dix du mois de mai.

Nous soussigné N..., garde forestier à la résidence de la Salvetat, assermenté et revêtu des marques distinctives de nos fonctions, certifions que, faisant notre tournée vers sept heures du matin, dans la forêt de Devez, appartenant à l'Etat, au canton appelé les Sagnes, sis au territoire de la commune de la Salvetat, et dont le bois est âgé de six ans.

Nous avons rencontré le sieur François Giraud, fils mineur de Pierre, cultivateur demeurant à la Salvetat, lequel gardait à bâton planté un troupeau composé de trois moutons, une chèvre et une vache. Ces animaux avaient séjourné longtemps dans le taillis et y avaient occasionné un dommage que nous avons évalué à 10 fr.

Nous avons saisi le troupeau et l'ayant conduit à la Salvetat, nous l'avons remis sous la garde du sieur Fulcrand Servien, aubergiste audit lieu, que nous avons désigné comme séquestre. La vache est sous poil roux vif avec une étoile blanche au front, la chèvre est blanche, marquée de noir et dépourvue de cornes, les moutons sont fraîchement tondus et marqués au fer de la lettre M.

Le sieur Servien ayant accepté la garde de ces animaux et s'étant engagé à les représenter à toute réquisition légale, nous lui avons remis copie du présent acte qu'il a signé avec nous.

Fait et clos à la Salvetat, les jour, mois et an que dessus, à onze heures du matin.

Signature du séquestre.   Signature du garde.

Exemple N° 15.

DÉPARTEMENT
du Cantal.

Direction Générale des Forêts.

ARROND:SS. COMMUNAL
de Saint-Flour.

L'an mil huit cent cinquante-six, le dix du mois d'août.

Nous soussigné N..., garde forestier à la résidence de Saint-Urcize, assermenté et revêtu des marques distinctives de nos fonctions, certifions que, faisant notre tournée vers onze heures du matin dans la forêt de Saint-Urcize, appartenant à cette commune, au canton appelé Puech-Régio, sis au territoire de la comm ne de Saint-Urcize, et dont le bois est âgé de huit ans.

INSPECTION
d'Aurillac.

CANTONNEMENT
de Saint-Flour.

Pâturage.

Nous avons trouvé deux vaches pâturant sans gardien. Ces animaux avaient endommagé un grand nombre de cépées qui portent les marques des abroutissements. Le propriétaire nous étant inconnu, nous les avons dirigées vers le village de Saint-Urcize où nous les avons mises sous la garde du sieur.... aubergiste audit lieu, que nous avons déclaré séquestre, et qui s'est engagé à les représenter à toute réquisition légale ; l'une des vaches est sous poil rouge-brun, l'autre, pic-noir et blanc. Le sieur... invité par nous à signer le présent acte, nous a déclaré ne savoir signer ; nous lui avons remis copie de notre procès-verbal que nous avons clos à Saint-Urcize, le dix août mil huit cent cinquante-six.

Signature du garde.

24ᵉ CONSERVATION.

DÉPARTEMENT
des Deux-Sèvres.

ARRONDISS. COMMUNAL
de Mello.

INSPECTION
de Niort.

CANTONNEMENT
de Beauvoir.

Introduction de bestiaux dans
des cantons en défends.

Exemple Nᵒ 16.

Direction Générale des Forêts.

L'an mil huit cent cinquante-six, le vingt
cinq du mois de mars.

Nous soussigné N..., garde forestier à la
résidence de Lille, assermenté et revêtu d
marques distinctives de nos fonctions, certi
fions que faisant notre tournée vers sept heur
du matin, dans la forêt des Usages, appart
nant à la commune d'Availles, au canton a -
pelé Fosse-d'Argent, sis au territoire de
commune d'Availle, et dont le bois est à
de cinq ans.

Nous avons trouvé le nommé Poirier, An
toine, pâtre de la commune d'Availle, q
gardait à bâton planté, dans ledit canton, no
déclaré défensable, la quantité de cent vin
bêtes à laine, formant le troupeau commun
nous avons estimé à 15 francs le domma,
causé par le pacage du troupeau.

En foi de quoi nous avons rédigé le pr
sent procès-verbal que nous avons clos à Lille
le vingt-cinq du mois de mars mil huit cen
cinquante-six.

Signature du garde.

Exemple N° 17.

Direction Générale des Forêts.

CONSERVATION.

—

DÉPARTEMENT
de la Haute-Loire.

—

RONDISS. COMMUNAL
de Brioude.

—

INSPECTION
du Puy.

—

ANTONNEMENT
du Puy.

—

uction de bestiaux en
mbre excédant celui indi-
par les procès-verbaux
défensabilité.

—

L'an mil huit cent cinquante-six, le dix du mois de juillet.

Nous soussigné, N..., garde forestier à la résidence de Venteuges, assermenté et revêtu des marques distinctives de nos fonctions, certifions que, faisant notre tournée vers huit heures du matin, dans la forêt de Jalajoux. appartenant à la section de Chazettes, commune de Desges, au canton appelé Jalajoux, sis au territoire de la commune de Desges, et dont le bois est âgé de trente-et-un ans.

Nous avons trouvé le sieur H..., pâtre communal, gardant à bâton planté un troupeau composé de vingt-quatre têtes de gros bétail, savoir : dix-huit vaches et six taurillons, appartenant aux habitants de la section de Chazettes. Le canton de Jalajoux a été déclaré défensable par arrêté du 18 février 1856, mais pour 21 têtes de bétail seulement; trois animaux y ont donc été introduits en contravention. Nous avons, pour reconnaître les propriétaires des bestiaux en excédant, dressé d'après les indications du berger la liste des différents propriétaires avec le nombre des bestiaux envoyés au pâturage par chacun d'eux, et nous étant transporté à la mairie, nous avons comparé cette liste avec celle de répartition des animaux admis au parcours, et nous avons reconnu que le sieur Just, Antoine, cultivateur, demeurant à Chazettes, avait envoyé sept vaches au pâturage au lieu de quatre, nombre qui lui est assigné.

En foi de quoi nous avons rédigé le présent procès-verbal que nous avons clos et signé à Venteuges, le onze juillet mil huit cent cinquante-six.

28ᵉ CONSERVATION.   **Exemple Nᵒ 18.**

DÉPARTEMENT
du Cantal.

ARRONDISS. COMMUNAL
de Murat.

INSPECTION
d'Aurillac.

CANTONNEMENT
de Murat.

Coupe de réserve.

Direction Générale des Forêts.

L'an mil huit cent cinquante-cinq, le do
du mois de mars.

Nous soussigné N..., brigadier forestie
la résidence de Montboudif, assermenté
revêtu des marques distinctives de nos fo
tions, certifions que, faisant notre tour
vers onze heures du matin, dans la forêt
Maubert, appartenant à l'Etat, au canton a
pelé Bouillas, coupe de l'exercice 185
2ᵉ lot, sis au territoire de la commune
Condat, et dont le bois est âgé de cent v
ans.

Nous avons constaté que les ouvriers
sieur N .., marchand de bois, demeurant
adjudicataire du 2ᵉ lot de la coupe de 18
avaient abattu dans l'enceinte de ladite cou
qui est marquée en délivrance, un sapin
portant pas l'empreinte du marteau de l'Eta
nous avons mesuré cet arbre qui porte 1 m
60 cent. de circonférence, mesure prise à
mètre du sol, et nous l'avons marqué de
tre marteau ainsi que sa souche; la vale
dudit sapin est de 9 fr.

Fait et clos à Montboudif, les jour, mois
an que dessus.

CONSERVATION.

—

DÉPARTEMENT
de l'Aveyron.

—

RONDISS. COMMUNAL
de Saint-Affrique.

—

INSPECTION
de Rodez.

—

CANTONNEMENT
de Saint-Affrique.

—

Outre-passe.

—

Exemple N° 19.

Direction Générale des Forêts.

L'an mil huit cent cinquante-six, le douze du mois de mars.

Nous soussignés N..., brigadier, et N..., garde forestier, à la résidence de Nouzet et de Camarès, assermentés et revêtus des marques distinctives de nos fonctions, certifions que, faisant notre tournée vers huit heures du matin, dans la forêt de Guiral, appartenant à l'Etat, au canton appelé Guiral, sis au territoire de la commune de Saint-Rome-de-Cernon, et dont le bois est âgé de vingt-cinq ans.

Nous avons reconnu que les ouvriers du sieur N..., adjudicataire du deuxième lot de la coupe de l'exercice de 1855, avaient dépassé la ligne qui sépare à l'ouest ladite coupe d'avec le restant du bois. Ayant relevé de cornier en cornier la ligne d'arpentage, nous avons constaté que les ouvriers ont exploité à dix mètres en dehors de ladite ligne et qu'il ont abattu, savoir : deux charmes, dont l'un de 40 et l'autre de 60 centimètres de circonférence, un chêne de 60 centimètres, mesure prise sur les souches, les arbres ayant été réunis à ceux de la vente ; plus une quantité de brins de moins de deux centimètres que nous avons évalués à une charge de voiture à un cheval ; les bois ainsi exploités en dehors de la coupe sont de même âge, nature et qualité que ceux de ladite coupe, et nous avons estimé leur valeur savoir : les deux charmes à 3 fr., le chêne à 2 fr., et les menus bois à 6 francs.

Fait et clos à Nouzet, le treize mars mil huit cent cinquante-six.

Exemple N° 20.

—

Direction Générale des Forêts.

ARRONDISS. COMMUNAL
de Montmédy.

—

INSPECTION
de Montmédy.

—

CANTONNEMENT
de Spincourt.

—

Vices d'exploitation.

L'an mil huit cent cinquante, le dix d
mois de mars.

Nous soussignés N..., brigadier à Seno
et N..., garde forestier à la résidence de Bill
assermentés et revêtus des marques distin
tives de nos fonctions, certifions que, fai
notre tournée vers dix heures du matin, da
la forêt de Billy, appartenant à la commun
de Billy, au canton appelé la Réserve, sis à
territoire de la commune de Billy, et don
le bois est âgé de vingt ans.

Nous avons constaté que les ouvriers d
sieur L..., adjudicataire de la coupe extr
ordinaire exploitée pour l'exercice de 1849
abattaient un chêne sans l'avoir préalabl
ment ébranché, et sans le diriger dans sa chut
au moyen de cordes, ainsi qu'il est prescri
par les clauses spéciales. Ledit arbre a e
dommagé dans sa chute trois brins de tail
de 20 à 30 centimètres de tour, marqu
comme baliveaux, nous avons évalué le do
mage à 9 fr.

Fait et clos à Billy, les jour, mois et an qu
dessus.

Exemple N° 21.

DÉPARTEMENT
de la Côte-d'Or.

ARRONDISS. COMMUNAL
de Semur,

INSPECTION
de Semur.

CANTONNEMENT
de Saulieu.

Retard de nettoiement.

Direction Générale des Forêts.

L'an mil huit cent cinquante-six, le vingt du mois d'avril.

Nous soussignés N..., brigadier forestier à la résidence de Montberthault, et N..., garde forestier à la résidence de Courcelles, assermentés et revêtus des marques distinctives de nos fonctions, certifions que, faisant notre tournée vers neuf heures du matin, dans la forêt de Courcelles, appartenant à la commune de Courcelles-Fresnois, au canton appelé les Ordinaires, coupe de l'exercice 1855, sis au territoire de la commune de Courcelles, et dont le bois est âgé de vingt-cinq ans.

Nous avons parcouru la coupe exploitée pour l'exercice 1855, par le sieur N..., entrepreneur du façonnage, et nous avons reconnu que le nettoiement prescrit par l'art. 23 du cahier des charges générales n'a pas été effectué. Les ronces et épines n'ont pas été extraites, ou l'ont été d'une manière incomplète; nous avons compté plus de cent vieux étocs qui n'ont pas été ravalés.

Quoique ledit entrepreneur ait été prévenu à plusieurs reprises, il a négligé de faire exécuter ces travaux.

Nous avons, en conséquence, dressé contre lui le présent procès-verbal que nous avons clos et signé à Courcelles, les jour, mois et an que dessus.

3e CONSERVATION.

—

DÉPARTEMENT
de la Côte-d'Or.

—

ARRONDISS. COMMUNAL
de Semur.

—

INSPECTION
de Semur.

—

CANTONNEMENT
de Saulieu.

—

Retard d'exploitation.

—

Exemple N° 22.

—

Direction Générale des Forêts.

L'an mil huit cent cinquante-six, le vingt du mois d'avril.

Nous soussignés N..., brigadier forestier, et N..., garde forestier à la résidence de Saulieu, assermentés et revêtus des marques distinctives de nos fonctions, certifions que, faisant notre tournée vers huit heures du matin dans la forêt de Saulieu, appartenant à l'État, au canton appelé Champmonin, sis au territoire de la commune de Saulieu, et dont le bois est âgé de trente ans.

Nous avons parcouru la coupe de l'exercice 1855, n°... de l'état d'assiette, deuxième lot, dont le sieur N...; marchand de bois demeurant à Saulieu, s'est rendu adjudicataire, et nous avons constaté que l'exploitation n'en est pas terminée; l'abatage du taillis n'était pas commencé sur un hectare environ de ladite coupe, et il reste encore sur pied trente chênes anciens, marqués pour être exploités, dans la partie où le taillis a été abattu. Nous avons évalué à 1,500 fr. la valeur des bois demeurés sur pied; nous en avons déclaré la saisie au sieur T..., facteur de la vente, avec défense d'en disposer d'aucune manière, et nous avons rédigé le présent procès-verbal que nous avons clos et signé à Saulieu, les jour, mois et an que dessus.

16e CONSERVATION.

DÉPARTEMENT
de la Meuse.

ARRONDISS. COMMUNAL
de Montmédy.

INSPECTION
de Montmédy.

CANTONNEMENT
de Spincourt.

Chasse.

Exemple Nº 23.

Direction Générale des Forêts.

L'an mil huit cent cinquante-six le vingt du mois de septembre.

Nous soussigné N..., garde forestier à la résidence d'Ollières, assermenté et revêtu des marques distinctives de nos fonctions, certifions que, faisant notre tournée vers neuf heures du matin, dans la forêt de Réchicourt, appartenant à la commune de ce nom, au canton appelé les Usages, sis au territoire de la commune de Réchicourt, et dont le bois est âgé de trois ans.

Nous avons entendu un coup de fusil dans la direction duquel nous nous sommes immédiatement transporté. Nous avons aperçu dans le taillis de la coupe de mil huit cent cinquante-deux, un chasseur occupé à recharger son fusil, et nous l'avons reconnu pour M..., fils mineur de M. N..., propriétaire, demeurant à Saint-Pierre-Villiers ; ledit sieur N..., n'est ni fermier, ni co-locataire dudit droit de chasse dans les bois de Réchicourt. Il était accompagné d'un chien couchant, et était armé d'un fusil double à piston, à canons damassés et crosse anglaise, arme que nous avons estimée à 150 fr. Invité à nous exhiber son permis de chasse, le sieur N..., nous a déclaré n'en pas avoir.

Fait et clos à les jour, mois et an que dessus.

DÉPARTEMENT
du Puy-de-Dôme.

—

ARRONDISS. COMMUNAL
de Thiers.

—

INSPECTION
de Clermont.

—

CANTONNEMENT
d'Ambert.

———

Pêche avec engins prohibés.
— Temps défendu. — Refus de remettre les engins.

———

Exemple N° 24.

—

Direction Générale des Forêts.

════════════════

L'an mil huit cent cinquante-cinq, le douze du mois d'avril.

Nous soussigné N..., garde forestier à la résidence de Maringues, assermenté et revêtu des marques distinctives de nos fonctions, certifions que, faisant notre tournée vers six heures du matin, dans le bois de Culhat, sis au territoire de la commune de ce nom.

Nous avons aperçu deux individus à nous inconnus qui chassaient à l'aide d'un trémail. Nous les avons invités à nous remettre les filets et le gibier dont ils étaient porteurs, ce à quoi ils se sont formellement refusé; ils ont aussi refusé de nous faire connaître leurs noms et domiciles. Ayant pris leur signalement, afin de les reconnaître plus tard nous nous sommes établis en embuscade aux environs du bac de Joze, par lequel ils devaient nécessairement passer, et assisté du garde-champêtre requis par nous, nous avons attendu jusqu'à l'heure de midi. Ayant parfaitement reconnu nos chasseurs parmi les passagers, nous avons saisi le filet dont ils étaient porteurs, ainsi que le gibier capturé; consistant en six perdrix et trois cailles. — Les délinquants s'étant enfui après avoir abandonné leur filet et leur gibier, et personne n'ayant pu nous donner d'indication sur leur identité, nous avons invité le garde-champêtre à se mettre sur leurs traces, et renvoyé à une époque ultérieure la clôture de notre procès-verbal.

Nota. *Affirmer. Après l'affirmation, présenter le procès-verbal au Juge de Paix dans les chefs-lieux de canton, au maire dans les autres communes et requérir la vente du gibier.*

Exemple n° 25.

Direction Générale des Forêts.

L'an mil huit cent cinquante.....le..... du mois de.....

Nous soussigné (*noms, prénoms et qualités*) à la résidence de.....
requérons en vertu des dispositions de l'art. 164 du Code forestier, M.
le (*qualité de l'agent de la force publique*) de nous seconder dans
l'exercice de nos fonctions, et à cet effet de nous faire accompagner
(*immédiatement ou à l'heure qu'on indiquera*) par la force publique
à sa disposition, dans les (*tournées, recherches ou visites domiciliaires*) auxquelles nous procéderons pour la répression des délits.

Le sieur ..... ayant obtempéré à notre réquisition, nous lui avons remis un double du présent acte que nous avons signé à..... les jour, mois
et an que dessus.

Signature du préposé.

Exemple N° 26.

Direction Générale des Forêts.

L'an mil huit cent..... le..... du mois.....

Nous (*noms et qualité*) à la résidence de... avons en vertu de la décision de M. le conservateur des forêts, en date du....... délivré dans la
forêt..... de..... au canton de..... en présence du garde du triage, au
sieur (*nom du concessionnaire ou de son représentant*).

La quantité de (*indiquer la nature et la qualité des produits délivrés*).

A charge par ledit sieur (*nom du concessionnaire*) demeurant à.....
de verser à la caisse du..... la somme de (*en toutes lettres*) et d'acquitter les droits de timbre d'enregistrement du procès-verbal qu'il a signé avec nous.

A   le

Signature du brigadier.   Signature du garde du triage.

Signature du concessionnaire.

Exemple N° 27.

Direction Générale des Forêts.

Je soussigné..... m'engage à rembourser le montant du mandat n°...
de la somme de..... délivré par duplicata ; dans le cas où le mandat de
pareille somme primitivement délivré aurait été acquitté.

A   le   18   .

TABLE DE CUBAGE

Le tarif qui suit est formé d'après la méthode de cubage exposée par M. Ph. Le Duc, inspecteur des forêts, et nommée par lui *cubage tronconique*; il sert à déterminer le volume des arbres à exploiter dans les taillis sous-futaie, les avenues, bordures, etc. Mais on ne doit pas l'employer au cubage des futaies de bois résineux.

Usage de la table. — Mesurer avec le ruban ou la chaîne métrique la circonférence à hauteur d'homme, — évaluer la hauteur de la tige, — chercher dans la colonne 1 le chiffre qui se rapproche le plus de celui qu'indique le ruban, et dans la colonne 2 le chiffre de la hauteur; — le nombre correspondant dans la colonne 3 exprime en mètres et fractions décimales du mètre cube le volume en grume.

Si l'arbre n'est bon qu'à donner du bois de feu, on trouvera dans la colonne 4 le volume, en stères et fractions de stères, qu'il produira après avoir été débité. — Les chiffres inscrits dans les colonnes 5 et 6 indiquent le produit moyen des branchages et houppiers.

Ces moyennes sont le résultat d'expériences nombreuses. Les résultats de la table peuvent s'écarter très-sensiblement de la vérité, si on considère un seul arbre ou une petite quantité d'arbres, mais ils deviennent d'autant plus exacts que le nombre des arbres estimés est plus élevé.

Conversion des prix. — Le volume en bois d'œuvre indiqué dans la table est le volume en grume, mais comme les usages commerciaux ont fait préférer à ce volume réel, facile à apprécier et à déterminer, des cubages fictifs, dits au $\frac{1}{4}$, au $\frac{1}{5}$, au $\frac{1}{6}$, qui sont réputés devoir faire connaître la quantité de marchandise réellement utilisable, il est important de savoir calculer ce que vaut le mètre cube en grume, unité que nous avons adoptée, quand on connaît le prix du mètre cube, au quart sans déduction, au cinquième ou au sixième déduit.

Pour obtenir le prix du m. c. en grume, étant donné le prix du m. c. au quart sans déduction, il suffira de multiplier ce dernier prix par 0,785.

Pour obtenir le prix du m. c. en grume, étant donné le prix du m. c. au cinquième déduit, il faudra multiplier ce dernier prix par 0,5024, ou plus simplement prendre la moitié. S'il s'agit enfin de passer du prix du m. c. au sixième déduit à celui du m. c. en grume, on multipliera le premier par 0,545. Terminons par un exemple :

Soit un arbre dont la circonférence à la base est de 2 m. 35 et la hauteur 15 m.; je cherche dans les tables à la colonne 1 la circonférence qui se rapproche le plus de 2,35 ; c'est 2 m. 25, dans la colonne 2, je trouve le chiffre de la hauteur du fût, 15 m., et vis-à-vis, 4 m. 165, qui est le volume de ce fût en bois d'œuvre.

Le nombre 6 st. 039 inscrit dans la colonne 4 indique combien de stères produira ce même fût, si on le convertit en bois de feu, et le nombre 5,414 porté dans la colonne 5 indique le produit en bois de feu des branchages et de la partie supérieure de la tige.

L'arbre estimé produira donc 4 m. c. 165 de bois d'œuvre, 5 st. 414 de bois de branches et 14 à 20 bourrées, suivant qu'il sera plus ou moins branchu.

Pour connaître la valeur en argent de cet arbre, il faudra multiplier chacun de ces nombres par le prix de l'unité correspondante. Si l'unité en usage pour les bois d'œuvre n'est pas le m. c. en grume, et qu'on sache seulement que le m. c. au cinquième déduit, par exemple, vaut 75 fr., on multipliera 75 par 0,5024 facteur indiqué ci-dessus. Le produit 37 fr. 68 est le prix du m. c. en grume. En multipliant ensuite le cube trouvé 4,165 par 37,68, on trouvera que la valeur de la partie de l'arbre propre à donner du bois d'œuvre est de 156 fr. 93. Si c'est le prix du m. c. au quart qui est connu, on emploiera le facteur 0,785 et 0,545 pour le m. c. au sixième.

Circonférence à 1m33 du sol.	Hauteur.	VOLUME DU TRONC S'IL EST CONVERTI		Houppiers.	Bourrées de 0.60 de tour.
		en bois d'œuvre	en bois de feu.		
(1)	(2)	(3)	(4)	(5)	(6)
		m. c.	Stères.	Stères.	
	3	0.053	0.077	0.068	
	4	0.071	0.103	0.121	
	5	0.088	0.128	0.150	
0m 50	6	0.093	0.135	0.158	1
	7	0.108	0.157	0.184	
	8	0.124	0.179	0.211	
	9	0.139	0.202	0.236	
	10	0.155	0.225	0.264	
	3	0.114	0.165	0.148	
	4	0.152	0.220	0.198	
	5	0.190	0 275	0.247	
	6	0.229	0.332	0.298	
0m 75	7	0.267	0.387	0.347	2 à 3
	8	0.305	0.442	0.396	
	9	0.314	0.455	0.408	
	10	0.349	0.506	0.454	
	11	0.383	0.555	0.498	
	12	0.382	0.554	0.497	
	3	0.212	0.307	0.276	
	4	0.283	0.410	0.368	
	5	0.354	0.513	0.460	
	6	0.398	0.577	0.517	
1m 00	7	0.464	0.673	0.603	4 à 6
	8	0.530	0.768	0.689	
	9	0.558	0.809	0.725	
	10	0.620	0.899	0.806	
	11	0.682	0.989	0.887	
	12	0.695	1.008	0.903	

Circonférence à 1m33 du sol.	Hauteur.	VOLUME DU TRONC S'IL EST CONVERTI		Houppiers.	Bourrées de 0.60 de tour.
		en bois d'œuvre	en bois de feu.		
(1)	(2)	(3)	(4)	(5)	(6)
		m. c.	Stères.	Stères.	
1m 00	13	0.752	1.090	0.978	
	14	0.810	1.174	1.053	4 à 6
	15	0.810	1.174	1.053	
1m 25	3	0.323	0.468	0.420	
	4	0.421	0.625	0.560	
	5	0.539	0.782	0.701	
	6	0.613	0.889	0.797	
	7	0.715	1.038	0.929	
	8	0.817	1.185	1.062	
	9	0.871	1.263	1.132	6 à 9
	10	0.968	1.404	1.258	
	11	1.065	1.544	1.384	
	12	1.100	1.595	1.430	
	13	1.192	1.728	1.550	
	14	1.284	1.862	1.669	
	15	1.301	1.886	1.691	
1m 50	3	0.478	0.693	0.621	
	4	0.637	0.924	0.828	
	5	0.796	1.154	1.035	
	6	0.875	1.269	1.137	
	7	1.021	1.480	1.327	
	8	1.166	1.691	1.516	
	9	1.255	1.820	1.631	8 à 12
	10	1.394	2.021	1.812	
	11	1.534	2.224	1.994	
	12	1.599	2 319	2.079	
	13	1.732	2.511	2.252	
	14	1.865	2.704	2.424	
	15	1.823	2.643	2.370	

Circonférence à 1m83 du sol.	Hauteur.	VOLUME DU TRONC s'il est converti		Houppiers.	Bourrées de 0.60 de tour.
		en bois d'œuvre.	en bois de feu.		
(1)	(2)	(3)	(4)	(5)	(6)
		m. c.	Stères.	Stères.	
	3	0.638	0.925	0.829	
	4	0.851	1.234	1.106	
	5	1.063	1.541	1.382	
	6	1.229	1.782	1.598	
	7	1.434	2.079	1.864	
	8	1.639	2.377	2.131	
	9	1.708	2.477	2.220	
1m 75	10	1.898	2.752	2.467	10 à 15
	11	2.087	3.026	2.713	
	12	2.190	3.175	2.847	
	13	2.373	3.441	3.085	
	14	3.556	3.706	3.323	
	15	2.531	3.670	3.290	
	16	2.700	3.915	3.510	
	17	2.868	4.159	3.728	
	18	2.918	4.231	3.793	
	3	0.822	1.192	1.009	
	4	1.096	1.589	1.425	
	5	1.370	1.986	1.781	
	6	1.590	2.305	2.067	
	7	1.855	2.690	2.411	
	8	2.120	3.074	2.756	
2m	9	2.231	3.235	2.900	12 à 18
	10	2.479	3.595	3.223	
	11	2.726	3.953	3.544	
	12	2.778	4.028	3.611	
	13	3.010	4.364	3.913	
	14	3.241	4.700	4.213	
	15	3.355	4.865	4.361	
	16	3.579	5.190	4.653	

Circonférence à 1m33 du sol.	Hauteur.	VOLUME DU TRONC s'il est converti		Houppiers.	Bourrées de 0.60 de tour.
		en bois d'œuvre.	en bois de feu.		
(1)	(2)	(3)	(4)	(5)	(6)
		m. c.	Stères.	Stères.	
2m	17	3.802	5.513	4.943	12 à 18
	18	3.755	5.445	4.881	
2m 25	3	1.059	1.536	1.377	
	4	1.412	2.047	1.836	
	5	1.765	2.559	1.294	
	6	1.998	2.897	2.597	
	7	2.331	3.380	3.030	
	8	2.664	3.863	3.463	
	9	2.823	4.093	3.670	
	10	3.137	4.549	4.078	
	11	3.451	5.004	4.486	14 à 20
	12	3.543	5.137	4.606	
	13	3.838	5.565	4.989	
	14	4.134	6.994	5.374	
	15	4.165	6.039	5 414	
	16	4.443	6.442	5.776	
	17	4.721	6.845	6.137	
	18	4.697	6.811	6.106	
	19	4.958	7.189	6.445	
	20	5.219	7.568	6.785	
2m 50	3	1.292	1.873	1.680	
	4	1.723	2.498	2.240	
	5	2.154	3.123	2.800	
	6	2.452	3.555	3.188	16 à 24
	7	2.860	4.147	3.718	
	8	3.269	4.740	4.250	
	9	3.485	5.053	4.870	
	10	3.873	5.616	5.035	

Circonférence à 1m33 du sol. (1)	Hauteur. (2	VOLUME DU TRONC S'IL EST CONVERTI		Houppiers. (5)	Bourrées de 0.60 de tour. (6)
		en bois d'œuvre. (3)	en bois de feu. (4)		
		m. c.	Stères.	Stères.	
2m 50	11	4 260	6.177	5.538	
	12	4.401	6.384	5.721	
	13	4.768	6.914	6.198	
	14	5.135	7.446	6.675	
	15	5.206	7.549	6.768	16 à 24
	16	5.353	8.052	7.219	
	17	5.900	8.555	7.670	
	18	5.908	8.567	7.680	
	19	6.236	9.042	8.107	
	20	6.565	9.519	8.534	
2m 75	3	1.549	2.246	2.014	
	4	2.065	2.994	2.684	
	5	2.582	3.744	3.357	
	6	2.952	4.280	3.838	
	7	3.444	4.994	4.477	
	8	3.936	5.707	5.117	
	9	4.217	6.115	5.482	
	10	4.686	6.795	6.092	
	11	5.155	7.475	6.701	18 à 27
	12	5.352	7.760	6.958	
	13	5.798	8.407	7.537	
	14	6.244	9.054	8.117	
	15	6.363	9.226	8.272	
	16	6.787	9.841	8.823	
	17	7.212	10.457	9.376	
	18	7.076	10.260	9.199	
	19	7.469	10.830	9.710	
	20	7.863	11.401	10.222	

Circonférence à 1m33 du sol.	Hauteur.	VOLUME DU TRONC S'IL EST CONVERTI		Houppiers.	Bourrées de 0.60 de tour.
		en bois d'œuvre,	en bois de feu.		
(1)	(2)	(3)	(4)	(5)	(6)
		m. c.	Stéres.	Stéres.	
	3	1.869	2.710	2.430	
	4	2.492	3.613	3.240	
	5	3.115	4.517	4.049	
	6	3.578	5.188	4.651	
	7	4.174	6.052	5.426	
	8	4.770	6.916	6.201	
	9	5.019	7.278	6.525	
	10	5.577	8.087	7.250	
3m	11	6.134	8.894	7.974	20 à 30
	12	6.251	9.064	8.126	
	13	6.772	9.819	8.804	
	14	7.293	10.575	9.481	
	15	7.462	10.820	9.701	
	16	7.960	11.542	10.348	
	17	8.457	12.263	10.994	
	18	8.350	12.107	10.855	
	19	8.814	12.780	11.458	
	20	9.278	13.453	12.061	
	3	2.220	3.219	2.886	
	4	2.960	4.292	3.848	
	5	3.699	5.364	4.809	
	6	4.177	6.057	5.430	
	7	4.874	7.067	6.336	
	8	5.570	8.076	7.241	
3m 25	9	5.890	8.540	7.657	20 à 30
	10	6.545	9.490	8.508	
	11	7.199	10.439	9.359	
	12	7.375	10.694	9.587	
	13	7.990	11.585	10.387	
	14	8.604	12.476	11.185	

Circonférence à 1m33 du sol.	Hauteur.	VOLUME DU TRONC S'IL EST CONVERTI		Houppiers.	Bourrées de 0.60 de tour.
		en bois d'œuvre.	en bois de feu.		
(1)	(2)	(3)	(4)	(5)	(6)
		m. c.	Stères.	Stères.	
	15	8.836	12.812	11.487	
	16	9.425	13.666	12.252	
3m 25	17	10.014	14.520	13.018	20 à 30
	18	9.942	14.416	12.925	
	19	10.494	15.216	13.642	
	20	11.046	16.017	14.360	
	3	2.552	3.700	3.318	
	4	3.403	4.934	4.424	
	5	4.254	6.168	5.530	
	6	4.824	6.995	6.271	
	7	5.628	8.161	7.316	
	8	6.342	9.196	8.245	
	9	6.831	10.085	8.880	
	10	7.590	11.005	9.867	
3m 50	11	8.549	12.106	10.854	20 à 30
	12	8.592	12.458	11.170	
	13	9.308	12.597	12.100	
	14	10.024	14.535	13.031	
	15	10.123	14.678	13.160	
	16	10.798	15.657	14.037	
	17	11.473	16.636	14.915	
	18	11.442	16.591	14.875	
	19	12.077	17.512	15.700	
	20	12.713	18.434	16.527	

AIDE-MÉMOIRE

LONGUEURS

1 mètre vaut 3 pieds 0 pouces 11 l. 296 ou en toises . 0,513074

1 toise vaut en mètres. 1,94904

SURFACES

1 mètre carré vaut en toises carrées. 0,2632

1 toise carrée vaut en mètres carrés. 3,7987

1 hectare contient 10,000 mèt. car. et vaut en arpents. 1,958

1 arpent ancien des eaux et forêts, de 100 perches de 22 pieds, vaut en hectares. 0,5107

VOLUMES

1 mètre cube contient 1,000 décimèt. cubes et vaut en toises cubes 0,1351

En pieds cubes, 29. 17, et en cordes anciennes . . 0,2605

1 toise cube contenant 36 pieds cubes vaut en mèt. cub. 7,4039

1 pied cube contenant 144 pouces cubes vaut en m. c. 0,03428

1 corde des eaux et forêts vaut en stères. 3,839

1 stère empilé de bois de quartier (bûches de 12 à 15 c.) contient en moyenne 40 morceaux dont le volume réel est en m. c. de. 0,700

1 stère empilé de bois de rondins contient en moyenne 80 morceaux, dont le volume réel est de m. c. 0,560

1 stère de charbonnette provenant de taillis de 25 à 30 ans, essences dures, produit en moyenne 0 m. c. 357 de charbon pesant environ 72 kilogr.

Le poids d'un mètre cube de charbon de chêne et de hêtres varie de 240 à 250 kil. ; celui de bouleau de 220 à 230 ; celui de pin de 200 à 210 kil.

Dans les Vosges on compte que le charbon de chêne et de hêtre (rondins) pèse 228 kil. le m. c. et celui de sapin 135 kil.

Dans les forges on admet en général qu'un mètre cube de charbon pèse pour le chêne et le hêtre 200 à 240 ; pour le pin et le melèze 160 à 180 ; pour le sapin et le châtaignier 130 à 150.

1 mètre cube de bois de sciage au 5e produit en entrevoux (planche marchande de 0 m. 250 c. de largeur sur 0,028 d'épaisseur), 166 mètres courants assortis.

1 mètre cube du même bois produit en échantillon (planche de même largeur, sur 0 m. 42 c. d'épaisseur), 111 mèt. cour. assortis.

1 mètre cube (au 5e) produit 10 traverses dont chacune cube un décistère.

1 mètre cube de bois de fente (au 5e) produit en moyenne 850 pièces assorties de merrain (douves, enfonçures et chanteaux), jauge de Champagne.

1 mètre cube de bois de fente produit en échalas de 1 m. 16   2,500

En lattes pour couvertures d'une épaisseur de 0,002 à 5 m. 1,056 de long. . . . · . . . • 3,350

En lattes pour cloisons de 1,16 de long. sur 0,042 de larg. et 0,002 à 7 d'épaisseur. ₰ 8,000

1 m. c. (au 5e) de bois de hêtre de 2 m. de tour et au-dessus, produit : 195 paires de sabots assortis. — 100 jantes de roues, — 50 douzaines de battoirs, — 40 douzaines de sébilles assorties,

Ecorces. — On obtient, par stère de bois de chêne, taillis élancé à écorce fine, 30 kil. d'écorce sèche. — Les modernes donnent par stère 40 kil. — L'écorçage réduit le volume de 1/5 environ.

OUTILLAGE FORESTIER

— NOMENCLATURE ET PRIX —

Marteau à marquer avec initiales, à clavettes. . .   10 fr. 00 c.
         Id.   Id.   sans clavettes .   9   00
         Id. avec armoiries, suivant la gravure.
Étuis à marteaux en cuir, suivant qualité.
Égohine affûtée (acier fondu) de 43 cent.   3   80
Scies passe-partout, haches, suivant dimensions.
Herminette (acier fondu).   8   50
Rouanne   3

OUTILLAGE SPÉCIAL D'ÉLAGUEUR :

Émondoir.   2   65
Serpes d'élagueur Nº 1   5   00
         Id.   Nº 2.   4   25
         Id.   Nº 3.   4   00
Hachette   4   25
Scie à main.   2   00
Crochet porte-serpe.   0   65
Courroie   2   00
Pot à coaltar   2   50
Brosse.   2   00
S.....   0   20
Sécateur.   5   00
Serpettes. . . . . 1.75 à   3   50

La maison Simonin, Blanchard et Cᵉ, 13, rue Fontaine-au-Roi, à Paris, se charge de la fourniture et de l'expédition de tous ces objets garantis de 1ʳᵉ qualité.

TABLE DES CHAPITRES

24

CHAPITRE V

Police des forêts.

CHAPITRE VI

Surveillance des exploitations.

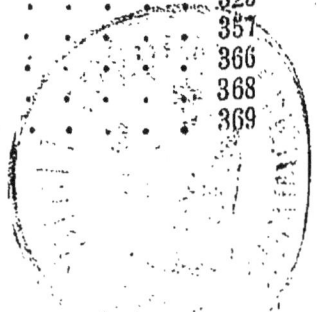

TABLE ALPHABÉTIQUE

DES MATIÈRES

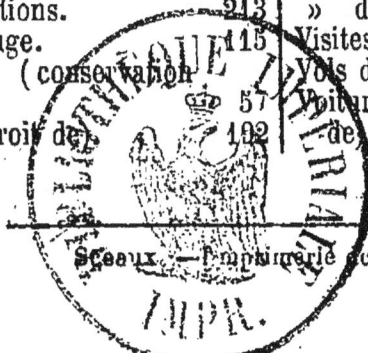

J. ROTHSCHILD, 43, RUE SAINT-ANDRÉ-DES-ARTS, A PARIS

A l'usage des gens du monde, des cultivateurs, etc

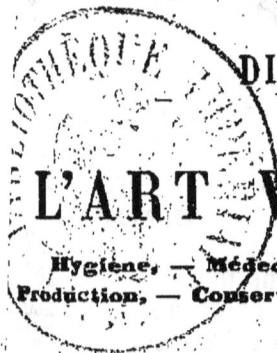

DICTIONNAIRE

DE

L'ART VÉTÉRINAIRE

Hygiène, — Médecine, — Pharmacie, — Chirurgie,
Production, — Conservation, — Amélioration des animaux
domestiques

PAR CH. DE BUSSY

AVEC LE CONCOURS DE PLUSIEURS VÉTÉRINAIRES

Ouvrage honoré d'une souscription de S. E. le ministre de l'agriculture

Un vol. in-18 de 360 pages

Prix : 4 fr. — Relié en toile : 5 fr.

Le titre *Art vétérinaire*, que l'on a adopté ici, parce qu'il est le plus exact et le plus logique, ne doit pas conduire les lecteurs et particulièrement ceux de la campagne à penser que ce guide s'adresse aux savants.

Cet ouvrage est, au contraire, à la portée de tout le monde, et a été rédigé sous forme de dictionnaire pour rendre plus faciles et plus promptes les recherches que nécessitent trop souvent les maladies et les accidents subits chez les animaux domestiques. Le fermier, grâce à ce traité pratique, trouvera de suite les premiers soins à donner à ses bestiaux, et pourra, dans bien des cas, prévenir des affections que le moindre retard rendrait peut-être mortelles. Ce dictionnaire-manuel est donc d'un usage pratique à tous moments, et chacun pourra y puiser avec confiance les renseignements nécessaires à l'hygiène des animaux domestiques.

A la fin de l'ouvrage se trouve une table pouvant remplacer un Manuel de l'art vétérinaire, afin que le lecteur n'ait pas seulement un dictionnaire, mais également un ouvrage pratique dont les recettes sont basées sur les principes non contestés des célèbres écoles d'Alfort et d'Allemagne.

J. ROTHSCHILD, 43, RUE ST-ANDRÉ-DES-ARTS, A PARI

LES
PLANTES FOURRAGÈRES

ALBUM
DES CULTIVATEURS ET DES GENS DU MONDE

Atlas grand in-folio représentant en 60 Planches
les Plantes de grandeur naturelle. Chaque Planche
est accompagnée d'une légende,

PAR V.-J. ZACCONE
Sous-Intendant militaire, Chevalier de la Légion-d'Honneur

Ouvrage couronné
PAR LE COMICE AGRICOLE DE L'ARRONDISSEMENT DE THIONVILLE AUX
EXPOSITIONS DE BAYONNE, AMSTERDAM, CHAUMONT, ETC., ETC.

Prix de l'Ouvrage cartonné
Avec figures noires, 25 fr. — Avec figures coloriées, 40 fr.

Extrait de l'*Illustration* :

Un sous-intendant militaire, qui est aussi un habile agronome et
un savant botaniste, M. V.-J. Zaccone, vient de publier un album
de soixante planches, avec texte, qu'il intitule *Album des cultivateurs et des gens du monde* et qui est destiné à faire exactement
connaître nos principales plantes fourragères, leur physionomie
leurs qualités, leur culture, etc. C'est une des plus belles, des plus
intéressantes et des plus instructives publications que je connaisse.
Ce livre, cet album, appelez-le comme vous voudrez, m'a séduit
tout d'abord parce que c'est un beau travail en même temps
qu'une œuvre éminemment utile.

J. ROTHSCHILD, 43, RUE ST-ANDRÉ-DES-ARTS, A PARIS

Vient de paraître. — 1re année.

LE
MOUVEMENT AGRICOLE
EN 1866

REVUE DES PROGRÈS ACCOMPLIS RÉCEMMENT DANS TOUTES
LES BRANCHES DE L'AGRICULTURE, AVEC ANNUAIRE POUR 1866
CALENDRIER, TRAVAUX MENSUELS, SYSTÈME MÉTRIQUE, ETC.

par VICTOR BORIE

Un volume in-18 relié. Prix : 1 fr.

L'agriculture est devenue depuis quelques années une science populaire. Les questions agricoles préoccupent tout le monde, parce que tout le monde reconnaît aujourd'hui la vérité de cette mémorable parole de Sully : « *Tout fleurit dans un État où fleurit l'agriculture.* »

Nous avons pensé qu'il serait agréable au lecteur de trouver condensés dans un petit volume, les faits et événements agricoles de l'année. Cette petite revue de l'agriculture aura aussi son utilité en rappelant aux cultivateurs les différents problèmes soulevés dans le public agricole, et en indiquant les meilleures solutions de ces problèmes. Ce travail, confié à un écrivain aimé du public, a pris, sous la plume de l'auteur, une forme originale, vive, humoristique qui donne du charme à la forme sans rien ôter au fond de son intérêt sérieux.

On pourra lire notre petit livre avec quelque fruit, et l'ensemble de cette œuvre pourra devenir plus tard une précieuse collection.

Nous avons ajouté au *mouvement* de 1865 un Annuaire pour 1866 ; une indication, mois par mois, des travaux des champs ; un résumé du système métrique des poids et mesures, etc.; de manière à former un travail complet.

J. ROTHSCHILD, 43, RUE SAINT-ANDRÉ-DES-ARTS, A PARIS

LES PLANTES
A FEUILLAGE COLORÉ

Recueil des espèces les plus remarquables servant à la décoration

des Jardins, des Serres et des Appartements

PAR MM. E. J. LOWE ET W. HOWARD

Membres de la Société d'Horticulture de Londres

TRADUIT DE L'ANGLAIS

PAR J. ROTHSCHILD, AVEC LE CONCOURS DE PLUSIEURS HORTICULTEURS

PRÉCÉDÉ D'UNE INTRODUCTION GÉNÉRALE

SUR

LES PLANTES A FEUILLAGE PANACHÉ

PAR M. CHARLES NAUDIN

Membre de l'Institut

Ouvrage illustré de 60 gravures coloriées et de 47 gravures sur bois

Un volume grand in-8. Prix : 25 francs; relié, 30 francs.

Nous citons un passage tiré d'un article du *Moniteur* du mois de janvier :

Faciliter le choix des plus belles espèces de cette tribu, raconter leur histoire et leur culture, dans un langage accessible à tous et dépouillé de l'aridité de la Science pure, mieux encore, donner par la gravure et les planches coloriées une idée exacte de la plante que toutes les descriptions ne sauraient reproduire avec fidélité; en un mot faire aimer les *Plantes à feuillage coloré* par une de ces publications bien faites qui s'emparent aujourd'hui de la faveur des honnêtes gens; tel a été le projet très-bien exécuté par l'éditeur de ce bel ouvrage. A la traduction originale, conservée dans ce qu'elle avait de meilleur, une réunion d'horticulteur français a apporté les modifications et les additions nécessaires à un livre destiné à la France. M. Naudin, de l'Institut, a écrit une introduction qui développe l'importance de cette tribu privilégiée des plantes à feuillage de luxe.

Vient de paraître :

LES PLANTES

À

FEUILLAGE ORNEMENTAL

Description, Histoire, Culture
et Distribution des Plantes à belles feuilles, nouvellement employées
à la décoration des SQUARES, PARCS et JARDINS
avec 87 gravures, dessinées par Riocreux, Y. d'Argent, André, etc.

PAR ED. ANDRÉ

JARDINIER PRINCIPAL DE LA VILLE DE PARIS

Superbe ouvrage in-18 de plus de 250 pages

Relié. Prix : 2 fr. — Relié tranche dorée, 3 fr.

Acanthus Lusitanicus.

Monographie toute spéciale des plantes à riches feuillages, qui sont devenues depuis quelques années le plus bel ornement des **squares et jardins publics** de Paris, cet ouvrage s'adresse à tous les amateurs d'horticulture, aux propriétaires des plus grands parcs comme aux plus humbles possesseurs des petits jardins. La acilité de leur culture, le grand effet qu'ils produisent, l'incroyable variété des formes et des couleurs font de cette tribu sans rivale un ornement indispensable à tout jardin bien tenu.

GUIDE PRATIQUE

DU

JARDINIER PAYSAGISTE

ALBUM DE 24 PLANS COLORIÉS

SUR LA COMPOSITION ET L'ORNEMENTATION DES JARDINS D'AGRÉMENT

A L'USAGE DES AMATEURS, PROPRIÉTAIRES ET ARCHITECTES

PAR M. R. SIEBECK

Entrepreneur de Jardins publics et Directeur des parcs imp. de Vienne

ACCOMPAGNÉS D'UNE EXPLICATION TRÈS-DÉTAILLÉE

TRADUIT DE L'ALLEMAND

PAR J. ROTHSCHILD

Membre de la Société Geologique de France

ET PRÉCÉDÉ D'UNE INTRODUCTION GÉNÉRALE

DE M. CHARLES NAUDIN

Membre de l'Institut, aide-naturaliste au Muséum

1 vol. petit in-folio avec 24 planches coloriées, prix : 25 fr.

L'ouvrage de M. Siebeck a été accueilli par la Presse scientifique *très-favorablement*, et nous nous bornons à reproduire quelques passages, pour donner une idée de sa valeur :

Extrait de l'*Illustration* :

Je ne puis m'abstenir de citer le *Guide pratique du jardinier-paysagiste*, de M. Siebeck, précédé d'une introduction par M. Naudin, du Jardin des Plantes de Paris. Toutes les combinaisons, tous les arrangements, toutes les aimables supercheries qui constituent le parc pittoresque, le jardin anglais, et aussi bien sur dix hectares de terrain que dans l'espace restreint de quelques mètres carrés, se retrouvent dans les vingt-quatre planches coloriées du *Guide pratique* de M. Siebeck. Toutes les difficultés ont été prévues, toutes ont été résolues par le savant jardinier-paysagiste. C'est un livre à consulter, à la campagne, quand on projette quelques perfectionnements, ou plutôt quelques-uns de ces changements dont le principal mérite est de ne pas présenter demain l'aspect vieilli de la veille.

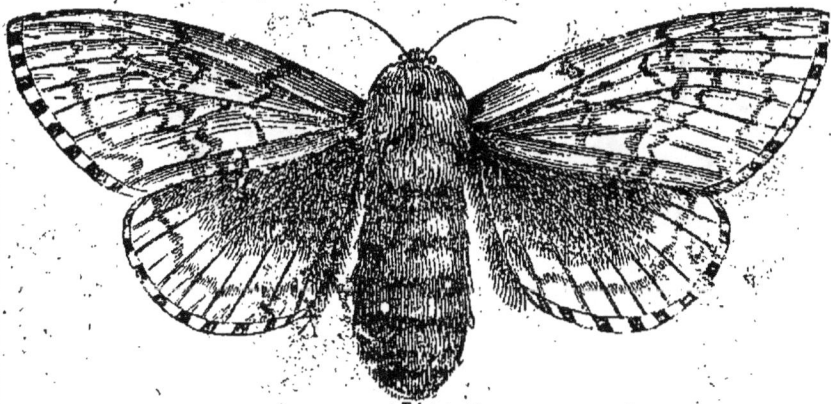

www.ingramcontent.com/pod-product-compliance
Lightning Source LLC
Chambersburg PA
CBHW072005270326
41928CB00009B/1554